OS BISPOS CATÓLICOS E A DITADURA MILITAR BRASILEIRA: A VISÃO DA ESPIONAGEM

PAULO
CÉSAR
GOMES

OS BISPOS CATÓLICOS E A DITADURA MILITAR BRASILEIRA: A VISÃO DA ESPIONAGEM

1ª edição

EDITORA RECORD
RIO DE JANEIRO • SÃO PAULO
2014

CIP-BRASIL. CATALOGAÇÃO NA PUBLICAÇÃO
SINDICATO NACIONAL DOS EDITORES DE LIVROS, RJ

Gomes, Paulo César

G613b   Os bispos católicos e a ditadura militar brasileira (1971-1980): a visão da espionagem /
Paulo César Gomes. – 1. ed. – Rio de Janeiro: Record, 2014.
    il.

    ISBN 978-85-01-03669-8

    1. Bispos – História. 2. Igreja Católica – Bispos – História. 3. Ditadura – Brasil – História.
I. Título.

                                            CDD: 262.12
14-11240   CDU: 27-726.2

Direitos exclusivos desta edição reservados pela
EDITORA RECORD LTDA.
Rua Argentina 171 – 20921-380 – Rio de Janeiro, RJ – Tel.: 2585-2000

Impresso no Brasil

ISBN 978-85-01-03669-8

Seja um leitor preferencial Record.
Cadastre-se e receba informações sobre nossos
lançamentos e nossas promoções.

EDITORA AFILIADA

Atendimento direto ao leitor:
mdireto@record.com.br ou (21) 2585-2002.

Para o pequeno Nicolas

Sumário

Agradecimentos

Algumas pessoas, em diferentes momentos e de variadas formas, foram essenciais para que este livro tenha se concretizado. Carlos Fico, pela amizade e por sua orientação acadêmica sempre impecável. Daniel Aarão Reis e Jessie Jane Vieira de Sousa, pelas sugestões imprescindíveis durante a escrita do texto. Lembro ainda dos mestres fundamentais para a minha formação: Heloísa Almeida, Gisèle Santoro, Andrea Daher, Nancy Alessio Magalhães, Manoel Salgado (*in memoriam*) e Maria Paula Araújo.

Aos amigos Laura Ferraz, Thiago Blanco, Núbia Gomes, Luís Rodrigues, Jean Michel de Alberti, Nathalia e Cory Lewis, Natasha Buslik, Adrianna Setemy, Cecília Matos, os irmãos-irmãos Mariana e Eugênio Marques, Phelipe Ribeiro, Anna Maria Lima, Larissa Thayane, Marcelo Martinez, Perla Ribeiro, Manoel Francisco, Paulo Melgaço, Pablo Ascoli, Pedro Teixerense, Abner Sótenos, Desirée Reis, Aline Monteiro, Francisco Nascimento, Theresa Samico, Morena Salama, William Alves (*in memoriam*), Lívia Vianna e Francisco Azevedo, muito obrigado por todo o apoio.

À Capes, a quem devo o auxílio financeiro no decorrer da realização da pesquisa de mestrado no Programa de Pós-Graduação em História Social da Universidade Federal do Rio de Janeiro, que resultou neste livro.

À equipe da Divisão de Documentação e Pesquisa da Fundação de Arte de Niterói, especialmente Lúcia Barbosa.

Ao jornalista Ancelmo Gois, um grande incentivador deste livro Muito obrigado pela força!

Ao meu editor Carlos Andreazza (e sua afinadíssima equipe), por ter acreditado no meu trabalho e contribuído com sua indiscutível competência para a qualidade do livro.

Não posso deixar de mencionar Iracema Cardoso, Perlucy dos Santos, Fátima Cristina e Fátima Rabelo, sempre atentas em todos os momentos de minha formação para que tudo corresse bem. Minha mãe, Maria Paula Gomes, e mãe-madrinha, Ana Maria Gomes Soares, a quem devo tudo o que sou e o que ainda virei a alcançar. E, especialmente, Guilherme Boquimpani de Freitas.

Lista de siglas

ACB: Ação Católica Brasileira
ACO: Ação Católica Operária
Aerp: Assessoria Especial de Relações Públicas
AI-5: Ato Institucional nº 5
AIB: Ação Intregralista Brasileira
ALN: Ação Libertadora Nacional
AP: Ação Popular
Arena: Aliança Renovadora Nacional
ASI: Assessoria de Segurança e Informações
CCC: Comando de Caça aos Comunistas
CEB: Comunidades Eclesiais de Base
Celam: Conselho Episcopal Latino-americano
Cenimar: Centro de Informações da Marinha
CGI: Comissão Geral de Investigações
CI/DPF: Centro de Informações do Departamento de Polícia Federal
CIE: Centro de Informações do Exército
Ciex: Centro de Informações do Exterior
Cimi: Conselho Indigenista Missionário
Cisa: Centro de Informações da Aeronáutica
CJP: Comissão de Justiça e Paz
CNBB: Conferência Nacional dos Bispos do Brasil
Codi: Centro de Operações de Defesa Interna
CPT: Comissão Pastoral da Terra
DCDP: Divisão de Censura de Diversões Públicas
DOI: Destacamento de Operações e Informações

Dops: Departamento de Ordem Política e Social
DSI: Divisão de Segurança e Informações
DSN: Doutrina de Segurança Nacional
ESG: Escola Superior de Guerra
Esni: Escola Nacional de Informações (1972-90)
Ibad: Instituto Brasileiro de Ação Democrática
Ibrades: Instituto Brasileiro de Desenvolvimento Social
Ipes: Instituto de Pesquisas e Estudos Sociais
IPM: Inquérito Policial Militar
JAC: Juventude Agrária Católica
JEC: Juventude Estudantil Católica
JOC: Juventude Operária Católica
JUC: Juventude Universitária Católica
LEC: Liga Eleitoral Católica
LSN: Lei de Segurança Nacional
MDB: Movimento Democrático Brasileiro
MEB: Movimento de Educação de Base
Oban: Operação Bandeirantes
SFICI: Serviço Federal de Informações e Contrainformações (1956-1964)
Sissegin: Sistema Nacional de Segurança Interna
Sisni: Sistema Nacional de Informações
SNI: Serviço Nacional de Informações (1964-90)
TFP: Sociedade Brasileira de Defesa da Terra, Família e Propriedade

Apresentação

As leituras que vinculam a atuação da Igreja Católica no Brasil na década de 1970 à oposição ao regime militar (1964-85) são predominantes na imprensa e em grande parte dos trabalhos acadêmicos. De fato, a Conferência Nacional dos Bispos do Brasil (CNBB) teve um papel fundamental na contestação do arbítrio dos governos militares, sobretudo após 1968. Depois do fechamento do regime, a partir do AI-5, a Igreja Católica tornou-se, em certa medida, um dos poucos espaços que permitiam o exercício de uma resistência democrática. No entanto, é preciso chamar a atenção para algumas nuanças que marcavam as relações entre a Igreja e o Estado brasileiro naqueles anos. Se o apoio que membros da hierarquia católica deram ao golpe tendeu a se desvanecer com o passar dos anos, não há dúvida de que alguns deles continuaram sustentando o regime ao longo de toda a sua duração. Por outro lado, alguns integrantes do episcopado tiveram importância fundamental na oposição ao regime militar. Bispos como dom Hélder Câmara, dom Paulo Evaristo Arns, dom Ivo Lorscheiter, dom Waldyr Calheiros, dom Pedro Casaldáliga, entre outros, adotaram diversas estratégias de atuação, que iam da denúncia da tortura no Brasil e no exterior até o uso de sua força simbólica na defesa de presos políticos ou mesmo dos direitos dos povos indígenas.

O fato de a religião católica ser aquela com o maior número de fiéis no Brasil, de estar presente em todo o território nacional e de atingir todas as camadas sociais, somado à existência de uma união histórica entre a Igreja e o poder temporal no país, não impediu que determinados bispos fossem acusados de subversão e, em consequência, perseguidos pelos órgãos repressivos. Contudo, mesmo que tais bispos fossem extremamente visados pelos órgãos de informações, não podiam ser tratados pela polícia política da mesma maneira que outros "inimigos" do regime, já que contavam com o grande prestígio natural que sua posição lhes conferia. Baseando-nos nessas questões, o capítulo 1 tratará da história das relações entre a Igreja e o Estado brasileiro, sobretudo no período da ditadura militar, e ainda discutirá os diferentes posicionamentos que os bispos católicos adotaram com relação ao regime.

Com o passar dos anos, a atuação desses bispos ensejou que vários setores, inclusive os militares, os rotulassem de "bispos progressistas", personagens fundamentais para a construção da memória prevalecente sobre o período, segundo a qual a Igreja Católica teria sido grande opositora da ditadura militar. Contudo, não houve homogeneidade na atuação dos bispos católicos durante o regime, nem mesmo entre os chamados progressistas. Entre o apoio de alguns e a oposição de outros, havia muitos matizes. Diversas eram as questões que particularizavam o posicionamento dos bispos em face dos militares. Não há como entender as relações entre as duas instituições como uma simples contraposição entre o Estado que reprime e a Igreja que resiste. Então, apesar dos conflitos envolvendo Igreja e Estado, a ruptura total entre eles nunca ocorreu.[1] Houve várias ocasiões de diálogos e, portanto, de tentativas de manutenção dos vínculos que haviam construído ao longo da história. Essa é uma temática que estará presente ao longo de todo este livro.

Os documentos que fundamentam a pesquisa aqui apresentada são provenientes da extinta Divisão de Segurança e Informações do Ministério da Justiça (DSI/MJ), órgão integrante do Sistema Nacional de Informações (Sisni) e subordinado tanto ao Serviço Nacional de Informações (SNI) quanto ao titular da pasta. As DSIs foram criadas com o intuito de complementar as atividades de informações e garantir assim a capilaridade do sistema na burocracia estatal. Tal sistema se ramificava em uma complexa rede de outros órgãos, que tinham inicialmente a função de prover o chefe do Poder Executivo de dados e ocorrências, a chamada "comunidade de informações". Com o decorrer do tempo, ao utilizar seu poder para realizar atividades de inculpação e perseguição política, ela se transformou em mais um dos braços do aparato repressivo. Assim, o sistema de informações, um recurso usado por governos democráticos para garantir a segurança do Estado, tornou-se um serviço de espionagem, ao invadir a esfera privada da vida dos cidadãos.

Os documentos produzidos pelos diferentes componentes do Sisni circulavam entre si de acordo com o interesse que cada um tivesse nos assuntos relatados. Assim, nos arquivos da DSI/MJ, encontram-se relatórios produzidos por todos os setores da comunidade de informações. Além da documentação textual, há também fotografias, recortes de jornais, exemplares de publicações da Igreja etc. Todo esse conjunto de registros formava processos administrativos. Não se trata apenas de um acúmulo desordenado de papéis que versam sobre a rotina de trabalho dos funcionários do Ministério e suas possíveis irregularidades: eles constituem uma rede intertextual que oferece um panorama da visão dos analistas de informações sobre o país naqueles anos. É por tudo isso que se pode falar que os documentos desse acervo específico são indicativos da visão da espionagem como um todo. Assim, a constituição do aparato repressivo, com ênfase nesse sistema de informações, será o tema principal do capítulo 2.

Apesar de o fundo DSI/MJ estar dividido em cinco séries documentais, trabalhamos apenas com as duas que se relacionam diretamente com a pesquisa: "Movimentos Contestatórios à Ordem Política e Social" e "Questões Fundiárias", títulos atribuídos pela própria DSI. Esse *corpus* é composto de documentos oficiais de caráter sigiloso que são, em sua maioria, relatórios sintéticos e analíticos, sem autoria definida, que visavam informar sobre a situação da Igreja e dos bispos.* Todavia, os bispos

---

*Os documentos da DSI MJ serão referidos conforme as seguintes abreviaturas: com relação ao grau de sigilo, a letra "S" posterior ao tipo de documento (Informação, Processo, Relatório, Ofício etc.) designa que ele é secreto; a letra "C" indica que é confidencial; a letra "R", que é reservado. Todos os documentos que utilizamos se encontram em apenas duas séries, "Movimentos Contestatórios à Ordem Política e Social", abreviadas com as letras "MC", e "Questões Fundiárias", que abreviamos com as letras "QF". Essas séries, assim como as outras existentes no referido fundo documental, subdividem-se em duas subséries, identificadas pelas letras maiúsculas "Processos" (P) e "Avulsos" (AV).

considerados mais "perigosos" mereciam um tratamento específico, que resultava na constituição de dossiês pormenorizados sobre sua atuação.

A análise dos documentos produzidos por esses órgãos nos permitiu perceber que os bispos estiveram no foco da comunidade de informações com mais intensidade entre 1970, ano que corresponde ao início do fortalecimento de suas manifestações públicas contra o regime militar, e 1980. O auge ocorreu entre 1977 e 1980.

É importante reiterar que esses órgãos não exerciam o papel de polícia política, que era feito por um sistema específico,* mas é claro que os documentos da espionagem estavam relacionados à fundamentação de possíveis ações repressivas contra os inimigos do regime.

Deve-se ressaltar também que o fato de os documentos serem sigilosos não é irrelevante. Se publicamente os militares precisaram ter cuidado ao lidar com os bispos, em razão de sua força simbólica na sociedade brasileira, a situação era distinta na produção de relatórios em que não havia a preocupação com a publicidade: os analistas expressavam livremente sua aversão às atitudes "esquerdistas" dos religiosos. A análise dessa documentação permite a proximidade com a retórica da comunidade de informações, que, com o passar do tempo, passou a ser uma espécie de "voz autorizada" do regime, agindo como produtora de convicções e contribuindo para justificar as ações repressivas.[2] Nesse sentido, muitas vezes a geração da suspeita tornava-se mais importante que a produção da informação. Daí a relevância de se discutir, no último capítulo, como a comunidade de informações construiu a imagem dos bispos chamados "progressistas".

---

*O Sistema Nacional de Segurança Interna (Sissegin).

CAPÍTULO 1

Os bispos católicos e a ditadura militar

A atuação política da Igreja Católica no decorrer de sua existência jamais se deu de maneira homogênea, sobretudo em se tratando de autoritarismo e repressão. Nos anos em que o Brasil esteve sob uma ditadura militar, não foi diferente. Se, a princípio, a instituição apoiou oficialmente os golpistas, com o passar dos anos tendeu a se contrapor às arbitrariedades do regime militar. Tal mudança, no entanto, não ocorreu automaticamente, tampouco teve a adesão unânime de toda a hierarquia católica. Isso fica bastante claro quando consideramos as particularidades das trajetórias daqueles membros do episcopado que estiveram em maior evidência nas diferentes fases da ditadura militar, seja por criticar, seja por apoiar o regime. Esses bispos tiveram posicionamentos variados naquele período, o que significa que muitas vezes suas opiniões divergiam não apenas das de seus confrades, mas eles próprios mudaram seu julgamento sobre os militares com o passar dos anos. Todavia, ainda que não houvesse entre os bispos uma única maneira de ver suas relações com o Estado ou suas ações na sociedade, todas as perspectivas deveriam estar de acordo com a doutrina universal da Igreja.[1] Essas questões ficarão mais claras ao longo do texto.

Vários autores se dedicaram a analisar as transformações ocorridas na Igreja brasileira em meados do século XX, e que se refletiram nos posicionamentos da instituição e de seus membros ao longo da ditadura militar. Há, em essência, duas perspectivas distintas de análise. Alguns defendem que as mudanças se deveram a motivos institucionais.[2] Teria sido a ameaça de fragilização da influência católica, em razão do crescimento do protestantismo, das religiões afro-brasileiras e do ateísmo, a motivação que levou os bispos a repensarem seu papel na sociedade brasileira. Segundo esses autores, o interesse da instituição em sua autopreservação fez com que suas preocupações mundanas se sobressaíssem às questões religiosas. O enfoque da Igreja seria a defesa de sua unidade, sua situação financeira, sua posição com relação ao Estado e a necessidade de expansão de sua influência. Para eles, "os interesses institucionais permanentes da Igreja são um fator importante na sua [...] atividade política", embora não excluam as condições sociais que a afetavam.[3]

Essas análises partem do princípio de que a Igreja está em constante interação com o meio em que está inserida e, para defender seus interesses, está sempre se adaptando às condições políticas, sociais e econômicas vigentes. Segundo tal visão, a instituição acha-se invariavelmente pronta para confrontar os obstáculos que propiciam a diminuição de sua influência. Esse tipo de abordagem privilegia a ação dos bispos na iniciativa das transformações.

Thomas Bruneau, por exemplo, considera que o apoio da Igreja ao golpe de 1964 se deveu ao avanço de radicalizações políticas percebidas pela hierarquia como uma grande ameaça. Para o autor, a Igreja sentiu-se encurralada pelo antigo inimigo: o comunismo. Entretanto, com a estabilização dos militares no poder, percebeu que estava impedida de avançar em suas ações em favor da justiça social, seguindo as determinações do Concílio Vaticano II, uma vez que o governo reprimiu violentamente seus movimentos de base. Viu-se, assim, forçada a mudar seu posicionamento diante do Estado.[4]

Outros autores adotaram uma perspectiva de cunho marxista e, de maneira geral, defendem que a religião é um elemento de dominação popular, e a Igreja, um aparelho ideológico de Estado, isto é, não teria autonomia em face da luta de classes.[5] Esse é o caso de Luiz Gonzaga de Souza Lima. Ele não nega que determinados grupos da Igreja, como o caso dos bispos ditos progressistas, desempenharam um papel relevante nas transformações vividas pela instituição; tampouco afirma que as causas internas não tiveram importância alguma nessas mesmas mudanças. O pesquisador sustenta que a ênfase nesses aspectos impede a percepção do "processo global de articulação e ascensão das lutas das classes dominadas na sociedade brasileira".[6]

O autor parte do princípio de que não é possível analisar a Igreja Católica na ditadura militar sem considerar a aproximação entre clero e movimentos de massa, já que isso teria permitido a conscientização dos religiosos com relação à luta de classes. Além disso, seria impossível dissociar a ação dos bispos de seus determinantes estruturais. Apesar do apoio inicial ao golpe, a mudança de atitude dos bispos "progressistas", provenientes tradicionalmente da classe dominante, teria sido desencadeada pelo acirramento da opressão às classes dominadas. No decorrer da ditadura militar, fatores como o aumento da exploração dos trabalhadores, a ausência de liberdade e a intensificação da violência, inclusive contra membros da Igreja, teriam proporcionado a união do episcopado e a transformação da CNBB na principal instituição opositora do Estado autoritário.

Scott Mainwaring, por sua vez, discorda tanto das abordagens que privilegiam a perspectiva institucional como das que veem as ações do episcopado como fruto dos conflitos de classe. Segundo o autor, as primeiras realçariam os motivos organizacionais, subestimando as questões vigentes na sociedade; as outras sobrevalorizariam os embates sociais e a dominação de classe, sem dar a devida atenção às especificidades da Igreja. Em trecho muitas vezes citado, o autor afirma que "uma Igreja poderá renunciar a benefícios financeiros, prestígio, expansão institucional e a outros interesses se sentir que sua missão religiosa a obriga a agir dessa maneira. Esquecer esse ponto seria equivalente à eliminação do elemento religioso num estudo sobre a Igreja".[7]

E ainda:

> As concepções de fé e da própria missão da Igreja não se modificaram somente como resultado de debates acerca de quais deveriam ser ou de como deveriam proteger interesses institucionais. Pelo contrário, sua identidade modificou-se principalmente porque o processo político mais amplo gerou novas concepções da sociedade e do papel da Igreja dentro dela. [...] [Contudo,] devemos evitar reduzir a análise de uma Igreja ou de um movimento da Igreja a um problema de classes. [...] A religião pode ser uma força poderosa na determinação da orientação política, frequentemente até mais importante do que a classe.[8]

Para resolver o dilema entre essas concepções, o autor propõe, com base na teoria weberiana, o conceito de "modelos de Igreja", segundo o qual cada grupo dentro da Igreja veria de diferentes maneiras os interesses da instituição e o seu compromisso com o Estado e com a sociedade, desde que estivessem subordinadas à doutrina católica. As várias tendências existentes no episcopado disputariam a imposição de seus projetos sem, no entanto, desobedecer aos princípios teológicos. As mudanças seriam resultado dos conflitos entre diferentes concepções de fé.

Com relação aos aspectos estruturais, Mainwaring afirma que esses atingem parcialmente a instituição. Ele não descarta que a participação do clero em movimentos sociais e o surgimento de novas doutrinas teológicas, como a Teologia da Libertação, tenham colaborado para alterar o posicionamento da Igreja diante do Estado e aumentado o impacto que as modificações externas tiveram no interior da instituição.

Ao criticar as abordagens que optam por explicações monocausais, o autor nos ajuda a pensar a situação da Igreja naqueles anos. O conceito de "modelos de Igreja" contribui para o entendimento de como as várias tendências representadas pela instituição tentavam implantar seus projetos, ainda que dependentes do aval da Cúria Romana, sem o qual nenhuma delas conseguiria se impor. Possibilita-nos afirmar que, não obstante o apoio da CNBB ao golpe de 1964 e, em seguida, a oposição ao regime militar na década de 1970, essa postura não se deu de maneira unânime e sem disputas internas. Obviamente, a Conferência tinha interesses institucionais, mas há que se considerar que estava inserida em determinado tempo histórico, marcado por certas conformações estruturais. Tampouco se pode ignorar que os bispos, individualmente, também tiveram seu papel nos rumos que a instituição tomou naquele momento, fosse opondo-se ao governo, fosse atuando pela conciliação, ou ainda atuando entre essas duas posições.

Apesar da contribuição dos diversos autores analisados, o que se observa é que todos os textos trabalhados até aqui, independentemente das opções teóricas adotadas, têm em comum a ênfase na oposição entre a Igreja e o Estado na ditadura militar.[9] É inegável que a literatura sobre o tema, até a década de 1980, ficou marcada por sua simpatia pela "Igreja popular" e pelo oposicionismo de alguns de seus membros. O foco nas divergências, não apenas entre a instituição e os militares, mas também entre os bispos considerados progressistas e os conservadores, é, certamente, sua principal característica. Esse cenário só começou a se modificar a partir do processo de restabelecimento do regime democrático, da crise que eliminou o predomínio acadêmico do marxismo, da liberação do acesso a documentos sigilosos do Estado autoritário e, sobretudo, do movimento, ainda bastante incipiente, de crítica à construção de memórias heroicizantes sobre o período. Memórias que tendem a reduzi-lo a um enfrentamento entre a ditadura que oprime e a sociedade que resiste, ignorando a complexidade daquele processo histórico e a variedade de matizes das diversas posições políticas em jogo.

O trabalho do filósofo Roberto Romano, ao contrário, diferencia-se por fazer uma análise crítica da Igreja.[10] Ele observa que a maior fragilidade de grande parte das análises sobre o tema seria reduzir as representações produzidas pelo discurso católico e a linguagem usada para exprimi-las "ao reconhecimento das formações sociais, das estruturas econômicas e das organizações políticas em que sua ação se desenrola".[11] O discurso teológico é subvalorizado na análise política conjuntural. Para o autor, os membros da Igreja agem fundamentados em motivos próprios e têm uma maneira específica de manifestá-los. Não há como se atribuir, de maneira linear, as características da Igreja brasileira, a partir de meados do século XX, às mudanças políticas ocorridas no país naqueles anos. A Igreja conjuga sua tradição em lidar com questões sociais a elementos da cultura temporal na qual está inserida, recriando-os de acordo com os princípios teológicos. Isso significa que não se trata de uma instituição com autonomia absoluta, nem cujas ações sejam pautadas apenas pelos interesses institucionais, pois na construção de seu discurso a ordem social é uma referência constante.

Roberto Romano também observa que os bispos se colocam como intermediários nas relações entre dominantes e dominados: a eles cabe "interpretar a dominação ao interpretar os dominados". É nessa perspectiva que se fundamenta o posicionamento do episcopado como "a voz dos que não têm voz", isto é, falando pelos desfavorecidos, em vez de deixá-los falar. Isso ocorre não pela ausência de voz dos dominados, mas porque, para se tornarem audíveis, necessitariam da mediação teológica expressa pela sabedoria eclesiástica.

Cabe salientar a especificidade dos bispos na hierarquia católica, já que representam a autoridade máxima da Igreja local em jurisdição e magistério. São considerados os sucessores dos apóstolos, responsáveis por santificar, ensinar a doutrina e governar a circunscrição que lhes é confiada. Portanto, apesar do forte simbolismo e da importância da figura do papa, os bispos têm grande autonomia, o que muitas vezes não era entendido pelos militares, que viam seus protestos como uma quebra de hierarquia no interior da Igreja. O papa é, pela tradição, o guia da política e o intérprete infalível da doutrina; já os bispos não são apenas os representantes do papa, mas também chefes da instituição católica.[12]

De modo geral, as interpretações sobre as relações entre a Igreja e o Estado no Brasil e, consequentemente, sobre os diversos posicionamentos que os religiosos adotaram com relação ao poder temporal, sempre foram alvo de disputas de memória. A história acaba se confrontando com a memória dos que viveram diretamente os fatos, ou com versões que se estabeleceram como "verdade" e que podem dificultar a produção historiográfica. A memória pode servir como fonte para a história, bem como a história pode "corrigir" determinadas memórias que não são frutos de experiências passadas, mas apenas resultado de fantasias e criações. Além disso, a própria história pode reforçar certos estereótipos construídos pela memória.[13]

Isso não significa que a história tenha o papel de construir uma narrativa objetiva e definitiva sobre o passado, utopia que já não faz parte das pretensões dos historiadores. O alvo, sem dúvida muito difícil de ser alcançado, é construir um relato crítico e menos apaixonado, que enfrente os mitos construídos por todos os lados envolvidos nos processos históricos.

1.1 Algumas palavras sobre a história da Igreja

Para situar a Igreja nos primeiros anos da ditadura, alguns comentários sobre a história dessa instituição milenar são pertinentes. Cabe esclarecer que suas preocupações nunca se restringiram aos assuntos de ordem religiosa, isto é, dificilmente haverá como entendê-la sem analisar sua atuação, dentro de uma lógica própria, no campo político. Não se pode, porém, negligenciar os motivos propriamente teológicos que fundamentam a maneira como a instituição se posiciona politicamente, considerando que o seu objetivo no mundo é, acima de tudo, assegurar sua supremacia no campo transcendental. A Igreja, a partir de sua condição de corpo místico, move-se no tempo com um profundo sentido de permanência e incorpora desafios impostos pelo temporal, constituindo, assim, seu "projeto teológico-político".[14] Portanto, caracterizá-la como "um aparelho ideológico de Estado" é uma percepção anacrônica e impede o entendimento do "movimento católico como autorreflexão, como práxis que vai muito além da mera reprodução mecânica e rotineira de si mesma".[15]

A Igreja é uma instituição cultural com uma coerência própria que tem como uma de suas principais características a capacidade de atravessar diferentes conjunturas, instaurando novas práticas sociais em seus próprios parâmetros. Ela promove uma contínua adaptação da tradição às realidades enfrentadas sem, contudo, transformar os fatores considerados fundamentos teológicos da doutrina católica.

Quando o imperador romano Teodósio, no século IV, assegurou ao catolicismo o *status* de religião oficial do Estado, estava criando um novo modelo de relacionamento entre as duas instituições. "A Igreja e o Estado passaram a constituir um sistema único de poder e legitimação."[16] A esse sistema de relações, que favorecia ambos os envolvidos, os especialistas denominaram cristandade. Os governantes passaram a instrumentalizar a Igreja para legitimar a ordem estabelecida e garantir sua dominação; esta se transformou numa poderosa força político-ideológica[17] e, em alguns momentos, em detentora do monopólio da produção de bens simbólicos — como ocorreu da Idade Média até o século XII. Essas mudanças também se refletiram no clero, que cada vez mais passou a ser identificado como representante oficial da Igreja. Os clérigos passaram a falar em nome da instituição, articulando-se com as autoridades estatais, e tiveram suas funções crescentemente diferenciadas das dos leigos. Desde o início desse processo, tanto as práticas quanto os discursos cristãos começaram a viver um movimento de uniformização, como maneira de fortalecer a unidade de sua religião. A diversidade, característica tradicional do cristianismo até aquele momento, passou a ser vista como perigosa e, por isso, inadmissível.

O questionamento do catolicismo colocado pela Reforma Protestante provocou uma forte desestruturação da Igreja, já que ela deixaria de ser a única representante da cristandade. Entretanto, a constituição dos Estados modernos talvez tenha sido o maior desafio vivido pela instituição, pois seu poder, considerado "natural", teve sua legitimidade cada vez mais posta em dúvida em virtude da crescente secularização da sociedade. Como meio de driblar essa fragilidade e evitar a perda de mais fiéis, a Igreja estabeleceu novas formas de se relacionar com os Estados e firmou pactos com os que adotassem o catolicismo como religião oficial. Mas, ao contrário dos primeiros anos da cristandade, o poder temporal não mais aceitava a ingerência de Roma em seus assuntos. Eram os governantes que reclamavam o direito de administrar o clero e as estruturas eclesiais que estivessem em seus domínios territoriais, principalmente em se tratando da nomeação de padres e bispos. Isso é o que ocorria no regime do padroado, do qual falaremos em outro momento.

A Igreja começou a desenvolver sua doutrina sobre a questão social com base "no germe da desordem introduzido na sociedade moderna pelo liberalismo".[18] Desde o Iluminismo e, posteriormente, com a Revolução Francesa, houve um crescimento do anticlericalismo em países de maioria católica. Apesar disso, foram as revoluções liberais do século XIX que, de acordo com a instituição, desencadearam os principais males da modernidade: o individualismo dos liberais e o materialismo dos socialistas.[19]

O papado de Leão XIII (1878-1903) ficou marcado desde o início pelas tentativas de construção de novas relações entre a Igreja e a modernidade. Ele trilhou um caminho diferente de seus antecessores, que sempre procuraram, por exemplo, combater as conquistas tecnológicas modernas. Além disso, redefiniu a teoria medieval dos dois gládios, que entendia que a Igreja cedera o poder temporal aos governantes, logo, esse poder deveria estar subordinado ao poder espiritual. Assim, estabeleceu um limite entre os direitos da Igreja e os do Estado, em que este último poderia ter ação autônoma, fora da influência eclesiástica. Uma nova maneira de relacionamento entre o poder religioso e o poder temporal estava sendo proposta: a Igreja não teria mais autoridade direta sobre o Estado, mas agiria sobre este através de seus fiéis.

Continuando a prática eclesiástica de buscar na tradição teológica o seu sentido de transcendência e permanência, Leão XIII ancorou sua luta contra o racionalismo do século XIX nos escritos de São Tomás de Aquino. Tal iniciativa representava o esforço em trazer a ciência para o domínio da fé, subordinando-a aos fundamentos teológicos. Nesse sentido, esse papa não diferia dos anteriores, já que se encarregava de reforçar as tradições católicas, mantendo o *ethos* cultural dominante.[20] É a partir dessa perspectiva que se pode falar da Igreja Católica como instituição conservadora por excelência,[21] característica que se deveu ao medo do futuro surgido após as revoluções burguesas e tendeu a guiar a ação do catolicismo a partir daquele momento.[22] Portanto, todos os mitos políticos surgidos com o Iluminismo, tais como igualdade, liberalismo, democracia e laicismo, foram avidamente combatidos pela Igreja, pois iam de encontro aos seus dogmas centrais.

Também ao final do século XIX, a instituição vivia um grande temor com relação ao crescimento dos movimentos operários e, sobretudo, ao comunismo presente nesses movimentos. Por essa razão, buscou elaborar um discurso disciplinador que funcionasse como alternativa tanto ao socialismo quanto ao liberalismo. Nesse mesmo período, idealizou-se no seio da Igreja a possibilidade de uma restauração da cristandade, a "recristianização". O uso do conceito de cristandade, contudo, deve ser feito com cuidado na análise da história brasileira, visto que se refere a uma realidade medieval, em que a Igreja Católica tinha a hegemonia da sociedade, que foi desarticulada com a Reforma Protestante. Fala-se, então, em neocristandade, que deve ser estudada levando-se em consideração as características sociais, culturais, políticas e econômicas da realidade que se deseja analisar. O projeto de neocristandade objetivava "a efetivação de uma ordem social cristã pela condução dos fiéis a uma práxis pública capaz de construir, evangelicamente, a sociedade".[23] No caso do período em foco, a neocristandade tinha como objetivo principal a luta contra o liberalismo e o socialismo. A Igreja até admitia a existência do Estado laico, desde que este aceitasse a inspiração cristã, que seria praticada com a atuação de leigos envolvidos com instituições católicas inseridas na sociedade civil.

Esse projeto de neocristandade só se tornou possível a partir da reutilização do conceito de *societas perfecta*. Nele, o temporal e o religioso não seriam mais vistos como duas realidades dissociadas. O temporal teria a sua autonomia, mas ainda assim estaria ligado à ordem religiosa. Esse modelo de Igreja, como *societas perfecta*, acentua o aspecto institucional, a autoridade e a preservação de sua identidade, mantendo uma postura de recusa do mundo. Assim,

> [...] afirmando sua autonomia e independência institucional (*societas perfecta*), a Igreja pode demarcar-se do Estado laico e aconfessional e elaborar um projeto de neocristandade, com o intuito de recristianizar a sociedade mediante a ação direta do laicato católico nas instituições confessionais. Para tanto, houve a aceitação progressiva de uma certa dessacralização da ordem política.[24]

Como forma de sintetizar essas questões, em 1891 foi publicada a encíclica *Rerum Novarum*, que propunha uma transformação social que pusesse a Igreja como consciência moral do mundo. A sociedade deveria reconhecer e legitimar o catolicismo como a verdadeira modernidade. A Igreja expunha a necessidade de sair do âmbito da metafísica e adentrar na realidade de seu tempo, caso contrário corria o risco de ser atingida pelo socialismo que penetrava em seu rebanho.

Essa encíclica, talvez o documento mais importante produzido pela Igreja sobre a questão social, veiculava a ideia de uma ordem hierárquica harmoniosa na sociedade, além de defender a propriedade como um bem "natural". No entanto, essa defesa não tem o mesmo sentido do liberalismo, uma vez que, para a Igreja, a propriedade deveria cumprir uma função social; nem se equipara à perspectiva do comunismo, pois há uma sensível diferença entre a propriedade social dos meios de produção, sustentada pelo discurso social católico, e a socialização dos meios de produção, uma das teses fundamentais da teoria marxista.[25] No âmbito religioso, a propriedade deveria ser apreendida como uma "instituição" que tornaria efetivo o destino social comum, isto é, o indivíduo só conseguiria exercer os seus direitos políticos se possuísse algum bem privado. E era o Estado que deveria atuar para que isso ocorresse, tanto garantindo por meio de leis as propriedades daqueles que já as possuíam como possibilitando sua aquisição pelos socialmente desfavorecidos. O objetivo não era acabar com a desigualdade, mas hierarquizá-la mediante o direito natural. Portanto, as noções de propriedade e de responsabilidade seriam fundamentais para a manutenção do equilíbrio social. Essa perspectiva não se confunde com o ideal de progresso liberal ou com as utopias igualitárias; o que se pretendia era a "constituição de uma sociedade inspirada no ideal de bem comum e disciplinada de modo a manter as relações de harmonia e de justiça".[26] A Igreja buscou criar um discurso coerente sobre a ordem social, que possibilitasse sua diferenciação tanto do comunismo como do liberalismo. Igualmente, apresentou o sistema da cristandade e sua justiça como universais, baseados na transcendência divina, a fim de que não admitissem questionamentos.[27]

Ao se empenhar no estabelecimento de uma terceira via entre o comunismo e o liberalismo, a *Rerum Novarum* propunha conciliar capital e trabalho. Assim, acabou se encaminhando para o corporativismo, ao propor associações profissionais mistas, nas quais empregados e patrões participariam juntos e, dessa maneira, enfrentariam o conflito entre as classes. Todavia, esse ponto de vista não era consensual entre o clero. Havia bispos e padres que começavam a apoiar movimentos de trabalhadores, tais como organizações sindicais e greves. Outros acreditavam que a volta das corporações traria justiça e ordem social. Foram estes últimos que tiveram um peso maior na elaboração da encíclica e reforçaram a visão paternalista da ação social da Igreja com relação aos pobres. Sendo o operariado visto como uma forma de pobreza, este deveria receber os benefícios dos patrões como concessões e não atuar como protagonista na obtenção de seus direitos.

Cabe ressaltar que, no combate à ideologia liberal e na tentativa de proteger-se do socialismo, o discurso elaborado pela Igreja não foi mera reação a essas práticas secularizantes. Pelo contrário, a instituição criou suas vanguardas intelectuais, que produziram um discurso político com características próprias, mobilizando recursos retóricos de que só elas poderiam lançar mão.

1.2 A Igreja no Brasil

No território sobre o qual o Brasil veio a se constituir, a Igreja esteve presente desde a chegada dos portugueses. Os caminhos percorridos por ela são indissociáveis da formação do Estado brasileiro. Isso significa que é fundamental considerar sua importância para se compreender o Brasil. Até o final do século XIX, a instituição sequer existia como entidade autônoma: vivia sob o regime do padroado.

Desde a época dos descobrimentos, como forma de retribuição ao Estado português por propiciar a difusão da fé no Novo Mundo, Roma outorgou à Coroa o controle da Igreja local. Os reis nomeariam bispos e párocos, além de se responsabilizar pela construção das primeiras igrejas e de conventos, pela subvenção de cultos religiosos, pelo gerenciamento dos dízimos eclesiásticos e até pela aprovação de documentos. Isso fez com que a Igreja no Brasil, até o início do processo de romanização, fosse extremamente regulada pela monarquia portuguesa e, posteriormente, pelo Império. Sua ligação com Roma era, portanto, de muita fragilidade.

A maior preocupação da Igreja ao fazer essas concessões era a conquista de novas almas e a possibilidade de propagar sua doutrina tridentina, que procurava disciplinar e moralizar não apenas os fiéis, mas também o clero. Embora o catolicismo fosse bastante difundido pelo território brasileiro, a Igreja teve muita dificuldade para implantar aqui o seu modelo de cristandade europeia, apesar dos esforços dos visitadores episcopais e inquisitoriais. O catolicismo era praticado na colônia de maneira bem informal, por ter incorporado aspectos das religiões indígena, africana e judaica.[28] As dioceses tinham uma organização muito precária, com uma estrutura debilitada e poucos recursos. O clero secular havia se tornado muito dependente do Estado, pois era este que pagava seus salários e financiava os conventos. Todos esses elementos contribuíam para que os padres tivessem um caráter fortemente regalista, o que enfraquecia o vínculo com o poder papal.

Apenas em meados do século XIX, com o rearranjo das relações da hierarquia eclesiástica brasileira com Roma, combinado ao crescimento do ultramontanismo, a Igreja e seus membros começaram a entrar em conflito com o Estado. A doutrina ultramontana pregava o fortalecimento do poder papal e a centralidade da Cúria Romana em detrimento das Igrejas locais. Também defendia que o clero tivesse uma formação que reforçasse a fidelidade ao papa e evitasse a subordinação aos desígnios estatais. Desse modo, ela foi vista como uma oportunidade para que a Igreja retomasse o espaço perdido para as ideias de conteúdo laicizante. O ultramontanismo foi a grande questão do Concílio Vaticano I (1868-70), que proclamou a infalibilidade do papa.

A partir desse período, a Igreja brasileira começou a pôr em prática as novas determinações de Roma. Uma das primeiras providências para disciplinar as religiosidades populares foi a tentativa de retomar o controle do catolicismo das mãos dos leigos, porquanto, no Brasil, a religião católica expressava-se principalmente por irmandades e confrarias lideradas pelo laicato.

Algumas irmandades haviam se tornado verdadeiros centros de atividades ligadas à maçonaria, e por esse motivo a proibição de que católicos participassem de ritos maçônicos foi uma das medidas mais polêmicas daquele contexto. Em 1874, certos prelados, como dom Vital, bispo de Olinda, e dom Antônio de Macedo Costa, bispo do Pará, ao saírem em defesa do ultramontanismo, puniram alguns padres que estavam envolvidos com a maçonaria e determinaram a interdição de irmandades maçônicas. Dom Pedro II, ele próprio maçom, ordenou que os bispos suspendessem essas resoluções, mas eles se recusaram. Com isso, foram condenados a trabalhos forçados por desrespeito ao Código Penal. Por pressão do Vaticano, os bispos foram anistiados, porém, a crise provocada por esses conflitos já era então irreversível e levaria à chamada Questão Religiosa. A partir desse momento, o imperador ficou desmoralizado ante os liberais e, do outro lado, os católicos se uniram em desacordo com a atitude do soberano, o que contribuiu para fortalecer sua identidade como grupo.

Mesmo após esses atritos, a separação entre Igreja e Estado, com a Proclamação da República, não foi bem-vista pelo episcopado brasileiro, porque isso poderia representar a perda de seu canal privilegiado de relacionamento com o poder temporal. Os bispos queriam autonomia, e não completa exclusão de suas relações com o novo regime. O Estado brasileiro passou a ser laico, mas se, por um lado, o catolicismo deixou de ser a religião oficial, por outro a nova situação estimulou a continuação do processo de centralização da Igreja e a renovação e o fortalecimento de sua estrutura institucional. Foi quando os bispos começaram a realizar os planos do papa Leão XIII, isto é, recristianizar a sociedade.

Desde sua ruptura com o Estado, a Igreja sempre procurou estabelecer uma aliança com a República nascente. Nesse movimento de reconciliação com o poder temporal, a figura de dom Sebastião Leme* foi de grande importância, por sua atuação política fundamental para reverter o processo de decadência eclesiástica. Em carta pastoral publicada em 1916, dom Sebastião sintetizou todas as ações que a Igreja deveria empreender para revigorar sua presença na sociedade brasileira.[29] Era necessário cristianizar as principais instituições sociais, formar um

---

*Arcebispo de Olinda e Recife (1916-21), coadjutor no Rio de Janeiro (1921-30) e cardeal-arcebispo do Rio de Janeiro (1930-42).

quadro de intelectuais católicos e adequar as práticas religiosas populares aos princípios ortodoxos. Florescia o que se usou chamar de "modelo da neocristandade", que atingiria o auge no longo mandato de Getúlio Vargas, quando o Estado percebeu a importância de negociar algumas regalias em troca de sanção religiosa.[30]

Na década de 1930, a Igreja estava em pleno processo de restabelecimento de sua posição privilegiada na sociedade e a criação da Ação Católica Brasileira (ACB), em 1935, faz parte desse movimento de restauração da cristandade. A ACB serviu como um destacado instrumento de organização da Igreja e foi, em grande medida, responsável pela adequação da instituição à nova conjuntura histórica. Pode-se dizer que a ACB teria grande importância na configuração inicial da CNBB. Nos anos 1950 e 1960, vários integrantes da Conferência haviam trabalhado como assistentes na ACB e ainda mantinham contato com a entidade.

No mesmo contexto, foi criada, em 1933, a Liga Eleitoral Católica (LEC), associação nacional de caráter civil que se tornou o braço político da ACB e cujo objetivo era orientar o voto dos católicos para a promoção dos candidatos que defendessem os ideais eclesiásticos. A LEC era um movimento suprapartidário e acabou ganhando muito prestígio no sistema eleitoral. Um candidato que não obtivesse o apoio da organização dificilmente era eleito.

A partir da década de 1950, o pensamento social católico se fortaleceu no seio da Igreja e provocou algumas mudanças, como, por exemplo, o crescimento da ACB, que passou a contar com algumas subdivisões: a Juventude Estudantil Católica (JEC), a Juventude Operária Católica (JOC) e a Juventude Universitária Católica (JUC), da qual se originaria a Ação Popular (AP), organização revolucionária que participaria da luta armada. Parte do episcopado aproximou-se dos trabalhadores e dos estudantes, obtendo contato com as questões políticas em que esses grupos estavam envolvidos. Alguns setores da Igreja começaram a questionar o próprio conservadorismo político e acabaram trazendo à tona a preocupação com a justiça social.

Essa ideia, todavia, não foi absorvida da mesma maneira por todos os seus membros. De acordo com Scott Mainwaring, observa-se, já nessa época, o delineamento de três grupos atuando na instituição: um deles enfatizava a estratégia da neocristandade e pleiteava a permanência dos privilégios eclesiásticos junto ao Estado, acreditava necessário reforçar a presença eclesiástica na sociedade. O outro via com ressalvas o envolvimento da Igreja em questões sociais, mas defendia a importância da realização de algumas mudanças para que a instituição pudesse cumprir sua missão no mundo moderno. Por último, havia os que se manifestavam pelo trabalho em prol da mudança social que beneficiasse os pobres.[31]

Como parte da estratégia de reorganização estrutural da Igreja, em 1952 foi fundada a CNBB. Criada com o intuito de centralizar os poderes eclesiásticos, foi uma das primeiras conferências episcopais do mundo. A CNBB foi fruto do trabalho de dom Hélder Câmara, bispo auxiliar do Rio de Janeiro, ao lado do núncio apostólico, dom Carlos Chiarlo, e com a aprovação do monsenhor Giovanni Montini, secretário de Estado do Vaticano e futuro papa Paulo VI. Dom Hélder Câmara foi nomeado secretário-geral da entidade e dom Carlos Carmelo Motta ocupou sua presidência. De acordo com o primeiro estatuto da CNBB, era o secretário-geral que se responsabilizaria por toda a área executiva da entidade, o que fez com que muitas vezes os ocupantes desses cargos tivessem mais projeção que o presidente.[32] Foi dom Hélder, portanto, que definiu as feições iniciais da Conferência, que, assim,

> [...] serviu de defensora da Igreja brasileira em nível nacional e internacional, promoveu assembleias bianuais (e mais tarde anuais) e levantou numerosos problemas da Igreja, inclusive o da necessidade de estabelecer estratégias pastorais e políticas nacionais. Mais importante, defendeu o nacionalismo econômico como caminho para o progresso social.[33]

Apenas alguns meses antes da fundação da CNBB, dom Hélder havia se tornado bispo auxiliar do cardeal dom Jaime Câmara* no Rio de Janeiro, cidade onde atuava desde 1936, quando chegou do seu estado de origem, o Ceará. Ele nasceu na cidade de Fortaleza, em 1909, e foi ordenado padre em 1931. Desde o início de sua carreira, envolveu-se com movimentos sociais, principalmente com a causa trabalhista. Fundou, em 1931, a Legião Cearense do Trabalho e, dois anos depois, a Sindicalização Operária Católica Feminina. Também foi responsável pela organização da JUC naquele estado.[34] Curiosamente, o religioso, que ficaria marcado pela trajetória de luta pela justiça social e pelos direitos humanos, havia participado, na juventude, da Ação Integralista Brasileira (AIB), movimento conservador com laivos fascistizantes. Naquela época, chegou a ocupar o cargo de secretário de estudos da AIB e fundou vários núcleos integralistas pelo interior do Ceará, tendo sido um dos grandes propagandistas do movimento.

No final dos anos 1930, dom Hélder começou a considerar novas perspectivas ideológicas. A leitura da obra do filósofo católico francês Jacques Maritain, proponente do *humanismo integral*, causou-lhe forte impacto, levando-o a abandonar o integralismo e a buscar "um novo estilo de santidade".[35] Nos 12 anos em que ocupou o cargo de secretário-geral da CNBB, o bispo, com sua personalidade reconhecidamente carismática e sua preocupação com os problemas político-sociais, fez suas ideias prevalecerem. Duas de suas realizações na área social são conhecidas: a Cruzada de São Sebastião, conjunto habitacional em um bairro nobre do Rio de Janeiro, construído para abrigar moradores de favelas próximas, e o Banco da Providência, uma iniciativa para estimular a distribuição de renda. A CNBB seria um caminho para que pudesse implementar alguns de seus projetos, como a atuação conjunta do episcopado e a revalorização da colaboração entre Igreja e Estado.

---

*Jaime Barros Câmara nasceu em São José (SC) em 1894, foi designado arcebispo do Rio de Janeiro em 1943 e, três anos mais tarde, foi nomeado cardeal e permaneceu na mesma arquidiocese até 1971, quando faleceu e foi sucedido por dom Eugênio Sales. Ele foi presidente da CNBB entre 1958 e 1964.

A maior parte dos estudos sobre a CNBB defende que a predominância de bispos provenientes da região Nordeste na fundação da Conferência proporcionava à nova organização um caráter mais progressista. Tais bispos, por terem maior contato com os graves problemas sociais daquela região, estariam mais comprometidos com propostas que reivindicassem mudanças nas estruturas socioeconômicas do país.* Partidário desse ponto de vista, Thomas Bruneau defende que os bispos do Nordeste, em relação aos do Sul, estavam mais comprometidos com as mudanças sociais. Como entre os membros da CNBB predominavam os nordestinos, portanto os "reformistas" ou "progressistas", eles conseguiriam difundir seus interesses por toda a instituição e empreender os projetos que julgavam mais importantes.[36]

Márcio Moreira Alves discorda dessa visão, pois alega que não há relação direta entre o fato de os bispos serem nordestinos e terem posicionamentos progressistas. Segundo o autor, não se pode afirmar que a postura de dom Hélder coincidisse efetivamente com a da maioria dos outros fundadores. Ele observa que nenhum deles se encontrava entre os que, mais tarde, seriam identificados como "bispos progressistas". Pelo contrário, vários se mostrariam conservadores, como dom Carlos Coelho e dom Luís Mousinho, ou mesmo autoritários, como é o caso de dom Eugênio Sales. Mesmo aqueles que vieram a defender alguma mudança social, como dom Fernando Gomes e dom José Távora, tiveram um comportamento bastante cauteloso e sem advogar grandes rupturas. Com exceção de dom Hélder, não haveria neles mais que a intenção de modernizar a Igreja como forma de ampliar e consolidar a esfera de influência do catolicismo. Talvez por isso a CNBB tenha alcançado rapidamente um lugar central na Igreja brasileira, vindo a ocupar o papel de porta-voz da hierarquia, já que "preenchia um papel

---

*Os bispos do Nordeste na CNBB eram dom Hélder Câmara (CE), dom Carlos Coelho (PB), dom Luís Mousinho (PE), dom José Delgado (PB), dom José Távora (PE), dom Eugênio Sales (RN), dom Fernando Gomes (PB) e dom Manuel Pereira (PB). Cf. Thomas Bruneau (1974, p. 198).

não polêmico e satisfazia a uma necessidade organizacional geralmente reconhecida pelos bispos".[37] Entretanto, deve ficar claro que CNBB e Igreja não são sinônimos.

Concordando com Márcio Moreira Alves, afirmamos que certamente os eclesiásticos tinham a necessidade de uma organização que respondesse com mais agilidade aos desafios daquele contexto. Eles precisavam, sobretudo, de um meio que possibilitasse sua aproximação com a população de maneira geral, principalmente as classes populares. A CNBB respondeu bem a essas demandas. Da mesma maneira, inferir o suposto progressismo de alguns bispos a partir de sua origem sociogeográfica, sem considerar outros fatores, não parece uma estratégia muito acertada. Em todo caso, é bastante evidente a força que a preocupação com os problemas sociais tinha nos primeiros anos da CNBB. Por certo, a perspectiva de dom Hélder tinha um peso importante, mas é difícil afirmar que ele conseguiria impor seus interesses aos outros bispos se não houvesse algum consenso em torno de suas propostas. Vale lembrar a pressão exercida pelo episcopado sobre o Congresso Nacional em favor da implantação da Superintendência do Desenvolvimento do Nordeste (Sudene), em 1959. E, ainda, a criação, em 1961, do Movimento de Educação de Base (MEB), programa de educação básica financiado pelo Estado e executado pela Igreja, por meio de escolas radiofônicas, nas regiões menos desenvolvidas do país. Em suma, não há dúvida de que a CNBB, até 1964, foi conduzida de uma maneira bastante diferente da que seria nos anos seguintes, mesmo que em ambas as conjunturas o interesse final fosse ampliar o alcance de seu projeto teológico-político, apoiando-se no poder estatal.

O crescimento da Conferência foi vertiginoso. Ele ocorreu antes que o Concílio Vaticano II expandisse a jurisdição das conferências episcopais nacionais, pois até então era o núncio apostólico que, de acordo com o direito canônico, deveria representar a Igreja de Roma nos diferentes países. Porém o próprio dom Armando Lombardi, núncio em exercício no Brasil naquele momento (1954-64), em nome da Santa Sé, apoiava a CNBB. Assim, além de ter a maior parte do episcopado em suas fileiras, a entidade passaria a ser reconhecida pelo Vaticano como voz autorizada da Igreja no Brasil.

Na década de 1960, algumas reformas importantes promoveram os posicionamentos mais progressistas da instituição. As encíclicas *Mater et Magistra*, publicada em 1961, e *Pacem in Terris*, de 1963, ambas do papado de João XXIII (1958-63), foram importantes marcos da doutrina social da Igreja, pois buscaram sintonizar as orientações das encíclicas anteriores que tratavam das questões sociais com o mundo secular moderno. A *Pacem in Terris*, por exemplo, fez da Declaração Universal dos Direitos do Homem das Nações Unidas, de 1948, parte do ensinamento oficial dos católicos.

Mas foi o Concílio Vaticano II (1962-65) que pôs a questão da justiça social e dos direitos humanos em primeiro plano. Esse concílio foi, certamente, uma das mais amplas reformas da história da Igreja. Em linhas gerais, nele se discutiu a importância de o clero não manter suas funções alheias à realidade sociopolítico-econômica, valorizou-se o diálogo ecumênico, atribuíram-se maiores responsabilidades aos leigos e, assim, destacou-se a necessidade de a Igreja rever seus padrões de autoridade no relacionamento com a sociedade. Os líderes eclesiásticos perceberam a urgência de se abrir ao mundo para consolidar seus interesses institucionais. Ao contrário do que defendem alguns estudiosos, não foi esse concílio que inaugurou a chamada "Igreja dos pobres", pois, como vimos, o tema da justiça social já era discutido havia muito pela instituição.[38] No entanto as várias determinações do concílio só começariam a ser trazidas para a Igreja brasileira no II Conselho Episcopal Latino-Americano (Celam), que ocorreu em 1968 em Medellín, na Colômbia.[39]

Durante o concílio, houve uma transformação no discurso eclesiológico. Percebeu-se que já não era mais suficiente lutar para transformar espiritualmente os cristãos, o clero e os leigos. Fazia-se necessária uma profunda mudança institucional da Igreja, já que suas estruturas estavam sendo questionadas até pelo próprio clero, que reivindicava uma maior participação nos processos decisórios eclesiásticos. Em suma, não mais bastava uma reforma *na* Igreja, mas urgia que se efetivasse uma reforma *da* Igreja.[40] Isso não significa que a instituição tenha se modernizado, tampouco modificado sua doutrina fundamental para se adaptar ao mundo contemporâneo, pois ela nunca chegou a romper com a tradição.

Não se pode esquecer o papel que o comunismo exerceu nessa guinada da Igreja em favor dos necessitados. Em tempos de Guerra Fria, a ideologia comunista foi percebida por ela como uma grande ameaça. Desse modo, ela se constituiu, ao lado das Forças Armadas, em uma das instituições que mais se empenharam no combate aos comunistas no Brasil. De acordo com Rodrigo Motta:

> [...] o despertar da hierarquia católica para o problema social e a consequente proposição de programas visando a justiça social decorreram fundamentalmente, embora não exclusivamente, da percepção de que os comunistas ameaçavam a cidadela católica.[41]

Embora não se possa exagerar o peso que o imaginário anticomunista teve sobre as ações da Igreja no período, não há como ignorar que os bispos creditavam às reformas o poder de satisfazer às aspirações das massas e, por conseguinte, evitar a propagação do "perigo vermelho". Mas, ainda que o mundo estivesse dividido de maneira bipolar, a Igreja não tinha um passado muito harmonioso com o capitalismo e, ainda menos, com o liberalismo. O que ela propunha tampouco era a inserção do Brasil no capitalismo internacional. Contrariamente, buscava uma "alternativa que afastasse a sociedade das experiências radicais vividas pelo socialismo e pelo capitalismo liberal".[42]

Os interesses eclesiásticos nem sempre coincidiam inteiramente com os do Estado, não obstante o modelo da neocristandade continuasse em funcionamento sem grandes abalos. Quando, em 1961, começou o debate em torno da implementação da Lei de Diretrizes e Bases da

Educação, a Igreja mostrou-se muito atuante. A educação sempre havia sido um importante instrumento de sua atuação na sociedade. Dessa forma, naquela ocasião, ela não perdeu a oportunidade de pleitear a preservação de seus privilégios, já que estava em discussão, entre outros temas, a permanência do ensino religioso no currículo das escolas públicas.[43] Esse caso ilustra bem o envolvimento da instituição com diferentes níveis do governo e até mesmo a manutenção de relações pessoais de vários setores do clero com políticos. Ao mesmo tempo, evidencia a força simbólica que a Igreja exercia, e lutava para manter, na sociedade brasileira, visto que penetrava nos mais diversos grupos sociais. O governo não podia lidar com ela de qualquer maneira, mesmo porque a maioria dos políticos era católica.

O Concílio Vaticano II trouxe à baila a ideia de "liberdade" e, portanto, de liberdade religiosa. Dessa perspectiva, a cristandade poderia ser superada, pois o Estado não deveria mais proteger a religião católica, o que antes era impensável. Contudo a ideia de uma ligação entre as duas instituições permaneceu viva em grande parte do clero e na própria sociedade.

1.3 Os primeiros anos do regime militar

O regime militar não foi uniforme, no entanto, na construção de uma memória coletiva, pode-se afirmar que houve uma tendência a ignorar seus matizes e especificidades.[44] Os ideais democráticos, por exemplo, não permearam todo aquele período, principalmente porque sua valorização só ocorreu em meados da década de 1970. Assim, tanto os grupos de esquerda como os de direita tinham uma visão instrumental da democracia, isto é, estavam dispostos a romper com as regras democráticas para defender seus interesses. Cabe, no entanto, ressaltar que cobrar daqueles grupos a percepção de democracia que se tem hoje é uma interpretação um tanto anacrônica.[45]

Criou-se um mito de que o ano de 1964 representou um atropelo à instauração de uma sociedade mais igualitária, e que os anos seguintes foram de constantes tentativas de recuperação da oportunidade perdida. Para entender melhor como essa memória foi constituída, é preciso chamar a atenção para os anos que antecederam o golpe. O ano de 1961 é um importante marco dessa história. Após a renúncia de Jânio Quadros em agosto, os ministros militares começaram a tramar uma maneira de impedir a posse do vice-presidente João Goulart, que estava em viagem à China. Acusaram-no de ser o representante do legado de Getúlio Vargas e, o mais grave, de ter vínculos com o comunismo internacional. Uma cadeia nacional de comunicações, a chamada "rede da legalidade", criada pelo governador do Rio Grande do Sul, Leonel Brizola, funcionou como um movimento de resistência democrática e permitiu que a posse de Goulart fosse negociada. Ele assumiu a presidência, mas seus poderes foram limitados por uma emenda parlamentarista votada às pressas pelo Congresso Nacional. As direitas ficaram perplexas, as esquerdas, eufóricas.[46]

Em tempos de Guerra Fria, o mundo estava claramente polarizado entre os interesses dos Estados Unidos e da União Soviética. As duas potências investiam arduamente para expandir seus projetos. Enquanto os partidários dos norte-americanos defendiam o Ocidente, os valores liberais e a civilização cristã, aqueles que se colocavam ao lado dos soviéticos priorizavam a igualdade, as reformas e a revolução social. Conquanto acusassem um ao outro de ferir os valores e as instituições democráticas, autoproclamavam-se defensores da democracia. Ainda assim, nunca hesitavam em desconsiderá-la sempre que ela representasse um obstáculo ao avanço de suas pretensões.

Entre os inúmeros violentos conflitos que estouravam em diversas partes do mundo — Guerra do Vietnã, Guerra da Argélia, Guerra Civil do Congo etc. —, a Revolução Cubana, que concluiu seu processo de revolução socialista em 1961, funcionou como um indicativo de que as condições internacionais eram favoráveis aos avanços dos ideais soviéticos. Essa foi a primeira grande ameaça ao domínio dos Estados Unidos na América Latina. Tal conjuntura externa não deixaria de se refletir no Brasil.

A vitória do legalismo e a chegada de João Goulart à presidência, mesmo com poderes restritos, impulsionou o crescimento de movimentos sociais populares por todo o país. A possibilidade da implantação de um projeto nacional-estatista mostrava-se cada vez mais plausível. As reformas passaram a fazer parte do vocabulário político daqueles anos e tendiam a multiplicar seu alcance: reforma agrária, reforma urbana, reforma tributária, reforma universitária, entre outras. A sociedade parecia entrar num amplo debate em torno dessas questões, mesmo que os grupos conservadores aparentassem certo imobilismo.

A volta do sistema presidencialista, após o plebiscito de 1963, foi entendida por Jango e seus partidários como um expressivo voto de confiança para o avanço de suas políticas. Enganavam-se. A partir daquele momento, a sociedade já estava dividida. O movimento de reformas deparou-se com um impasse. Após as eleições estaduais de 1962, as direitas ganharam espaço e começaram a construir uma posição ofensiva na luta por seus interesses.[47]

Às vésperas do golpe, havia bastante agitação em alguns setores da sociedade brasileira. O comício promovido por Goulart na Central do Brasil, no dia 13 de março de 1964, foi um divisor de águas. Evidenciou que o presidente tinha o apoio das esquerdas, de amplos contingentes de trabalhadores urbanos e rurais, de certos setores estudantis e de alguns graduados das Forças Armadas. Em contrapartida, as Marchas da Família com Deus pela Liberdade, a primeira das quais ocorreu no dia 19, em São Paulo, ao incitar a população católica à defesa dos tradicionais valores cristãos, evidenciavam a articulação das direitas numa ampla e organizada campanha de desestabilização do governo, o que culminou no golpe que derrubou João Goulart.[48] As marchas funcionavam como expressão da Igreja Católica — ao lado de políticos conservadores, da elite empresarial e de movimentos de mulheres de classe média — a respeito do descontentamento com a proporção que as demandas populares vinham alcançando.[49]

Todo esse movimento teve um caráter civil-militar, embora o golpe tenha sido deflagrado por militares.[50] É difícil precisar até que ponto os golpistas estavam certos quanto às reais possibilidades de um golpe de esquerda. Entre os teóricos marxistas, há quem defenda que as ameaças eram efetivas.[51] O que se sabe é que o golpe foi dado sob o pretexto de "salvar" o país da subversão, do comunismo, da corrupção e do populismo; de combater a "crise moral" que assolava o país, em nome da "democracia" e da civilização ocidental cristã.

Se inicialmente a CNBB havia apoiado as políticas reformistas de Goulart, logo que os movimentos sociais começaram a se avolumar, a entidade passou a temer a desordem social e a adotar posições claramente conservadoras. Para grande parte do episcopado, uma insurreição comunista se anunciava. Assim, a grande marcha que ocorreu no Rio de Janeiro após o golpe "revestiu-se de caráter oficial enquanto comemoração da intervenção militar".[52] A Igreja via o comunismo com um "materialismo ateu" que ameaçava a doutrina católica, portanto, "não gratuitamente, logo depois da vitória do golpe militar, [...] abençoaria, com sua autoridade, os vitoriosos".[53] Entretanto, o apoio do episcopado não foi unívoco. De fato, havia figuras importantes da hierarquia católica que apoiavam as marchas, como o cardeal dom Jaime Câmara. Outros religiosos se opuseram a essas manifestações, como foi o caso do núncio apostólico, Armando Lombardi, que, por meio de suas críticas, fez com que a Igreja se desvinculasse oficialmente do movimento. Dom Carlos Carmelo Motta tentou, sem sucesso, desencorajar as marchas em São Paulo. Aliás, esse mesmo bispo e também dom Hélder Câmara haviam aparecido alguns dias antes ao lado do presidente Goulart, numa foto que circularia em todo o país.

As mesmas controvérsias estiveram presentes na elaboração do documento que oficializava o apoio da CNBB ao golpe. A declaração, publi-

---

cada em maio, foi assinada por 26 dos bispos mais importantes de todas as partes do Brasil e foi uma tentativa de demonstrar que havia unidade dentro da Igreja. Em linhas gerais, os bispos agradeciam aos militares por "salvarem" o país do perigo iminente do comunismo, com destaque para dom Geraldo Sigaud,[54] partidário de um catolicismo ultraconservador, como defensor dessa posição. O mineiro Geraldo de Proença Sigaud foi arcebispo de Diamantina, Minas Gerais, entre 1961 e 1980, e ficou muito conhecido por suas denúncias contra aqueles que ele supunha estarem influenciados pelo comunismo, incluindo outros membros do episcopado. Foi um dos fundadores da Sociedade Brasileira de Defesa da Tradição, Família e Propriedade (TFP), organização conservadora, criada em 1960, que se fundamenta nos tradicionais valores católicos. Tornou-se famoso o episódio ocorrido em 1964, quando manteve preso na residência do arcebispado um padre considerado radical. E quando, em 1977, enviou à imprensa uma carta em que denunciava a infiltração comunista em todas as partes da Igreja, remetendo-se diretamente a dom Pedro Casaldáliga.

O documento divulgado pela CNBB dizia:

> Atendendo à geral e ansiosa expectativa do povo brasileiro, que via a marcha acelerada do comunismo para a conquista do poder, as Forças Armadas acudiram em tempo e evitaram que se consumasse a implantação do regime bolchevista em nossa terra. Ao rendermos graças a Deus, que atendeu às orações de milhares de brasileiros e nos livrou do perigo comunista, agradecemos aos militares que, com grave risco de suas vidas, se levantaram em nome dos supremos interesses da nação.[55]

Ainda assim, foram incluídos na declaração alguns parágrafos que evidenciavam posições algo contraditórias do episcopado. De certa forma, determinadas críticas ao Estado autoritário que ganhariam força alguns anos mais tarde estavam timidamente pulverizadas ao longo do manifesto, como por exemplo a advertência de que o estabelecimento da ordem não poderia desconsiderar o direito de defesa dos acusados, nem justificar atos de violência e arbitrariedade. Isso era, obviamente, uma maneira de defender os membros da Igreja e também os católicos. Os eclesiásticos deixaram claro que não aceitavam que bispos, sacerdotes, fiéis ou organizações católicas, tais como a ACB e o MEB, fossem acusados de comunistas ou comunizantes.

O historiador norte-americano Kenneth Serbin encontrou na Biblioteca do Instituto Nacional de Pastoral um rascunho do que seria a declaração dos bispos ditos "progressistas" sobre o golpe. A partir desse documento, é possível afirmar que determinado grupo do episcopado estava disposto, já naquela ocasião, a fazer um pronunciamento mais duro contra os militares. Presume-se que sua eventual publicação teria causado tanto impacto quanto as declarações episcopais da década de 1970.

> Sente-se a Igreja ameaçada em sua legítima liberdade e missão pelas violências contra ela praticadas em quase toda a extensão do território nacional. Com efeito, representantes do poder temporal arvoram-se o direito de julgar autoritariamente a doutrinação da Igreja, reservando-se a competência de decidir se o que ela ensina é o cristianismo ou o marxismo, proíbem a divulgação de documentos episcopais, [...] acusam os próprios bispos de subversivos ou comunistas, não poupam o Vaticano, [...] invadem propriedades da Igreja [...]. Envolvem a Igreja em suspeita generalizada e desprestigiam, perante o povo cristão, seus ministros.[56]

Seja como for, a declaração publicada apoiou abertamente a intervenção dos militares. Os bispos tendiam a reforçar o seu apoio ao golpe e a sua contrariedade à difusão de ideias comunistas. A CNBB criara um importante instrumento de legitimação do regime que dominaria o país pelas próximas duas décadas. Dessa forma, a tradição de conciliabilidade entre as duas instituições estava mantida. Mesmo dom

Hélder, grande defensor das reformas sociais, manteve inicialmente uma postura de neutralidade, buscando ser cordial com os golpistas. Ele acreditava que os próprios militares poderiam converter a "revolução" em uma democracia.

O advento do golpe coincidiu com a chegada de um grupo mais conservador à direção da CNBB, através de uma eleição em 1964, o que contribuiu para fortalecer o posicionamento inicial dessa frente aos militares.[57] O novo presidente passou a ser dom Agnelo Rossi, conhecido por ter inclinações mais conservadoras, e a secretaria geral foi assumida por dom José Gonçalves, um burocrata dos negócios da Igreja. O antigo ocupante desse cargo, dom Hélder, foi transferido para a diocese de Olinda e Recife, após uma bem articulada atuação de dom Jaime Câmara. Dom Vicente Scherer foi nomeado para cuidar dos assuntos leigos e, nessa posição, contribuiu para o desmantelamento da JUC, que estaria concluído em 1966.

A nova direção conferiu novas feições à CNBB, que passaria a não mais representar apenas uma minoria de bispos partidários de reformas sociais, mas a hierarquia de maneira geral. Nessa nova configuração, os bispos considerados progressistas ocupariam apenas cargos de importância secundária. Dom Hélder Câmara tornou-se secretário de ação social, dom Fernando Gomes, secretário de assuntos pastorais, e dom Cândido Padin, secretário de educação.

Entre os anos de 1964 e 1968, a CNBB voltou-se mais para os seus assuntos internos do que para as questões políticas e sociais. A instituição tendeu a ficar mais burocratizada. Nem mesmo o Concílio Vaticano II fez com que ela intensificasse sua ação social. Os bispos calavam-se acerca do governo militar, da repressão e mesmo dos problemas socioeconômicos. A VIII Assembleia Geral da CNBB, ocorrida em 1967 em Aparecida (SP), estabeleceu um "Ano de Fé", mas os bispos deixaram bem claro o afastamento da Conferência em relação às temáticas de cunho social, pois a ênfase do evento esteve nas questões de doutrina e de administração interna da Igreja.

Apesar de ser a autoridade máxima da Igreja no Brasil, a CNBB não era a única expressão do catolicismo institucional no país. Nesse período, um grande número de conferências episcopais regionais passava por mudanças e, assim, incitava debates sobre questões sociais e políticas. Portanto, não se pode negar que havia tensões entre a CNBB e outros setores da Igreja. Em muitos momentos em que a instituição se omitiu acerca de questões político-sociais, outros setores enfatizavam suas posições reformistas.

Esse foi o caso dos bispos do estado do Amazonas, que viveram grandes transformações a partir de 1964. O envolvimento desses bispos com os desfavorecidos foi, em grande medida, impulsionado pela política de desenvolvimento da região Norte promovida pelo governo Castelo Branco, a chamada Operação Amazônica. Isso porque, ao lado do crescimento econômico ligado à agroindústria, se iniciou um processo de expulsão de camponeses da terra, o que contribuía para o crescimento dos problemas sociais. O acirramento dos conflitos na região, impulsionado pelo programa de colonização patrocinado pelo governo, levou muitos religiosos, incluindo bispos, a repensarem o seu papel. A ausência de determinados serviços, como assistência jurídica, sindicatos, escolas e hospitais, levou a Igreja a assumir inúmeras funções que seriam da alçada estatal.

Esses bispos começaram a expor seus posicionamentos nas reuniões da CNBB. Eles pediam maior atenção para as questões relacionadas à pobreza, como o problema da terra, e ressaltavam a falta de integração econômica local com o âmbito nacional. De 1969 em diante, alguns bispos daquela região, como dom José Martiniano (Macapá, AP) e — depois de 1971 — dom Estevão Cardoso Avelar (Marabá, PA) e dom Pedro Casaldáliga (São Félix do Araguaia, MT), passaram a promover encontros para discutir suas práticas pastorais. Não demorou, portanto, para que ficassem conhecidos por seu apoio a camponeses e indígenas.

Outro grupo do episcopado brasileiro que esteve ligado à defesa dos direitos sociais foram os bispos do Nordeste. Eles vinham se destacando por liderar movimentos de transformação da Igreja desde os anos 1950, quando defenderam a reforma agrária e encabeçaram importantes inovações na educação popular.[58] Um dos pioneiros nos projetos dessa natureza foi o bispo potiguar dom Eugênio Sales, por meio das escolas radiofônicas no estado do Rio Grande do Norte, que acabaram inspirando o MEB. Nos quatro primeiros anos após o golpe, os bispos nordestinos mantiveram sua tradição reformista e destacaram-se por uma atitude mais crítica em face do regime. A pobreza daquela região, sem dúvida, incentivou a ação da Igreja. Outros fatores também devem ser considerados, como os intensos conflitos sociais e a presença de líderes que se sobressaíam pela preocupação em construir uma nova concepção de fé, dentre os quais dom Hélder Câmara (Olinda/Recife), dom Antônio Fragoso (Crateús, CE), dom José Távora (Aracaju) e dom José Maria Pires (João Pessoa). Além dos bispos, houve grupos leigos que exerceram um importante papel na região, ao menos até 1968, quando o AI-5 os impediu de atuar: a Ação Católica Operária (ACO), a Juventude Operária Católica (JOC) e a Juventude Agrária Católica (JAC). A Igreja, paulatinamente, passou a servir como um dos únicos canais por meio do qual aquelas populações podiam protestar contra o governo pela opressão política e social a que estavam submetidas, já que o golpe minara a possibilidade de mobilização popular.

Foi por sua atuação destacada ao lado de seus confrades nordestinos que dom Hélder começou a atrair a atenção das forças da repressão. Em 1966, por exemplo, ele foi alvo da perseguição do Exército pernambucano quando se envolveu na publicação de um documento pela ACO, no qual criticava as condições de vida dos trabalhadores daquela região. Os militares o acusaram de ser subversivo e ameaçaram-no de prisão. Em compensação, diversos bispos considerados conservadores, como dom Alberto Ramos (Belém) e dom Vicente Scherer (Porto Alegre), saíram em sua defesa e condenaram publicamente o ataque à autoridade da Igreja e à sua autonomia. Essa talvez tenha sido a primeira agressão direta da repressão contra o bispo. Como se verá em outro momento, já nessa época os órgãos de informações o mantinham sob vigilância, mesmo que naquela ocasião ainda não houvesse sido constituído um sistema organizado com a finalidade de executar tal tarefa.

As experiências dos bispos nordestinos também geraram as chamadas Campanhas da Fraternidade.[59] A primeira campanha ocorreu no Rio Grande do Norte, em 1962, e teve caráter regional. Em 1963, os bispos, reunidos em Roma para o Concílio Vaticano II, começaram a discutir a conveniência de implantar a atividade em âmbito nacional. O debate girava em torno da necessidade de diminuir a dependência da CNBB com relação a organizações estrangeiras de assistência social. As campanhas eram eventos dinâmicos, por tempo determinado e com arrecadação financeira. A finalidade era, além de servir como fonte de recursos, promover a fraternidade cristã por meio da ajuda aos necessitados.

A primeira campanha com abrangência nacional ocorreu em 1964, e o seu lema era: "Lembre-se! Você também é Igreja." Nos anos seguintes, as campanhas passariam a incentivar a participação dos leigos no fortalecimento das estruturas da Igreja, sempre ressaltando a função educativa e evangelizadora desta, e frisando o compromisso com a sua doutrina social. No entanto, tais eventos tinham como objetivo divulgar os problemas sociais, e não propor soluções. Além disso, nunca se deixaram contaminar pelas divergências entre os bispos, isto é, apenas o consenso era publicado. Somente a partir da década de 1970 as campanhas começaram a ter um maior comprometimento com a realidade e um senso crítico mais aguçado. Com o passar do tempo, elas cresceriam muito e alcançariam grande popularidade, e até hoje são consideradas um importante e eficiente veículo de comunicação entre a hierarquia católica e os fiéis.

Em 1968, realizou-se, na cidade de Medellín, Colômbia, a segunda assembleia do Celam. O evento tinha o intuito de traduzir as determinações do Concílio Vaticano II para a realidade do chamado "Terceiro

Mundo". Durante o encontro, os bispos elaboraram um documento em que condenavam a violência na América Latina e pediam justiça social:

> A Igreja Latino-Americana tem uma mensagem para todos os homens que neste continente têm fome e sede de justiça. [...] Não basta, certamente, refletir, conseguir mais clarividência e falar. É necessário agir. A hora atual não deixou de ser a hora da "palavra", mas já se tornou, com dramática urgência, a hora da ação. [...] Isto indica que estamos no limiar de uma nova época da história do nosso continente. Época cheia de anelo de emancipação total, de libertação diante de qualquer servidão, de maturação pessoal e de integração coletiva. [...] O episcopado latino-americano não pode ficar indiferente ante as tremendas injustiças sociais existentes na América Latina.[60]

Essa foi a declaração mais radical produzida pela Igreja latino-americana, e tinha como um de seus principais objetivos fortalecer o posicionamento da instituição como uma terceira via entre o capitalismo liberal e o comunismo. Havia também a intenção de abrandar o radicalismo revolucionário da região, oferecendo aos leigos uma alternativa para lutar pela transformação do mundo, de forma a unir o pensamento teológico à práxis social. O foco deveria estar voltado para a libertação do homem das forças opressivas políticas e sociais, através de uma evangelização conscientizadora, que daria aos oprimidos a possibilidade de segurar as rédeas do próprio destino.[61] Essa declaração lançou a Teologia da Libertação no continente.[62] Contudo, mesmo após o Celam, que teve uma importante participação de leigos e de bispos chamados progressistas, a CNBB continuou emitindo documentos moderados.

Também em 1968, houve uma eleição na CNBB que manteve dom Agnelo Rossi na presidência da entidade. Ele ficou no cargo até outubro de 1970, quando foi promovido para o posto de prefeito da Sagrada Congregação para Evangelização dos Povos no Vaticano. Foi substituído por dom Vicente Scherer, bispo reconhecidamente conservador e famoso pelas posições anticomunistas. A secretaria geral ficou com dom Aloísio Lorscheider, um moderado que não pertencia ao grupo de bispos abertamente críticos ao regime, mas que veio a apoiar os chamados "progressistas" em vários aspectos. Naquele mesmo ano, a CNBB já fazia algumas críticas às arbitrariedades do regime, mas eram manifestações esparsas, visto que, até o início dos anos 1970, as ações repressivas eram vistas como fatos isolados. Apesar disso, alguns casos de violência envolvendo religiosos provocaram grande repercussão, outros nem tanto.

Em 1966, um assistente de dom Hélder, o padre Henrique Pereira Neto, foi assassinado pelo grupo Comando de Caça aos Comunistas (CCC). Foi o primeiro assassinato de um padre brasileiro por motivos políticos naquele contexto. Dessa vez, embora a Arquidiocese tenha publicado uma nota, ela não teve grandes repercussões, já que a censura impedira sua divulgação na imprensa. O enterro ocorreu sob forte vigilância do Exército, de modo a evitar manifestações. O papa limitou-se a expressar seus pêsames a dom Hélder através de um telegrama.

No ano seguinte, sob o pretexto do envolvimento de dom Waldyr Calheiros, bispo de Volta Redonda, com a Juventude Diocesana Católica (Judica), soldados invadiram sua residência em busca de publicações supostamente subversivas. Nada encontraram. No dia seguinte, o *Jornal do Brasil* publicou uma matéria com o título: "Exército cerca e invade casa do bispo à cata de subversão." O fato foi relatado pelo próprio bispo à Comissão Central da CNBB, que em seguida fez uma declaração genérica defendendo a participação do episcopado nos problemas da sociedade, mas sem mencionar diretamente o que havia ocorrido com dom Waldyr. Em contrapartida, houve manifestações isoladas de apoio a ele, por parte de outros bispos, como dom Paulo Evaristo Arns, dom Antônio Fragoso, dom Fernando Gomes e alguns outros.[63]

O alagoano dom Waldyr havia sido ordenado bispo em 1964 e ocupou o cargo de bispo auxiliar do Rio de Janeiro nos dois anos seguintes, quando foi nomeado para a diocese de Volta Redonda. Esse conflito com o Exército foi um dos primeiros envolvendo um membro do episcopado. Dom Waldyr não tinha tido grandes contatos com movimentos populares até chegar a Volta Redonda. Porém, sua trajetória nos anos seguintes ficaria marcada por seu envolvimento com os trabalhadores, sobretudo operários, daquela cidade que abriga até hoje a Companhia Siderúrgica Nacional (CSN) e era considerada uma área de segurança nacional.

No início de 1969, por exemplo, durante uma comemoração dos vinte anos da Declaração Universal dos Direitos Humanos, os operários da CSN fizeram uma dramatização, na qual denunciavam suas más condições de trabalho na estatal. Nos dias seguintes à apresentação, vários operários foram presos. Após ser informado do ocorrido, dom Waldyr declarou-se preso no 1º Batalhão de Infantaria Blindada, em solidariedade aos operários. Sua atitude provocou a ira dos comandantes militares locais. A situação ficou ainda mais tensa quando, no mês de maio, o bispo tomou conhecimento de que, entre os operários presos, aqueles que participavam da direção do Sindicato de Metalúrgicos de Volta Redonda haviam sido torturados. Dom Waldyr denunciou o ocorrido ao general Tasso Vilar de Aquino, comandante ao qual o quartel estava subordinado. Após a veiculação da notícia na imprensa, o general se comprometeu a averiguar as acusações. O caso foi arquivado e o Exército abriu um IPM contra o bispo.

O período entre 1968 e 1969 foi marcado por acontecimentos que afetaram a atuação da CNBB. Além do já citado encontro do Celam, algumas organizações católicas, como as Comunidades Eclesiais de Base (CEBs), a Comissão Pastoral da Terra (CPT) e o Conselho Indigenista Missionário (Cimi), intensificaram suas atividades, divulgando o aumento das desigualdades de renda e as inovações dos trabalhos eclesiais de base. O evento mais marcante do período foi a decretação do quinto Ato Institucional (AI-5), em dezembro de 1968. O aprimoramento do aparato repressivo do governo ensejou a intensificação das perseguições aos opositores, incluindo os membros do clero e, desse modo, levou a CNBB a adotar posições mais críticas em relação ao Estado.

Em resposta ao AI-5, a CNBB divulgou um cauteloso documento, em fevereiro de 1969, que representou uma pequena mudança em seu posicionamento com relação à defesa dos direitos humanos. Os bispos criticaram o Ato, por este permitir arbitrariedades e violações da integridade física e moral daqueles que divergiam dos militares. Também defenderam o direito de expressão e o direito à informação, e atribuíram aos militares a responsabilidade pelo aumento da radicalização política.[64] A temática da desigualdade social foi mencionada quando expuseram sua preocupação com a política econômica e com seus efeitos sobre a desigualdade social, mas sem grande realce.

1.4 A Igreja nos anos de chumbo

Durante a XI Assembleia Geral, ocorrida em maio de 1970, a CNBB divulgou um documento denunciando de maneira mais contundente as arbitrariedades do regime e, pela primeira vez, tratou abertamente da questão da tortura. Não se pode esquecer que, em novembro do ano anterior, padres dominicanos foram presos e torturados por seu envolvimento com Carlos Marighella.[65] Entretanto o documento também criticava ações de violência que podiam ser atribuídas à esquerda:

> Não podemos admitir as lamentáveis manifestações da violência, traduzidas na forma de assaltos, sequestros, mortes ou quaisquer outras modalidades de terror. [...] Pensamos primeiramente no exercício da Justiça, [...] que, sinceramente, cremos estar sendo violentado, com frequência, por processos levados morosa e precariamente, por detenções efetuadas em base a suspeitas ou acusações precipitadas, por inquéritos instaurados e levados adiante por vários meses, em regime de incomunicabilidade das pessoas e em carência, não raro, do fundamental direito de defesa. [...] Seríamos omissos se não frisássemos, neste momento, nossa posição firme contra toda e qualquer espécie de tortura.[66]

O ministro da Justiça, Alfredo Buzaid, estava presente em uma das reuniões da Assembleia e, em seu pronunciamento, buscou defender a inexistência de um conflito entre Igreja e Estado. Tentou, ainda, diminuir a importância da ocasional detenção de padres, enfatizando não haver perseguição política ou religiosa a membros da Igreja.

A defesa dos direitos humanos pela CNBB, a partir desse momento, passou a se sobrepor às considerações sempre reticentes feitas sobre a situação socioeconômica do país. No documento mencionado, a entidade fez elogios a alguns resultados já atingidos pelo governo em certos setores como o campo financeiro, os transportes, as comunicações e a habitação, resultados do chamado "milagre econômico".[67] Somente alguns bispos arriscavam denunciar as desigualdades sociais, o que não era o caso dos dirigentes da Conferência.

Ainda em 1970, os bispos da Amazônia começaram a emitir críticas mais agressivas à política de desenvolvimento do governo para a região. O mineiro dom Estevão Cardoso de Avelar, bispo de Marabá (PA), publicou, em dezembro daquele ano, um documento em que revelava de modo bastante incisivo o seu descontentamento com as condições de vida dos camponeses e acusava os empresários locais de explorarem abusivamente a mão de obra dos trabalhadores. Alguns dias depois, os bispos da Regional Norte II,* liderados por dom Estevão, emitiram outra declaração, em que rompiam com o desenvolvimentismo dos governantes e pregavam "uma autêntica reforma das estruturas e da política agrária".[68]

Quando, em agosto de 1970, dois padres da cidade de São Benedito do Rio Preto, no Maranhão, foram presos, e um deles, torturado até se confessar "subversivo", o arcebispo de São Luís, dom João José da Matta Albuquerque, emitiu uma declaração que foi lida em todas as igrejas do estado. Nesse documento, defendia a ação da Igreja junto aos trabalha-

---

*Os estados compreendidos pela Regional Norte II da CNBB são Amapá e Pará.

dores. Alguns dias depois, os bispos da Regional Nordeste I* da CNBB pronunciaram-se contra a tortura e o terrorismo que estavam atingindo religiosos e leigos, identificados como subversivos e comunistas.[69]

Até esse momento, os conflitos entre Igreja e Estado envolviam em sua maior parte apenas líderes religiosos de pouca expressão nacional. Os atritos restringiam-se ao nível local e dificilmente ultrapassavam esses limites. Portanto, o estopim da crise entre as duas instituições se deu na segunda metade de 1970. No mês de setembro, agentes do Dops da Guanabara e do I Exército invadiram a sede do Instituto Brasileiro de Desenvolvimento Social (Ibrades), no Rio de Janeiro, e vasculharam tudo em busca de material supostamente subversivo. O Ibrades era uma organização religiosa fundada em 1969 pela CNBB e pela Conferência dos Religiosos do Brasil (CRB). Era dirigida por jesuítas e sua finalidade principal era treinar membros de movimentos populares para atuar em comunidades carentes, além de assessorar intelectualmente a CNBB.

Os soldados prenderam diversos padres e líderes leigos ligados à JOC, no entanto, o seu ato mais infeliz foi a detenção de dom Aloísio Lorscheider, secretário-geral da CNBB. O bispo estava longe de poder ser considerado um radical: na verdade, suas críticas aos militares até aquele momento eram bastante acanhadas. Ainda assim, ele foi mantido incomunicável por mais de quatro horas. O incidente estimulou protestos contundentes da Igreja e, por um instante, a hierarquia uniu-se contra o Estado. Em Roma, a Rádio Vaticano noticiou quase imediatamente o ocorrido. O jornal oficial *L'Osservatore Romano* seguiu a mesma diretriz e publicou não apenas um protesto contra a tortura, como a declaração de repúdio da CNBB. Foi a primeira vez que o Vaticano usou sua rede de comunicações para um protesto dessa natureza. Até mesmo o papa Paulo VI manifestou apoio aos bispos, o que foi um verdadeiro desastre para a imagem externa do Brasil. Além disso, os cinco cardeais do país — dom Agnelo Rossi, dom Vicente Scherer, dom Jaime Câmara,

---

*O estado compreendido pela Regional Nordeste I da CNBB é o Ceará.

dom Eugênio Sales e dom Carlos Carmelo de Vasconcelos Motta — dirigiram-se ao presidente Médici reclamando do ocorrido, através de uma carta particular.[70] Os cardeais declaravam-se constrangidos com a detenção de dom Aloísio e diziam lamentar "a deterioração do relacionamento entre a Igreja e o Estado".[71]

O incidente acabou por criar uma súbita unidade na Igreja brasileira no que se refere às denúncias contra a repressão. Ao que tudo indica, o protesto dos cardeais não surtira grandes efeitos. Os religiosos começaram a desconfiar da possibilidade de entendimento com os militares, que pareciam não mais respeitá-los. A partir disso, as relações entre as duas instituições estiveram à beira de uma ruptura.[72]

Foi nesse contexto que se criou a "Comissão Bipartite", um fórum secreto ao qual representantes da Igreja e do Estado passaram a recorrer para discutir e resolver suas divergências com relação ao papel que deveriam exercer no Brasil e, assim, amenizar o conflito que se intensificava entre eles. A análise da comissão, feita por Kenneth Serbin, com base em fontes sigilosas produzidas pelo regime, ao ressaltar as reiteradas tentativas de preservar a "concordata moral" que unia as duas instituições, desmontou a versão corrente que sustentava ter havido um rompimento de suas relações na década de 1970.[73]

O diálogo com o Estado não foi propriamente o que houve de novo na Comissão Bipartite, pois, como vimos, a Igreja sempre havia lançado mão dessa prática ao longo de sua história. Entretanto, como até a década de 1970 as formas tradicionais de negociação e cooperação com os militares não tinham sofrido grandes abalos, um instrumento como a Bipartite era dispensável. No governo Castelo Branco, por exemplo, os bispos em geral apoiavam o regime e comunicavam-se diretamente com o presidente quando necessário. Naquele período, governo e bispos trabalhavam para mostrar suas boas relações.

Só a partir de 1968, com o endurecimento do regime, é que a possibilidade de um diálogo sistemático começou a ser aventada. Dom Avelar Brandão Vilela chegou a propor aos governantes a criação de um canal de comunicação com o Estado para estudar as causas do conflito, porém a iniciativa não foi bem recebida. Depois de várias outras tentativas,[74] apenas em 1970 a comissão tornou-se realidade e a Igreja via com otimismo a possibilidade de resolver suas diferenças com o Estado. As discussões propostas versavam basicamente sobre a necessidade de se diminuir a tensão entre as duas instituições, isto é, uma tentativa de reduzir seus desentendimentos ideológicos.

Por iniciativa de Cândido Mendes, do general Antônio Carlos Muricy e do professor Tarcísio Padilha, com aprovação do presidente Médici, o primeiro encontro da comissão ocorreu em novembro de 1970. Da parte dos religiosos, participaram dom Vicente Scherer, dom Aloísio Lorscheider, dom Avelar Brandão Vilela e dom Eugênio Sales. Os representantes do governo eram o general Paula Couto, do Estado-Maior do Exército, o coronel Omar, do SNI, e Dantas Barreto, assessor do ministro Alfredo Buzaid. Discutiu-se a permanência do diálogo e, entre outros assuntos, a criação de uma seção de assessoria presidencial que se encarregaria de centralizar as informações referentes ao clero.[75]

Os encontros continuaram durante todo o mandato de Médici, mas era clara a posição do governo de não querer acordo formal com os bispos participantes ou mesmo com a CNBB. Algumas figuras importantes, como o general Carlos Alberto da Fontoura, chefe do SNI, e o general Figueiredo, chefe do Gabinete Militar, eram contra a Bipartite. Em 1971, o chefe do SNI enviou ao ministro da Justiça um parecer produzido pelo órgão sobre a posição do governo na comissão:

> A Comissão Bipartite não tem caráter oficial. É constituída por militares, civis de alto nível e elementos do clero que se reúnem periodicamente para trocarem pontos de vista através de palestras sobre as relações entre a Igreja Católica e o Estado. Até agora, na dita comissão, não houve nenhum pronunciamento claro por parte dos elementos da Igreja sobre a participação dos religiosos em atividades subversivas. As manifestações públicas da alta hierarquia

eclesiástica até esta data não reconhecem como subversivas as atitudes de elementos do clero apontadas como tal pelos elementos da Segurança. Eles acham que é um direito da Igreja intervir e participar nos problemas sociais e econômicos do país e usam o evangelho para contestar o que está estabelecido em nossa Constituição — o regime e, particularmente, o sistema capitalista. Aliás, em todos os documentos oficiais da CNBB, e mesmo do Vaticano, nos últimos anos, sobre o assunto, são claras as manifestações condenando o capitalismo e o comunismo. A triste verdade é que a Igreja Católica em sua quase totalidade optou pelo socialismo, ou pela socialização, o que dá na mesma.

Mesmo que a alta hierarquia da CNBB quisesse reprimir os padres subversivos em dioceses, chefiadas por bispos ou arcebispos, que são subordinados diretamente ao papa, há mais de 200 dioceses no Brasil. Não seria possível entrar em acordo individualmente com cada um dos seus chefes. Por cima de tudo, já há provas de que a própria autoridade dos bispos está sendo contestada pelos padres. Enfim, a Igreja Católica está em franco processo de deterioração. Mesmo que se chegasse a um acordo, ele seria inócuo e o governo se enfraqueceria, porque reconheceria o direito de intervenção da Igreja naqueles assuntos.

Conclusão: não há acordo possível, o governo não pode e não deve esperar nada da dita hierarquia, o governo deve manter a iniciativa da repressão contra os subversivos.[76]

Ainda que estivesse em claro desacordo com a possibilidade de melhoria das relações com a Igreja através desse canal de diálogo, visto que a instituição não mais demonstrava confiabilidade, o SNI reiterava, nesse mesmo documento, a necessidade de continuar a conversa com membros da hierarquia católica. Essa seria uma forma de o Estado impedir a ingerência da Igreja em assuntos fora de sua competência e, caso isso não fosse suficiente, seria possível cortar subvenções governamentais à instituição.[77] Aliás, um dos grandes méritos da pesquisa de Kenneth Serbin foi justamente demonstrar a utilização da Bipartite pelo governo como instrumento de manipulação da Igreja, um meio de conter aqueles bispos mais impetuosos.

Foram ao todo 24 encontros que se prolongaram até o início do governo Geisel. No decorrer desse período, outros bispos se juntaram ao chamado "Grupo Religioso" — dom Ivo Lorscheiter, dom Lucas Moreira Neves, dom Paulo Evaristo Arns e dom Fernando Gomes. Os dois últimos, contudo, participaram apenas de algumas reuniões. Paulatinamente, a Bipartite passou a ser usada pelos bispos para protestar contra as violações dos direitos humanos promovidas pelas comunidades de segurança e de informações. Não deixavam, no entanto, de defender os interesses doutrinários e institucionais da Igreja. De acordo com Kenneth Serbin, a Bipartite funcionava como uma "conciliação de elites", uma maneira de resolver os conflitos deixando as massas fora da conversa.[78] Embora a comissão tenha sido criada para discutir temas abrangentes das relações entre Igreja e Estado, acabou deparando-se com episódios cotidianos que teve de enfrentar.

Em 1971, ocorreram novas eleições na CNBB: dom Aloísio Lorscheider tornou-se presidente, derrotando dom Vicente Scherer, e seu primo, dom José Ivo Lorscheiter, elegeu-se para a secretaria geral. Ao contrário de dom Aloísio, dom Ivo era muito direto quando se pronunciava contra os militares, e suas ideias não eram bem recebidas nem pelo Exército nem por alguns bispos mais conservadores. Os nove anos em que os dois ocuparam esses cargos coincidiram com o auge do conflito entre a Igreja e o Estado brasileiro. Como veremos, os documentos da entidade e de suas representações regionais passariam a expressar uma posição mais crítica ao regime.

Até hoje não foi escrita uma biografia consistente dedicada a dom Aloísio, o que é de se lamentar, dada a importância desse religioso para a história brasileira recente. Aloísio Leo Arlindo Lorscheider nasceu em 1924, no município de Estrela, no Rio Grande do Sul. Em 1948, foi ordenado sacerdote franciscano e, 14 anos depois, foi nomeado bispo de Santo Ângelo, no mesmo estado. Quando assumiu o cargo de secretário-geral da CNBB, em 1968, o país passava por um momento bastante conturbado. No entanto, o bispo, inicialmente, declarou que a Igreja não deveria opinar sobre o afastamento de Costa e Silva da presidência. Apenas com o passar do tempo, dom Aloísio atribuiria importância à intervenção da Igreja nas questões políticas do país. A sua chegada à presidência da instituição coincidiu com o início do descontentamento de parte importante do episcopado com relação ao regime e, também, com as discussões acerca da necessidade de se manter a autonomia da Igreja em face do Estado. O bispo teve destacada participação em posicionamentos importantes da CNBB, como, por exemplo, quando se manifestou contra a pena de morte em 1971, bem como ao denunciar, por mais de uma vez, as atividades do Esquadrão da Morte.[79]

Sobre dom Ivo também não há nenhuma biografia publicada. Acresce-se a isso o fato de o bispo ter sido avesso a entrevistas. Ele nasceu em 1927 em São Sebastião do Caí, em Santa Catarina. Foi ordenado sacerdote em 1952 e, em 1966, elevado a bispo auxiliar de Porto Alegre.[80] Dom Ivo era conhecido pela dureza de seu comportamento e pela intransigência quando queria impor suas vontades. Sobressaiu-se pelo posicionamento crítico em relação aos militares e chegou mesmo a entrar em conflito com dom Eugênio Sales em determinados momentos das reuniões da Bipartite.[81]

As denúncias no Brasil e no exterior eram, fundamentalmente, as principais estratégias da CNBB nesse período. Porém, apesar de dificultar a divulgação de seus protestos na imprensa brasileira, a censura não conseguiu impedir a circulação dos documentos episcopais, como os relatórios das assembleias gerais. Não há como desconsiderar que as mensagens da hierarquia católica alcançavam os lugares mais recônditos do país, através de suas paróquias ou do trabalho pastoral em movimentos populares. A repressão dificilmente conseguiria obstar essa penetração da Igreja na sociedade, e esse é um dos principais fatores que tornavam sua oposição tão eficaz.

Há outros aspectos não menos importantes, como sua existência em âmbito internacional, o que facilitava a propagação de suas denúncias no exterior. Essa era uma das práticas que tanto incomodavam os militares, fosse nas campanhas internacionais contra a tortura capitaneadas por dom Hélder, fosse nas viagens de dom Ivo Lorscheiter e de dom Paulo Evaristo Arns ao estrangeiro. A preocupação com a imagem do Brasil no exterior sempre foi um tópico entre determinados setores das elites brasileiras ao longo da história. Os militares alimentavam essa ideia e defendiam a necessidade de promover e preservar a imagem do país como uma grande potência democrática; assim, essas ações "difamatórias" eram vistas com muita apreensão.[82]

Nos Estados Unidos, por exemplo, a ação de uma ala mais progressista do clero, mas sobretudo de religiosos protestantes, ao lado de exilados brasileiros e de acadêmicos, contribuiu para divulgar a prática da tortura no Brasil. A partir desse movimento, com o auxílio da imprensa, a imagem do Brasil para a opinião pública norte-americana passou a ser associada ao desrespeito aos direitos humanos, indo de encontro aos esforços do governo brasileiro, que pretendia ser reconhecido como uma autêntica democracia.[83]

A resistência democrática da Igreja também se expressou de outras maneiras. Determinados membros do clero elaboraram diferentes estratégias para driblar a repressão contra si e os outros. Podemos citar o fato de terem montado uma rede de comunicações própria que lhes permitia estar a par das ações repressivas de modo geral.[84] Eles recebiam dados de diversos setores de vários níveis da sociedade e os utilizavam a favor dos opositores, isso numa época em que o sistema de telecomunicações do Brasil era ainda incipiente. Não são raros os casos em que puderam impedir religiosos ou perseguidos políticos de serem capturados pela polícia política.

Há quem defenda que o engajamento da Igreja na luta pelos direitos humanos foi conjuntural, ou seja, teria sido desencadeado pelo recrudescimento da repressão ao clero e à oposição de modo geral.[85] Nessa época, as preocupações com a Declaração Universal dos Direitos do Homem teriam se fortalecido, deixando, num primeiro momento, os direitos sociais em segundo plano. Posteriormente, "a definição dos direitos do homem voltou a alargar-se e a incorporar preocupações sociais resultantes da crítica do modelo econômico adotado pelo governo".[86] Entretanto, deve-se cuidar para que "o aspecto conjuntural da luta da CNBB pelos direitos humanos não deixe a impressão de que fatores históricos e de convicção inexistiram",[87] ou que não havia motivações propriamente religiosas para sua ocorrência. De acordo com João Batista Libânio, a Igreja "como agente social [...] se confronta com o Estado através da visibilidade de seus porta-vozes; entretanto, o faz invocando um título de legitimidade teológica, que decorre da consciência da missão recebida de Cristo".[88]

A CNBB teve um papel fundamental no trabalho de denúncia das arbitrariedades do regime e se tornou, na década de 1970, um dos atores mais importantes da oposição. Dom Aloísio Lorscheider e dom Ivo Lorscheiter, como dirigentes da Conferência, participaram ativamente dessa ação, criticando em público os militares e suas arbitrariedades. Não é sem razão que passaram a receber denúncias de violência diariamente e, ainda, tornaram-se alvo dos órgãos repressivos.

Nesse período, outro bispo, velho conhecido da ditadura, voltou a se envolver em conflito com o Exército. No final de 1970, dom Waldyr Calheiros denunciou ao núncio apostólico, dom Mozzoni, a tortura de membros da JOC presos pelo 1º Batalhão de Infantaria Blindada (BIB), em Barra Mansa, no estado do Rio. As acusações foram negadas pelo comandante do batalhão, e o presidente Médici incentivou o prosseguimento das investigações contra o bispo iniciadas pelo IPM do ano anterior.

Entre dezembro de 1971 e o início do ano seguinte, quatro soldados foram mortos também dentro do 1º BIB, após serem barbaramente torturados.[89] Após ser contatado pelas famílias das vítimas e tomar conhecimento dos detalhes dos assassinatos, mais uma vez dom Waldyr recorreu à nunciatura apostólica. Percebendo que não obteria apoio de dom Mozzoni, resolveu procurar a CNBB. Entregou, então, o relatório que havia produzido a dom Ivo Lorscheiter, que o leu em uma reunião da Bipartite. O general Muricy duvidou da acusação, mas comprometeu-se a tomar as providências para que ela fosse apurada. Uma semana depois, admitiu que as denúncias eram procedentes e que, portanto, os responsáveis seriam punidos. Os militares foram julgados, perderam suas patentes e foram expulsos do Exército. Foi o primeiro e único episódio de condenação de torturadores ao longo de toda a ditadura.

No mesmo contexto, uma importante diocese brasileira começou a viver significativas transformações. Trata-se da Igreja do estado de São Paulo. Até o final de 1970, quem estava à frente dessa arquidiocese era dom Agnelo Rossi, que, desde o golpe, procurou legitimar o novo regime. Logo em 1965, elogiou publicamente as reformas sociais realizadas por Castelo Branco.[90] Por outro lado, defendeu as vítimas da repressão, sobretudo quando eram membros da Igreja, chegando mesmo a recusar uma condecoração militar às vésperas da decretação do AI-5. Ainda assim, em 1969, por exemplo, ele impediu que fosse publicado no jornal *O São Paulo* um editorial escrito pelo então padre Amaury Castanho, condenando a tortura aos padres dominicanos. Naquele mesmo ano, chegou a apoiar o direito de o governo estabelecer a pena de morte. Sua gestão em São Paulo foi marcada pela forte relutância em criticar publicamente o regime. Achava exageradas as denúncias sobre a existência de tortura e condenava a campanha internacional contra a ditadura levada a efeito por alguns membros do episcopado. Em suas viagens ao exterior, buscava amenizar a situação do desrespeito aos direitos humanos no país.

A situação naquela arquidiocese só mudaria com a chegada de dom Paulo Evaristo Arns. Antes de tratar especificamente de seus primeiros anos do período nesse cargo, cabe fornecer alguns dados importantes da trajetória do religioso. O catarinense Paulo Arns nasceu em 1921 e foi nomeado bispo em 1966, depois de um período de estudos na França, onde se doutorou em 1956, e de ter ocupado diversos cargos eclesiásticos, principalmente na área do ensino. Os anos de maior destaque de sua vida religiosa foram aqueles em que ocupou o cargo de arcebispo de São Paulo, quando, não desprezando seu trabalho pastoral, projetou-se como um importante porta-voz da defesa dos direitos humanos.

Ao contrário de outros bispos citados, são inúmeros os textos que tratam da vida de dom Paulo. No entanto, o principal deles é uma biografia autorizada escrita por duas jornalistas.[91] A leitura dessa publicação é bastante agradável, mas não se demora a perceber que tem um forte caráter laudatório. As autoras pecam por uma distorção muito comum entre os biógrafos, que é a chamada "ilusão biográfica".[92] Em poucas palavras, tendem a tratar a trajetória de dom Paulo de maneira linear e, por isso, dotada *a priori* de um sentido e de uma significação. Consideram, por exemplo, que seus posicionamentos a favor da justiça social e dos direitos humanos já estavam traçados desde os seus primeiros anos de vida. Não mencionam o fato de dom Paulo ter se deslocado de Petrópolis, onde morava, a Três Rios para abençoar a chegada das tropas do general Mourão Filho ao Rio de Janeiro, em 1964. Da mesma forma, a narrativa tende a enfatizar a oposição do bispo aos militares, em detrimento das tentativas de diálogo entre as duas partes. E mesmo quando tratam da Comissão Bipartite, fazem-no de maneira romantizada.[93]

A ausência de uma biografia criteriosa sobre dom Paulo não impede o reconhecimento de seu destacado papel na defesa dos direitos humanos nos anos de maior rigor do regime militar. Mesmo porque em nenhum outro lugar do país a repressão foi mais intensa do que em São Paulo. Assim, estando os demais grupos de esquerda impedidos de agir, a Igreja, com "sua estrutura internacional poderosa [e sua] grande legitimidade moral",[94] tornou-se a única instituição com autonomia suficiente para confrontar o regime. Dom Paulo soube como poucos desfrutar dessa prerrogativa.

São inúmeros os relatos de casos em que o bispo interveio em favor dos presos políticos, mesmo em se tratando de ditaduras de outros países da América Latina. Ele fazia visitas inesperadas aos presídios; denunciava abusos do poder nas missas e, quando possível, na imprensa;

contatava autoridades nacionais e estrangeiras etc. Dom Paulo fez de sua figura um porto seguro ao qual as vítimas dos arbítrios da repressão podiam recorrer

Em fevereiro de 1971, o bispo interveio no caso da prisão de um padre da Arquidiocese de São Paulo, Giulio Vicini, e da assistente social Yara Spadini. Diante da perplexidade com relação aos maus-tratos recebidos por ambos, publicou uma nota em que denunciava a tortura e fez com que o protesto fosse lido em todas as igrejas da cidade. O documento foi publicado pela CNBB em âmbito nacional, e também pelo jornal *L'Osservatore Romano*.[95]

No ano seguinte, num encontro de bispos do estado de São Paulo, dom Paulo liderou a elaboração do manifesto "Testemunho de paz". O chamado "Documento de Brodósqui" convocava os brasileiros a fazerem um "exame de consciência" durante as comemorações do Sesquicentenário da Independência e, também, pedia às autoridades que respondessem pelos ataques à integridade humana provocados pela prática de tortura nos interrogatórios. A censura conseguiu impedir a divulgação do documento na imprensa; contudo a Igreja conseguiu distribuir cerca de 50 mil cópias entre seus fiéis.

Também em 1972, dom Paulo foi responsável pela criação da regional paulista da Comissão de Justiça e Paz (CJP-SP). A seção nacional da CJP havia sido fundada em 1968 com a finalidade de estudar de forma ampla os problemas sociais brasileiros. Nos anos seguintes, a entidade passou a ocupar um importante papel político na defesa dos direitos humanos. Recebia denúncias de todo o país, trabalhava junto aos bispos para ajudar os presos políticos e contava, inclusive, com o auxílio de uma equipe de advogados. No entanto, sua atuação era fortemente marcada pela discrição e cautela.[96]

Logo após ser criada, a CJP-SP passou a encobrir o trabalho da seção nacional. O direcionamento adotado por dom Paulo para a comissão paulista divergia claramente da atuação precavida da instância nacional, privilegiando, por exemplo, as denúncias públicas às violações dos direitos humanos. Nos últimos anos da década de 1970, a entidade lide-raria a campanha contra a repressão e pela volta ao regime democrático.

Outro importante episódio em que dom Paulo esteve envolvido foi o conflito com as forças repressivas por ocasião do assassinato do jovem estudante e membro da ALN Alexandre Vannucchi Leme, em 1973. Logo após o incidente, o bispo aceitou o pedido dos estudantes para rezar a missa de sétimo dia da morte de Alexandre. A celebração reuniu cerca de 3 mil pessoas na Catedral da Sé, em São Paulo, e provocou a ira dos generais. Havia toda uma preparação policial para conter uma eventual manifestação dos estudantes e, apesar de as forças de segurança terem capturado alguns suspeitos de envolvimento com a organização do evento, não houve casos de prisões no dia da missa. Isso ocorreu, sobretudo, pelo papel moderador de dom Paulo, que enfatizava a im-portância de um protesto não violento. Segundo Kenneth Serbin, essa foi a primeira manifestação popular contra a tortura no Brasil, e não a mobilização ocorrida após a morte de Vladimir Herzog, dois anos depois, conforme a maior parte dos textos sobre a ditadura tende a defender.[97] A despeito da censura, o episódio teve grande repercussão e levou os representantes da repressão — tanto a polícia política quanto os órgãos de informações — a acirrar suas ações, por temerem o forta-lecimento do movimento estudantil.

Ao contrário de dom Hélder, que já estava estigmatizado pelo regime praticamente desde 1964 e era conhecido por suas opiniões radicais, dom Paulo sempre foi muito cauteloso. A causa dos direitos humanos passaria a mobilizar não apenas importantes membros do clero, como também os setores médios da sociedade, de modo geral. Por essa razão, ele não teve muita dificuldade em conseguir ampla notoriedade no seu posto de porta-voz dessa luta, o que garantia o respeito de seus pares e obrigava os órgãos repressivos a tratá-lo com prudência. Dom Paulo tinha apoio explícito do Vaticano, tanto que, em 1973, o papa Paulo VI o nomeou cardeal.

Em 1972, durante o Sesquicentenário da Independência, o regime se esforçou muito para controlar as declarações de determinados bispos que lhe eram mais críticos. Para o governo, o ideal seria que o clero se limitasse à realização de cerimônias religiosas. Os responsáveis pelos festejos entendiam bem a importância simbólica do apoio da Igreja numa ocasião como aquela. Aliás, o regime sempre instrumentalizou a comemoração da Semana da Pátria como forma de difundir, principalmente através da propaganda, determinados valores nobres, com os quais pretendia ver-se associado: solidariedade, patriotismo, progresso, democracia, entre outros.[98]

No ano mencionado, as comemorações teriam um importante papel de legitimação do regime,[99] vindo daí a importância da colaboração da Igreja. A Comissão Bipartite funcionou como importante instrumento para conter os bispos mais críticos. Depois de muitos conflitos entre eles, a comissão representativa da CNBB optou por publicar uma declaração que ressaltava a colaboração entre Igreja e Estado. Houve também uma missa no dia 3 de setembro, celebrada por dom Aloísio, com a presença de vários membros da Bipartite. O ritual transcorreu sem nenhuma conotação política.[100] O diálogo, mais uma vez, fizera prevalecer a conciliação.

Enquanto isso, dom Hélder Câmara prosseguia com sua odisseia por vários países, para denunciar a tortura no Brasil. O bispo era já reconhecido internacionalmente como uma importante liderança na defesa dos direitos humanos, e em 1970 foi indicado ao Prêmio Nobel da Paz. Se internamente o regime podia lançar mão de diversos instrumentos para dificultar a propagação das críticas da Igreja, no âmbito internacional via-se tolhido nessa iniciativa. Dom Hélder foi o bispo que fez o melhor uso dessa brecha para pressionar o governo brasileiro, e sua trajetória foi bastante marcada por essa característica.

Desde 1964, fez diversas conferências no exterior, mas o seu pronunciamento de maior repercussão aconteceu no mês de maio de 1970, no Palácio dos Esportes, em Paris, quando falou para um auditório de aproximadamente 10 mil pessoas.[101] Foi a primeira vez que o bispo se expressou abertamente fora do país sobre a existência de mais de 120 presos políticos no Brasil e sobre o problema da tortura:

> Meu governo propaga que quem fala de torturas é inimigo de sua pátria, principalmente quando fala fora do Brasil. Parece-me, porém, que traição será não falar. [...] Os culpados de traição ao povo não são os que falam, mas sim os que persistem no emprego da tortura (aqui dom Hélder começa a agitar os braços). Quero pedir-lhes que digam ao mundo todo que no Brasil se tortura, peço-lhes isso porque amo profundamente minha pátria e a tortura a desonra.[102]

Com esse pronunciamento e outros que faria seguidamente, dom Hélder provocou o desencadeamento de uma ampla campanha contra ele. Foi vítima de uma inédita e persistente perseguição. Chegou inclusive a sofrer a proibição de que seu nome fosse veiculado pelos meios de comunicação de massa. Nesse período, a imprensa estrangeira era um de seus maiores aliados. Foram inúmeras as publicações que difundiram não apenas notícias sobre suas atividades ao redor do mundo, como também entrevistas e textos que ele próprio escrevia.

Em fevereiro de 1970, em declaração publicada na revista norte-americana *Time*, dom Hélder falou sobre a tortura a presos políticos no Brasil, comentou sobre a perseguição de membros da Igreja pelo governo e, por último, segundo a análise do Centro de Informações do Departamento de Polícia Federal (CI/DPF), denunciou a existência de massacres contra povos indígenas.[103] No mesmo mês, em entrevista a um canal de televisão holandês, o bispo voltou a mencionar a perseguição aos católicos e acrescentou os estudantes, que também estariam sendo muito reprimidos pelo regime. Essa entrevista contribuiu para que, pouco tempo depois, o Conselho Pastoral Holandês criticasse as violações aos direitos humanos no Brasil.[104] Em setembro de 1972, ele participou de uma manifestação pública junto à Amnesty International, em Berlim Ocidental, contra a ditadura brasileira. E, dois meses depois, teve um artigo publicado no semanário italiano *Sette Giorni*, intitulado "Em luto para a festa", no qual falava sobre a fraca participação da Igreja nas comemorações do Sesquicentenário e citava trechos do documento "Testemunho de paz", escrito por dom Paulo.[105] Note-se que esses são apenas alguns exemplos do esforço de atuação de dom Hélder, sempre acompanhado pelos órgãos de informações, como se verá com mais detalhes no capítulo 3.

Em 1973, quando se comemorava o 25º aniversário da Declaração Universal dos Direitos Humanos, a CNBB, em sua XIII Assembleia Geral, realizada em São Paulo, elaborou o documento mais combativo dos que tinha publicado até então, embora não tenha abandonado o caráter conciliador de seu discurso.

> O fato concreto que primeiramente nos aflige é a situação de marginalização em que ainda vivem milhões de nossos irmãos, que nem sequer têm condições de conhecer, e muito menos de gozar dos benefícios que os Direitos do Homem lhes garantem. [...] Lamentamos o alto preço humano que vem sendo exigido do povo brasileiro como condição de seu desenvolvimento econômico.[106]

Os bispos mais envolvidos com as causas populares iam, paulatinamente, ganhando mais força na entidade, fortalecendo assim seu compromisso com determinados setores da sociedade civil. Estes, por sua vez, insatisfeitos com a situação política do país, estavam impedidos de se manifestar. No ano seguinte, a CNBB lançou outra declaração. Foi o momento em que se passou a conceber os direitos humanos como questão mais ampla, vinculando-os também às situações de pobreza e opressão das classes populares:

> Ressalta-se, no campo de toda ação pastoral e social, a necessidade de continuamente se organizar à luz da *igualdade e dignidade de qualquer um* e do caráter social da propriedade privada. O que também implica a denúncia, oportuna e importuna, com objetividade serena, de toda e qualquer violação desses direitos, a partir dos fatos concretos.

Há uma unidade inerente à preservação desses direitos e ao plano de Deus, que quer salvar através de constante esforço, capaz de garantir a vida e a sobrevivência necessária a cada um e a todos, superando-se toda e qualquer carência.[107]

Contudo, nenhuma outra declaração publicada por membros da Igreja tinha atingido o tom de radicalização adotado pelos bispos nordestinos no documento "Eu ouvi os clamores do meu povo", de 1973. Esse texto contrastava não apenas com os pronunciamentos daqueles bispos que costumavam louvar as realizações do regime, principalmente na área econômica, mas também, pelo discurso pouco pacífico, com aqueles que criticavam o governo por lançar mão de meios violentos para avançar em suas políticas de desenvolvimento. Ao reconhecer os problemas econômicos, políticos e sociais do país e discorrer sobre as maneiras como esses atingiam os mais pobres, os bispos, mais uma vez, buscavam colocar-se no papel de intermediários dos grupos sociais marginalizados, a fim de ajudá-los em seu esforço para superar as necessidades materiais.

A situação socioeconômica, política e cultural de nosso povo desafia a nossa consciência cristã. [...] Queremos cumprir nossa missão de pastores e profetas, junto ao povo de Deus, que julga os acontecimentos da história. E é nesta luz que procuramos interpretar os gemidos do povo.[108]

Esses bispos não apenas corroboravam a expansão da noção de direitos humanos, como também faziam uma autoanálise sobre o papel que a Igreja teria exercido para favorecer a situação vigente. Em seguida, analisavam as maneiras pelas quais a instituição poderia contribuir para mudar as condições sociais do Nordeste. Por fim, faziam críticas pesadas contra o regime: condenavam o que chamavam de "terrorismo oficial", o "crescente domínio das vidas particulares dos cidadãos pelo Estado" e, ainda, "a utilização de torturas e assassinatos generalizada".[109] Segundo eles, o milagre econômico tinha concorrido para o agravamento das desigualdades sociais e, ainda, não poderia haver transformações sociais consistentes por meio do sistema capitalista. Os órgãos de segurança proibiram a imprensa de divulgar a declaração, no entanto não conseguiram impedir sua publicação no exterior, onde, segundo o CI/DPF, foi bastante frisado o fato de o governo brasileiro "privar o povo de seus legítimos direitos".[110]

No mesmo ano, os bispos da região amazônica também publicaram um documento com declarações bastante contundentes contra o governo: "A marginalização de um povo." Nessa iniciativa, contaram com o apoio inesperado do arcebispo de Salvador, dom Avelar Brandão Vilela, que sempre havia procurado manter relações cordiais com o Estado, tendo sido um dos primeiros a propor um fórum de discussão entre as duas instituições quando começaram os desentendimentos. Dom Avelar fez uma viagem ao Amazonas para se inteirar dos problemas daquela área e, naquela ocasião, para surpresa de muitos, ressaltou a importância de a Igreja defender os direitos humanos, a despeito dos interesses particulares dos ricos.

Naquela época, o estado do Amazonas já havia se tornado palco de grandes conflitos entre a Igreja e o Estado, e a publicação de "A marginalização de um povo" piorou a situação. O documento fazia graves denúncias contra o meio de vida imposto à população local, que incluíam críticas ao sistema de saneamento básico, à educação, às moradias, à concentração de terras e, também, à política repressiva do Estado. O conjunto desses fatores, segundo esses bispos, causava uma opressão tal que impedia a população mais pobre de lutar por melhores condições de vida. Os bispos clamavam por transformações imediatas, embora não acreditassem que essas pudessem ocorrer dentro do capitalismo: "é preciso vencer o capitalismo. É ele o mal maior, o pecado que nós conhecemos: a pobreza, a fome, a doença, a morte da grande maioria."[111]

Apesar dessas manifestações de determinados grupos do episcopado ocorridas no início dos anos 1970, a CNBB — enquanto instituição representante da Igreja Católica no Brasil — só se consolidaria efetivamente como grande defensora dos direitos humanos em meados da mesma década. O Brasil foi o local onde a Igreja esteve mais preocupada em fortalecer o compromisso da fé com os direitos humanos, o que, como vimos, incluía a justiça social. Os pronunciamentos da entidade, a partir daquele momento, colocaram essas questões no centro do debate. Os dirigentes da CNBB chamavam a atenção para as mudanças políticas que se faziam necessárias tanto para melhorar as condições de vida das populações desfavorecidas como para possibilitar a liberdade de expressão de maneira geral. Em suma, eles começaram a trazer para a entidade as temáticas que já eram discutidas, nos anos anteriores, por outros setores do episcopado.

1.5 A Igreja e o lento processo de abertura política

Ernesto Geisel chegou à presidência em 1974, sinalizando a possibilidade de uma abertura política controlada. Certamente, o novo chefe de Estado considerava importante conservar boas relações com a hierarquia católica, pois, embora fosse de religião protestante, não podia subestimar a importância do catolicismo para a população brasileira.* Recusava-se, porém, a aceitar críticas e pressões dos bispos. Assim, a Comissão Bipartite foi sendo paulatinamente desarticulada e, naquele mesmo ano, foi extinta em definitivo.[112] Entretanto o diálogo continuou, já que não era mais necessário que ocorresse em segredo, em função da abertura. Geisel via a relação com a Igreja como uma questão entre dois Estados: o Brasil e o Vaticano. Sendo assim, ele preferia relacionar-se

---

*Ernesto Geisel foi o primeiro presidente brasileiro protestante a cumprir um mandato inteiro. O primeiro havia sido Café Filho, que governou entre 1954 e 1955, substituindo Getúlio Vargas.

diretamente com os cardeais, com o núncio apostólico ou com o próprio papa, pois acreditava que a CNBB, ao se posicionar como vinha fazendo na Bipartite, questionava aquelas autoridades. Os bispos que, de início, aprovaram os planos de distensão de Geisel, não demoraram a perceber que suas relações com o Estado continuariam conflituosas.

Em 1975, após o assassinato do jornalista Vladmir Herzog, os bispos de São Paulo divulgaram o documento "Não oprimas teu irmão", no qual protestavam contra a "onda de violência oriunda de todas as partes e que se patenteia por atentados à vida, sequestros, assaltos, e [os] graves acontecimentos que vêm estarrecendo a população de São Paulo".[113]

A tensão com o regime voltava a se acirrar.

No ano seguinte, o bispo de Nova Iguaçu, dom Adriano Hipólito, foi sequestrado e torturado por grupos armados de direita. Dom Adriano, assim como dom Waldyr, havia elaborado sua estratégia de oposição à ditadura com base na defesa dos direitos dos trabalhadores. A sua diocese, localizada na Baixada Fluminense, estava numa região com forte atividade industrial e graves problemas sociais. O envolvimento com o operariado fazia esse bispo ser facilmente identificado pelo regime como um defensor do comunismo.[114]

Ainda em 1976, outro ataque direcionado a um bispo acabou vitimando um padre da prelazia de São Félix do Araguaia, no Mato Grosso. Dom Pedro Casaldáliga, acompanhado pelo padre João Paulo Bosco Penido Burnier, foi a uma delegacia em Ribeirão Bonito, a 300 quilômetros de São Félix, dar queixa das prisões e torturas sofridas por camponeses. Quando ameaçaram denunciar as arbitrariedades cometidas, entraram em séria discussão com os policiais. O padre João Bosco acabou sendo assassinado com um tiro na nuca por um soldado na própria delegacia.[115] Dom Pedro logo denunciou o crime no boletim da diocese — o *Alvorada*. Outros bispos também buscaram denunciar o assassinato do padre. No boletim *Brasil: Informações e comentários*, difundido pela Arquidiocese de São Paulo, dom Paulo, conforme o relatório do Centro de Informações da Aeronáutica (Cisa), repudiou o acontecimento e reforçou a necessidade de esclarecimento do crime.[116]

Esse episódio foi o ápice de um conflito iniciado no começo da década de 1970. Mais especificamente, desde que dom Pedro foi ordenado bispo daquela diocese, em 1971. O catalão Pedro Casaldáliga Plá nasceu em 1928 e foi ordenado padre pela Congregação Claretiana, em Barcelona, aos 24 anos. Sua primeira missão fora da Espanha aconteceu na Guiné espanhola. Em julho de 1968, ele veio para o Brasil com o intuito de fundar, na prelazia de São Félix do Araguaia, os chamados "Cursilhos de Cristandade", movimento conservador nascido na Espanha que propunha um catolicismo ortodoxo ligado à tradição e à moral cristã.[117]

Desde que se tornou bispo de São Félix, dom Pedro começou a se envolver em atividades políticas. Tal prática se tornaria a marca de seu percurso, tendo-lhe valido tanto a consagração pelos grupos de esquerda quanto a condenação pelo regime. As principais questões nas quais interferiu foram a defesa dos índios e a luta pelos direitos dos posseiros, que o levaram a ter sérios conflitos, não apenas com os militares, mas com latifundiários e empresários agrícolas. Dom Pedro foi aquele que mais se aproximou do que se poderia identificar como o "tipo ideal" do "bispo progressista". Ele professava abertamente os benefícios da Teologia da Libertação e chegou a mencionar em público sua aproximação com o marxismo, assumindo que "evidentemente, utilizamos categorias marxistas e, graças a Marx, temos entendido melhor o capitalismo".[118] Juntando-se a isso o fato de ser estrangeiro, ele representava o mais autêntico estereótipo de um "inimigo do regime". Por esses motivos, foi alvo, entre outras arbitrariedades, de várias tentativas de expulsão do território nacional. Dom Pedro não participou das reuniões da Bipartite, assim como dom Hélder, porém, ao contrário deste último, ele condenava qualquer tentativa de diálogo com os militares. Todavia suas posturas com relação a questões comportamentais eram fortemente conservadoras, pois, mesmo reconhecendo a importância de determinadas bandeiras, como as lutas pelos direitos da mulher e dos homossexuais, por exemplo, julgava que tais assuntos terminavam por desviar o foco de assuntos de maior importância, como a pobreza.[119]

Aqui, cabe uma breve digressão sobre o papel central exercido pelas questões fundiárias nas relações entre a Igreja e o Estado. Para a Igreja, a reforma agrária deveria ocorrer sem muita demora, sendo o mais abrangente possível, já que a exacerbação dos conflitos rurais e a exploração dos camponeses punham em risco a fé daquelas populações e, consequentemente, impediriam a prática pastoral. Já o Estado defendia que, antes de tudo, deveria ocorrer a implantação de uma infraestrutura econômica forte no campo. Os religiosos, ao perceber a insatisfação crescente dos camponeses, buscavam interceder junto ao poder temporal para impedir o recrudescimento da repressão, por parte tanto do Estado como dos proprietários agrícolas.

Os bispos do Nordeste foram alguns dos primeiros a chamar a atenção para a importância da defesa dos direitos dos homens do campo.[120] Em seguida, outros grupos do episcopado começaram a advogar essa causa, com grande destaque para o papel exercido por dom Pedro Casaldáliga. Com o passar do tempo, a própria CNBB passou a incluir em seus documentos o tema das questões fundiárias. No entanto, apesar de defender a reforma agrária, a Igreja nunca se propôs a encabeçar nenhuma iniciativa nessa área sem o apoio do Estado. Acabava sempre recorrendo ao governo para enfrentar os conflitos com os grandes proprietários rurais, o que tornava sua ação junto aos camponeses um tanto complexa.

Feito esse comentário, retomemos nossa análise, lembrando que o atentado contra dom Adriano Hipólito e o assassinato do padre João Bosco Burnier não apenas levaram a Comissão Central da CNBB a lançar a "Comunicação pastoral ao povo de Deus", como também fizeram com que a entidade iniciasse uma nova fase de suas relações com os militares. A partir daquele momento, os protestos contra o autoritarismo passariam a ser mais incisivos.

Esse documento era bastante enfático e, embora iniciasse com a afirmação de que não intencionava fazer uma denúncia, trazia o relato dos dois episódios tratados anteriormente e de alguns outros, como a censura tanto ao jornal *O São Paulo*, editado pela Arquidiocese de dom Paulo Arns, como aquela sofrida por dom Hélder Câmara; os atentados então recentes contra as sedes da Ordem dos Advogados do Brasil (OAB) e da Associação Brasileira de Imprensa (ABI) etc. Além disso, os bispos reclamavam da má distribuição de renda no país, defendiam os direitos indígenas e criticavam a ideologia de segurança nacional.[121]

Contudo o documento mais emblemático do posicionamento da CNBB nesse período foi "Exigências cristãs de uma nova ordem política", resultado da XV Assembleia Geral, realizada em outubro de 1977. Foi uma crítica contundente dos bispos ao autoritarismo do governo, à ausência de participação popular na política brasileira e, também, um ataque direto à doutrina de segurança nacional, ao imputarem ao Estado a responsabilidade de assegurar a integridade dos direitos humanos.

> É dever do Estado respeitar, defender e promover os direitos das pessoas, das famílias e das instituições. Toda ação exercida sobre elas pelo Estado deve fundar-se no direito que deriva de sua responsabilidade pelo bem comum. [...] A segurança é um elemento indispensável do bem comum, na medida em que garante externamente as justas prerrogativas da soberania nacional e a independência econômica do país contra interferências indébitas e garante internamente a tranquilidade pública, a sequência normal da vida da nação e o gozo dos direitos fundamentais das pessoas, das famílias e das instituições. [...] A segurança, como bem da nação, é incompatível com uma permanente insegurança do povo. Esta se configura em medidas arbitrárias de repressão, sem possibilidades de defesa, em internamentos compulsórios, em desaparecimentos inexplicáveis, em processos e inquéritos aviltantes, em atos de violência praticados pela valentia fácil do terrorismo clandestino e numa impunidade frequente e quase total.[122]

Os bispos também chamavam a atenção para a importância da Igreja como mantenedora da ordem social, ao ressaltar sua autonomia, pois não queriam que a instituição fosse simplesmente instrumentalizada por estranhos à ordem eclesiástica. Para eles, o

> Estado, em sua acepção moderna como organização da autoridade política, é uma instância relativamente recente na história da humanidade: muito antes dele, já existiam pessoas humanas, famílias e instituições, com deveres e obrigações definidas e com direitos naturais e inalienáveis.[123]

Ao diminuir o peso do Estado na história, os bispos reforçavam a importância da Igreja, pois, de acordo com seu argumento, era uma instituição que precedia a Idade Moderna. Sua intenção era tanto criticar as intromissões do regime em seus assuntos como legitimar suas denúncias contra o arbítrio. Todavia, é importante reforçar que a CNBB nunca chegou a propor um rompimento com o Estado.

Essa foi a primeira vez que os bispos, de maneira coletiva, expressaram-se com tanta veemência. Os documentos seguintes mantiveram a mesma linha: tais líderes religiosos nunca haviam atuado de maneira tão coesa e com um nível tão baixo de conflitos internos. As opiniões daqueles bispos conhecidos por defender um catolicismo ultraconservador, como dom Geraldo Proença Sigaud (Diamantina, MG) e dom Antônio Castro Mayer (Campos dos Goytacazes, RJ), acabaram ficando enfraquecidas. A postura adotada pelo episcopado a partir de então, ao menos pelos que conseguiam expressar-se através da CNBB, diferia claramente da sustentada nos anos anteriores. O foco das críticas estava não apenas no autoritarismo do regime, como sobre a desigualdade social, ocasionada por uma política de desenvolvimento econômico excludente, e, também, no enfraquecimento da participação democrática da população. Para que todas essas medidas defendidas pelos bispos fossem implementadas, era preciso haver uma grande reestruturação da ordem vigente. Contudo eles sabiam que dificilmente isso ocorreria num futuro próximo.

Na III Celam, ocorrida no início de 1979, em Puebla, no México, embora tenha sido aprovado um texto que reforçava o apelo dos bispos pelo estado de direito no Brasil, começou a haver também o refreamento dos ânimos combativos daqueles religiosos mais exaltados. Esse movimento foi impulsionado pela ascensão do polonês Karol Wojtyła ao papado, em outubro do ano anterior. João Paulo II, um declarado anticomunista, adotou uma orientação mais centralizadora para o Vaticano e logo condenou a Teologia da Libertação e seus ideólogos, repreendeu os bispos que a defendiam, censurou publicações e, além disso, subdividiu a Arquidiocese de São Paulo, como forma de diluir sua força.

A partir de 1979, com o avanço do processo de abertura, as relações entre Igreja e Estado começaram gradativamente a melhorar. O declínio das prisões políticas e da tortura, a anistia e a reforma partidária levaram os bispos a aumentarem seu apoio a algumas iniciativas estatais. Com o passar do tempo, foi ficando claro que a Igreja não era mais a liga que unia as esquerdas brasileiras, sobretudo após os esforços da OAB e da ABI na defesa das liberdades civis e da criação do Partido dos Trabalhadores (PT), em 1980. Entretanto as críticas, ainda que menos vigorosas, continuaram sendo feitas, principalmente no que se referiu à consolidação do regime democrático. A CNBB esforçava-se para manter sua linha de atuação. Assim, alguns bispos permaneciam vítimas dos órgãos repressivos, como se verá no capítulo 3.

O fim da ditadura e o fortalecimento do conservadorismo teriam arrefecido o vigor dos bispos mais críticos, com. poucas exceções, e também enfraquecido os movimentos de base. A Igreja, e por conseguinte a CNBB, passaria a priorizar questões institucionais e atividades religiosas, usando estratégias que lembravam o pré-64.[124] Certamente, havia a preocupação dos bispos em não transformar a Igreja em uma instituição política, o que poderia representar um risco para sua identidade. A intenção de reforçar seu caráter religioso era uma ideia defendida por todos os seus membros, e mesmo os teólogos mais progressistas buscavam delimitar o envolvimento político da instituição. A Igreja, portanto, deveria agir como uma entidade religiosa, e não como um partido político. O seu papel seria o de encorajar as mudanças, e não o de substituir o Estado. Uma evidência dessa perspectiva foi a proibição de que padres e freiras se candidatassem a cargos públicos governamentais.

Para além da percepção acerca da atuação política da Igreja, com relação aos temas relacionados à moral, os bispos costumavam ser bastante coesos. Desde a década de 1930, a Igreja interferiu no regime para manter o divórcio fora da legislação brasileira, e todas as iniciativas nesse sentido foram arduamente combatidas pela instituição. Durante as reuniões da Comissão Bipartite, por exemplo, esse foi um tema que sempre esteve presente. Em 1977, foi crucial o papel exercido pelos bispos junto ao Congresso para impedir a promoção de um plebiscito nacional sobre o divórcio. Mesmo os que se destacaram pela defesa dos direitos humanos e da igualdade social não hesitavam em condenar a dissolução do matrimônio, por contrariar a "posição de Jesus".[125]

Assim, em 1977, quando foi promulgada a lei do divórcio, os bispos ficaram muito decepcionados com os rumos que o Estado ia tomando, o que parecia ser mais uma das faces ateias da ditadura. Não era apenas o liberalismo político-econômico que colocava em xeque os preceitos católicos. O liberalismo comportamental atingia diretamente a moral da Igreja. Nunca houve muita divergência entre os eclesiásticos sobre temas como a inaceitabilidade do aborto ou a proibição de métodos contraceptivos. Desse modo, quando os debates acerca dessas questões começaram a ganhar vulto a partir de meados da década de 1970, houve um motivo a mais para inquietar os bispos de maneira geral.

Tais bispos nunca formaram um bloco monolítico. Usou-se classificá-los estritamente como conservadores ou progressistas, com algumas gradações fixas entre esses extremos, porém, de certo modo, essa divisão é insuficiente, embora aceitável em um primeiro momento de análise. Sua preocupação nunca se resumiu aos assuntos políticos do país. Em nenhum momento eles abdicaram de pensar as questões religiosas, esforçando-se, ao contrário, para "derivar suas posições sociais de princípios evangélicos".[126] Os próprios bispos percebiam-se parte de uma unidade, como se pode notar nas palavras de dom Paulo Evaristo Arns:

> Não gosto nem dos termos "conservador" e "progressista", e muito menos do termo "ala". Na hora em que deixamos de ser "católicos" também deixamos de ser Igreja. Católico quer dizer "universal", interessado na sorte do homem todo e na sorte de todos os homens.[127]

Igualmente, temas como direitos humanos e justiça social não dividiam o episcopado de maneira estanque. Dom Agnelo Rossi, por exemplo, recusou uma condecoração militar como forma de protesto, mas se opôs à campanha internacional contra a tortura, que segundo ele macularia a imagem do Brasil no exterior. Da mesma maneira, é importante lembrar a citada manifestação dos cardeais que tendiam a ser mais próximos do governo contra a prisão de dom Aloísio Lorscheider. E, ainda, ressaltar que não foram apenas aqueles bispos tidos como conservadores os que participaram do diálogo secreto com os representantes do governo. A participação de dom Ivo Lorscheiter e de dom Paulo Arns, bispos que se opunham às arbitrariedades do Estado autoritário, é uma evidência de que a tentativa de conservar boas relações com o poder temporal não pode ser explicada a partir de classificações rígidas. Por outro lado, é surpreendente que um bispo como dom Fernando Gomes, que publicamente criticava o regime, pudesse apoiar os militares nas reuniões da Bipartite e que, a partir de seu entendimento com eles, tenha aceitado moderar seu discurso.[128] Em 8 de julho de 1975, por exemplo, dom Fernando Gomes chegou a advertir dom Vicente Scherer de que ele não estava autorizado a fazer pronunciamentos em nome de todo o episcopado, como vinha fazendo.[129] O que se percebe é que a utilização de categorias estáticas nas explicações históricas se, inicialmente, facilitam as análises, acabam por simplificar sobremodo as realidades passadas. Esse é o caso das noções prefiguradas de "bispo progressista" ou "Igreja progressista".

Ao se levantar essa problemática, não se quer diminuir a importância que esses religiosos tiveram na resistência à ditadura militar, ao defender a justiça social e a proteção aos direitos humanos. A CNBB e seus bispos tiveram um papel fundamental naqueles anos, pois constituíam um dos poucos grupos que podiam se opor ao regime com alguma liberdade. Eles se apoiavam na relação histórica entre Igreja e Estado e no suposto privilégio que daí poderia lhes advir, e com o qual outros setores sociais não contavam. Ainda assim, foram bastante perseguidos por todas as esferas do aparato repressivo.

O que se propõe nesta pesquisa é a necessidade de se matizar o chamado progressismo dos bispos, não simplesmente encaixando-os em uma categoria estática que não apreende o dinamismo social e as trajetórias particulares de cada um deles. É preciso lembrar, mais uma vez, que esses religiosos agiram de maneiras distintas diante dos militares, e seus posicionamentos variavam muito, quer em relação à maneira de se opor à repressão, quer quanto à visão que tinham sobre a possibilidade de diálogo com os governantes.

Entretanto a trajetória da Igreja ao longo da década de 1970 se tornou, de fato, um traço marcante de seu perfil. A tradição de envolvimento dos bispos na política se fortaleceu, como fica claro na elaboração da Constituição de 1988, quando o episcopado defendeu a inclusão de aspectos relacionados à proteção dos direitos humanos e das minorias, maior igualdade social, participação política da população e a descon-centração de poder dos oligopólios. Pode-se dizer que o papel exercido pela CNBB foi fundamental para que a noção de direitos humanos, em sentido amplo, passasse a fazer parte da democracia brasileira.

CAPÍTULO 2

Repressão: a comunidade de informações

2.1 Movimentos de oposição

Uma das primeiras preocupações dos militares após o golpe foi possibilitar ao novo presidente, com o primeiro ato institucional, amplos poderes para lidar com os "inimigos da revolução". Castelo Branco poderia, por exemplo, suspender por dez anos os direitos políticos de qualquer cidadão, decretar estado de sítio e, também, cancelar mandatos de legisladores. Sem esquecer os inquéritos policiais militares (IPMs), que permitiram a realização de uma "operação limpeza", com a prisão de milhares de pessoas, inclusive de militares e de membros de organizações católicas.

Ao longo dos sucessivos governos militares, os opositores atuaram de diversas formas. De acordo com Daniel Aarão Reis,[1] houve fundamentalmente dois tipos de oposição: uma mais moderada, a que se pode chamar de resistência democrática, que teve grande importância antes de 1968 e, de forma mais fragmentada, depois de 1974; e outra revolucionária, da qual faziam parte as organizações de luta armada.[2]

A resistência democrática atuou na legalidade, procurando agir nas poucas brechas deixadas pela legislação vigente. Integravam-na o partido de oposição, o Movimento Democrático Brasileiro (MDB), que teve importância fulcral a partir de 1974, e as entidades representativas da sociedade civil, como a OAB, a ABI, a CNBB, a Sociedade Brasileira para o Progresso da Ciência (SBPC), entre outras. Manifestações artístico-culturais de protesto, com seus temas engajados, também compuseram o ambiente sociopolítico da oposição pacífica à ditadura; do mesmo modo, parte importante da grande imprensa, como o *Jornal do Brasil* e o *Estado de S. Paulo* e, sobretudo, a imprensa alternativa (cultural ou propriamente política) também fomentaram essas manifestações. A trajetória da CNBB não diferiu da que trilharam entidades como a OAB e a ABI, já que todas apoiaram o golpe de 1964 em um primeiro momento e, posteriormente, tenderam a fazer oposição ao regime, sobretudo a partir de 1968.[3] Entretanto, características simbólicas peculiares à Igreja Católica no Brasil garantiram-lhe certa "imunidade", de que a OAB e a ABI, por exemplo, não desfrutavam. Da mesma forma, as relações históricas de longa duração entre Igreja e Estado jamais foram inteiramente rompidas, observando-se contatos e negociações entre a alta hierarquia católica e o governo, mesmo no auge da repressão. Por outro lado, membros da Igreja se envolveram no apoio à luta armada, como foi o caso de alguns freis dominicanos.[4]

Já as organizações da esquerda revolucionária propunham uma ofensiva direta ao regime. A ausência quase total de liberdade e a impossibilidade de manifestar-se criticamente, características inauguradas pelo AI-5, puseram os grupos radicais em uma "utopia do impasse".[5] De acordo com sua perspectiva, o capitalismo não oferecia nenhuma solução para as contradições políticas e sociais do país; ao contrário, apenas tendia a agravá-las. A única saída era a implantação do socialismo, ou as insurreições de massa ou da luta armada. Assim, as organizações clandestinas que decidiram pegar em armas, agindo em "nome do povo", tinham como objetivo a destruição do sistema capitalista e a instalação de um governo revolucionário. O auge da guerrilha urbana se deu entre os anos de 1969 e 1972, quando ocorreram os famosos assaltos a bancos, sequestros de diplomatas, ataques a quartéis etc.[6] No período de 1972 a 1975, todavia, aconteceu o movimento guerrilheiro na região do Araguaia, que, apesar de ter sido uma investida mais efetiva da esquerda revolucionária, foi absolutamente destruído.

Os moderados criticavam os revolucionários pela temeridade de suas ações, e estes, por sua vez, os menosprezavam por sua excessiva prudência. Apesar de discordarem quanto ao modo de contestar a ditadura, ambos foram derrotados. Os moderados viram-se cada vez mais cerceados pelo arbítrio do regime, e com algumas exceções, como é o caso da Igreja, só voltariam a se pronunciar em meados da década de 1970. Já os radicais, logo sofreram os reveses decorrentes de sua fragilidade em face da potência do aparato repressivo, e não demorou para que fossem praticamente aniquilados.

Nota-se, contudo, que nem todos os brasileiros estavam engajados em algum tipo de oposição à ditadura. De fato, a maior parte da população estava mais preocupada em garantir a sua sobrevivência, e por isso se adaptou à nova situação sem maiores dificuldades. Contrariando a crença dos partidários da esquerda revolucionária, muito poucos partilhavam de seus projetos para a sociedade. "Apenas uma minoria muito restrita da população de classe média intelectualizada fez da resistência ao regime [ou da luta armada] uma atividade em tempo integral."[7]

Ao mesmo tempo, não se pode assegurar que a sociedade brasileira, de modo geral, simpatizasse com os métodos repressivos, mesmo porque a censura impedia que a maior parte dos abusos cometidos viesse à tona. Por outro lado, se Castelo Branco, que queria ser reconhecido como um democrata, não obteve altos índices de aprovação popular, não se pode dizer o mesmo de Emílio Garrastazu Médici durante os anos do "milagre econômico". Já está claro que o crescimento econômico não se reverteu em maior distribuição de renda, porém certos setores da sociedade viveram anos de relativa prosperidade. Dessa maneira, ainda que se tenha vivido o ápice da repressão, o governo Médici foi, ironicamente, o mais popular do regime. Há outras razões, além da prosperidade econômica, que explicam os altos índices de aprovação do presidente Médici. Ele ficou famoso, por exemplo, por cultivar uma imagem de homem do povo.[8] Essas constatações demonstram que as análises sobre o Brasil entre os anos de 1964 e 1985 não se podem resumir à história política da ditadura militar.

2.2 A formação do aparato repressivo

A elaboração de uma análise do aparato repressivo durante a ditadura militar conduz a uma série de questões que perpassam essa temática. É comum relacionar as atividades repressivas do Estado ao período inaugurado pelo AI-5, concluindo-se que o uso violento da força teria sido mera reação às ações dos "subversivos". De fato, houve um grande número de manifestações antigovernamentais no ano de 1968,[9] e também o início de um processo de recrudescimento dos órgãos repressivos, mas associar um acontecimento a outro é uma estratégia interpretativa um tanto apressada. As instâncias de repressão estavam sendo montadas desde a chegada dos militares ao poder. A espionagem e a polícia política já haviam existido em outro momento do Brasil republicano antes do golpe, embora não exatamente com iguais propósitos e com a mesma complexidade. A novidade do regime militar foi a entrada das Forças Armadas nessas atividades, pois elas entendiam que as forças policiais não reuniam condições para combater a "subversão", além de serem, segundo os militares, muito descentralizadas.[10]

A estrita atribuição das ações repressivas ao AI-5 está ligada à ênfase no caráter legalista do presidente Castelo Branco e, também, à desconsideração da temporada de punições "revolucionárias" pós-golpe, mais conhecida como "operação limpeza". Castelo Branco temia ser visto como um ditador à moda dos *caudillos* latino-americanos,[11] e chegou a inspirar a invenção de um adjetivo — castelista — que caracterizaria aqueles militares com atitudes mais "moderadas". Contudo não se pode ignorar algumas medidas nitidamente autoritárias de seu governo. Ele não conseguiu, por exemplo, interromper as punições aos "subversivos". Igualmente,

> [...] proibiu atividades políticas dos estudantes, decretou o AI-2, não logrou impedir que militares radicais conquistassem poder político, ajudou a redigir e assinou a Lei de Segurança Nacional que instituiu a noção de "guerra interna", fechou o Congresso Nacional e decretou uma Lei de Imprensa restritiva. Além de tudo, foi conivente com a tortura, que já era praticada nos primeiros momentos após o golpe.[12]

Algum tempo depois de os jornais *Última Hora* e *Correio da Manhã* começarem a publicar denúncias de tortura contra presos políticos e, principalmente, após a tortura seguida de morte de um sargento do Exército em um hospital militar do Rio de Janeiro, o presidente incumbiu o seu chefe da Casa Militar, Ernesto Geisel, de fazer as devidas averiguações. Geisel apurou os casos, mas afirmou não ter encontrado subsídios para corroborar as suspeitas. Apenas no Recife demonstrou ter descoberto atos de violência, mas os viu como fatos isolados, sem maiores consequências para a ordem do país.[13] A não condenação dos torturadores se tornaria uma postura recorrente entre os militares, mesmo após a redemocratização. Já na década de 1990, o próprio Geisel admitiu que "a tortura em certos casos torna-se necessária para obter confissões [...] e, assim, evitar um mal maior!".[14]

Segundo João Roberto Martins Filho, a interpretação da figura de Castelo Branco e daqueles que se reuniram em torno dele — os castelistas — como moderados foi criada *a posteriori*, apenas entre os anos de 1973 e 1974, com a volta desse grupo ao poder. As expectativas dos próprios castelistas sobre a distensão do regime após o governo Médici teriam reforçado essa percepção.[15] O autor também critica a historiografia que, baseando-se na atitude dos militares em relação à tortura, os classifica estritamente entre "duros" e "moderados". O exemplo de Castelo serve como indício de que essa classificação se mostra insuficiente para abarcar a complexidade da corporação e perceber suas nuanças, já que, segundo o autor, há claramente um componente "duro" no grupo castelista, acompanhado por um destacado pragmatismo. Da mesma forma, ele afirma que a tese do dualismo militar é incorreta, pois, no pós-64, as Forças Armadas se caracterizaram por um forte pluralismo de posições e "por uma complexidade de fatores de desunião e cizânia que impede uma análise em termos duais".[16]

Certamente havia militares mais afeitos ao autoritarismo e às arbitrariedades e, também, outros mais apegados às leis e adeptos de um tratamento menos severo aos opositores. Mas não se pode ignorar que, além da tortura, havia outros assuntos que os dividiam, como o posicionamento com relação ao desenvolvimento econômico do país ou quanto ao papel exercido pelo capital estrangeiro. Mesmo a respeito da segurança interna, os militares eram bastante heterogêneos. Além disso, entre eles, com destaque para os jovens oficiais, havia os que estavam mais preocupados em construir uma carreira sólida, fator que influenciou em grande medida suas trajetórias.[17] Também é necessário considerar as relações pessoais castrenses, os laços de lealdade que, não raro, falavam mais alto que suas diferenças políticas ou ideológicas. Apesar de o regime ter sido pautado por tensões entre os militares, sua dinâmica não se resumia ao conflito entre duros e moderados.

Dessa forma, pela impossibilidade de classificar os militares segundo uma lógica dual, João Roberto Martins propõe uma nova tipologia. O autor observa que, com a extinção da polarização ao final do governo Castelo Branco, formaram-se quatro grupos distintos no interior das Forças Armadas: os castelistas, a linha dura, os albuquerquistas e os palacianos.[18] Os castelistas eram os herdeiros de Castelo Branco e de suas ideias e, portanto, ficaram muito enfraquecidos com a morte do ex-presidente, só voltando ao proscênio político nos primeiros anos da década de 1970. Os "duros", ao contrário do que a historiografia costuma veicular, não seriam identificados com o próprio governo Costa e Silva, mas compunham o núcleo de oficiais agrupados em torno dos coronéis Boaventura e Ruy Castro, tendo como ideólogo principal o ex-governador do Rio de Janeiro, Carlos Lacerda. Esse grupo tinha muita dificuldade em "estabelecer ligações orgânicas com a hierarquia militar"[19] e, portanto, sempre vira seus projetos serem derrotados. A terceira tendência — os "albuquerquistas" — estava ligada ao general Albuquerque Lima e se caracterizava por um nacionalismo exacerbado e pela contrariedade de tal figura às políticas de desenvolvimento de Castelo Branco. Por último, os palacianos eram os associados diretamente a Costa e Silva, tais como o general Jayme Portella e o coronel Mário Andreazza. Estes militares não teriam um ideário definido e distinguiam-se justamente pela proximidade com o presidente e pela possibilidade de influenciar suas decisões.

Ainda segundo o autor, embora houvesse diversos fatores causadores da desunião entre os militares em geral, esta não afetava sua unidade política na defesa dos ideais da "revolução de 64", o que ele caracteriza como "unidade na desunião". Não cabe aqui entrar nos meandros dessa classificação proposta por João Roberto Martins, basta dizer que, apesar da tentativa de matizar sua análise sobre os militares naqueles anos, a tipologia que criou não alcança os grupos que conduziriam o aparato repressivo a partir da década de 1970.

Interpretações mais recentes, ao utilizar "a expressão 'linha dura' para caracterizar os grupos militares e civis diretamente envolvidos com as comunidades de segurança e informações",[20] optam por estabelecer outra cronologia para o regime: consideram-no um movimento de ascensão, triunfo e declínio desses grupos. É nesse sentido que a expressão "linha dura" é entendida quando usada neste livro. O seu surgimento se deu logo após o golpe e, desde o início, seus membros já pressionavam para impor seus propósitos radicais ao novo governo. Eles foram, paulatinamente, conseguindo implementar medidas autoritárias, como a "operação limpeza" e o AI-2, e desse modo ganharam mais espaço e poder. Nota-se que essa força, que se autointitulava defensora dos "verdadeiros valores" da "revolução", triunfou ao conseguir institucionalizar-se após o AI-5. A maior evidência de seu sucesso foi a sanção do Ato pelo então presidente Costa e Silva, dispositivo que, apesar de frequentemente considerado uma súbita mudança de rota do regime autoritário, já vinha sendo gestado por eles havia algum tempo. Em outro momento, falaremos da atuação da "linha dura" em seu auge, que ocorreu no governo Médici, e também do seu conturbado movimento de queda, no longo processo de abertura política iniciado por Geisel.

Muitos autores atribuem à "doutrina de segurança nacional e desenvolvimento" a base ideológica motivadora das ações dos militares durante a ditadura, o que teria levado ao surgimento de inúmeras análises sob essa perspectiva.[21] Seguramente, estudos como o do cientista político René Armand Dreifuss[22] tiveram grande importância para a compreensão de certas instituições envolvidas nas articulações que levaram ao golpe — a Escola Superior de Guerra (ESG), o Instituto Brasileiro de Ação Democrática (Ibad) e o Instituto de Pesquisas e Estudos Sociais (Ipes). Contudo a importância conferida à doutrina, elaborada sob rigorosos preceitos lógicos e sistemáticos, parece demasiada quando se consideram as políticas efetivamente empregadas no decorrer dos governos militares.

Outros analistas tendem a matizar essa visão. Em primeiro lugar, os militares não se compunham de maneira homogênea. Ademais, a citada doutrina, fundada no contexto internacional da Guerra Fria e produzida principalmente pela ESG, teve de se adaptar a situações diversas. Não se quer, com isso, desconsiderar que as ações da dita "linha dura" se apoiaram em diretrizes gerais comuns, como a crença dos militares em sua superioridade moral e as reiteradas tentativas de imposição de sua disciplina e hierarquia aos civis; a obsessão pelo anticomunismo, ideário, todavia, anterior à ditadura, e o discurso anticorrupção. Fundamentalmente, o que seus membros desejavam, de forma exacerbada, era destruir os óbices que impediam o Brasil de percorrer seu destino inexorável rumo a se tornar uma grande potência, e um dos principais desses empecilhos — segundo tal leitura — era o comunismo. Entretanto,

> [...] no efetivo cotidiano dos sucessivos governos militares, [...] esse conjunto lógico e sistemático de ideias mesclou-se de diversas maneiras, ou, dito de outro modo, houve momentos e/ou grupos em que certos aspectos da "doutrina" sobrepuseram-se a outros.[23]

Sendo assim, cunhou-se a expressão "utopia autoritária"[24] para designar as orientações gerais que guiaram a formação do Estado autoritário e o seu funcionamento. Seria uma forma mais precisa de explicar o funcionamento da doutrina na prática política dos militares, o que se deu de maneira difusa e de forma não tão elaborada como se costuma supor.

Carlos Fico, ao analisar a "utopia autoritária", percebeu que ela se manifestava de duas maneiras: uma de cunho saneador e a outra de caráter pedagógico. Em outras palavras, em sua feição saneadora estava a base para eliminar os principais males da sociedade, que eram o comunismo e a corrupção moral. A fim de executar essa função, utilizavam-se da espionagem, da polícia política, da censura à imprensa e do julgamento sumário de "corruptos". Enquanto, para "educar" a sociedade "débil" e transmitir-lhe valores morais menos frouxos, havia a propaganda política e a censura moral. Essas seis instâncias articuladas formavam os pilares do regime militar, não obstante, no seu funcionamento cotidiano, ser comum haver choques entre elas, já que agiam de acordo com parâmetros diferenciados.

A propaganda política[25] não foi uma invenção da ditadura: o Brasil já havia conhecido o Departamento de Imprensa e Propaganda (DIP) no governo de Getúlio Vargas. Contudo era justamente desse modelo de agência oficial de propaganda que os militares queriam fugir. O primeiro órgão com esse propósito só foi criado no final do governo de

Costa e Silva, e o próprio nome que lhe foi dado, Assessoria Especial de Relações Públicas (Aerp), denota a intenção de não se referir diretamente à função que efetivamente viria a desempenhar. O auge da Aerp se deu no governo de Emílio Garrastazu Médici e, sob a direção de Octávio Costa, um militar tido como "castelista", elaborou-se uma estratégia de propaganda que visava não enaltecer a ditadura, o que seria típico de regimes totalitários. Pelo contrário, adotando técnicas audiovisuais bastante modernas, criavam-se filmes bem elaborados de "natureza educativa ou de caráter ético-moral".[26] Havia a clara pretensão de se criar uma atmosfera artificial de paz e tranquilidade. As comunidades de segurança e informações criticavam muito o trabalho de Octávio Costa, pois o consideravam pouco relevante.

Tratando-se de censura, é possível verificar que esta nunca deixou de existir no Brasil.[27] Contudo na ditadura não houve apenas uma censura, mas duas: uma de cunho moral e outra estritamente política. Há autores que afirmam não haver diferenças entre ambas,[28] pois tendem a considerar que os temas morais serviam apenas como pretexto para a perseguição política, porém outras análises[29] nos levam a perceber suas especificidades. A censura moral tem uma existência maior e pauta-se pela tradição autoritária da sociedade brasileira. Contava com algum apoio popular. Era exercida pela Divisão de Censura e Diversões Públicas (DCDP) e fundamentava-se em dispositivos legais. Já a censura política não era regulamentada por normas ostensivas, era "revolucionária", de caráter saneador e exercida de maneira acobertada, através de telefonemas e "bilhetinhos" emitidos pelo Departamento de Polícia Federal. Seu alvo era, sobretudo, a imprensa.

Há, ainda, outras três instâncias repressivas cuja base era o viés saneador da utopia autoritária: a polícia política, a espionagem e o sistema CGI (Comissão Geral de Investigações). A CGI, um ramo ainda pouco estudado, foi criada em 1968 com o objetivo de combater a corrupção através do confisco de bens dos condenados, principalmente por enriquecimento ilícito, em todo o território nacional. Foi uma instância que mesclou espionagem e polícia política, todavia logo se tornou decadente e acabou servindo como mero veículo de intimidação de adversários políticos.[30]

Entre as áreas da repressão citadas, a espionagem é aquela que compõe a base deste livro, e logo merecerá uma análise mais detida no tópico a seguir. Entretanto, como não se podem ignorar as articulações entre os órgãos de informação e a polícia política, esta última também será discutida, pois contribui para a compreensão do funcionamento do Sisni.

2.3 A montagem do serviço de informações

A existência de órgãos de informações não é uma peculiaridade de regimes autoritários, tampouco é incompatível com governos democráticos. No entanto, o que, em uma democracia, funciona como instrumento de auxílio para as tomadas de decisão dos chefes de Estado, nas mãos de ditadores, torna-se uma arma de coação. O caso do Brasil não foi diferente. A ditadura militar contou com um complexo sistema de informações que acabou extrapolando suas funções quando começou a entrar na esfera particular da vida dos cidadãos. Ao se tornar um sistema de espionagem, passou a ser mais uma maneira de "caçar" os inimigos da "revolução", isto é, mais um dos tentáculos do aparato repressivo.

As atividades de informações estiveram presentes em diferentes momentos da República. O primeiro órgão dessa natureza foi o Conselho de Defesa Nacional (CDN), criado no governo do presidente Washington Luís, em 1927, e que tinha por função recolher "informações sobre todas as questões de ordem financeira, econômica, bélica e moral, relativas à defesa da Pátria".[31] O CDN tinha caráter consultivo e não se reunia mais que duas vezes por ano. Na prática, podia investigar a vida de adversários políticos, ou mesmo espionar qualquer agitação de trabalhadores, o que era muito útil naquele período de fortes turbulências políticas, como as provocadas pelo tenentismo, pelo movimento operário, e, ainda, pela crise econômica que teve seu ápice com a quebra da Bolsa de Nova

York, em 1929. O órgão tinha poderes muito amplos, o que se tornaria um vício presente no serviço secreto brasileiro em toda a sua história.[32]

Getúlio Vargas fez uma série de modificações no CDN: dotou-o de uma assessoria técnica, trabalhou para a sua centralização, implantou representações do órgão nos ministérios civis (Seções de Segurança Nacional dos Ministérios Civis) e modificou seu nome algumas vezes. No Estado Novo, passou a se chamar Conselho de Segurança Nacional.

A criação de um órgão estritamente voltado para os serviços de informação só ocorreu em 1946, com o Serviço Federal de Informações e Contrainformações (SFICI). Precisava-se de um aparelho que tivesse bem definidas as funções de recolher e analisar sistematicamente as informações relacionadas à defesa do país. Atribuiu-se a esse novo órgão o dever de realizar o serviço de propaganda e contrapropaganda do país no exterior. Contudo o SFICI só começou a funcionar efetivamente como entidade produtora de informações no governo de Juscelino Kubitschek.

Naqueles anos de Guerra Fria, desejava-se criar uma agência nos moldes da CIA (Central Intelligence Agency), e o governo brasileiro recebeu apoio e assistência dos líderes norte-americanos para concretizar esse propósito. Foi enviada aos Estados Unidos uma equipe, liderada pelo coronel Humberto de Souza Melo, para receber as instruções necessárias à montagem de um serviço de inteligência no Brasil. Tudo indica que, nos primeiros anos, "sua parte operacional ficou em estado embrionário".[33] Posteriormente, um decreto reorganizaria a estrutura do órgão, modificando o seu funcionamento.[34] Seguindo o modelo ditado por Washington, o SFICI passou a ser dividido em quatro subseções: uma responsável por questões exteriores, uma dedicada a questões interiores, outra incumbida das operações e, por fim, havia uma que cuidava da segurança interna. As duas últimas eram as mais importantes, pois à última cabia investigar partidos políticos, organizações de classe e entidades da administração pública; já a que cuidava das operações era responsável pelos grampos telefônicos, controle de informantes e outras tarefas clandestinas. Porém, após várias modificações, apenas em 1960 o SFICI estaria bem estruturado. Com essa reestruturação, ele ganhou uma característica que se perpetuaria no serviço de informações brasileiro: um mesmo órgão era responsável pela atuação tanto dentro quanto fora do território nacional, ao contrário do que ocorria com a maior parte de seus congêneres ao redor do mundo. Nos Estados Unidos, por exemplo, a CIA operava no exterior, e o FBI, internamente. Na França, da mesma maneira, havia a Direção Geral do Serviço Exterior (DGSE) e a Direção de Vigilância do Território (DST). O modelo brasileiro, que seria herdado pelo SNI, estava mais próximo do soviético, no qual a KGB acumulava as duas funções.[35]

O SFICI sofreu uma grande mudança em 1961, quando passou a ser coordenado pelo coronel Golbery do Couto e Silva. Ele tentou tornar o serviço mais eficiente e, portanto, entre outras inovações, aumentou o número de funcionários, estendeu a atuação do órgão para vários estados brasileiros e investiu em capacitação de pessoal, ao criar um curso de formação. Contudo o SFICI nunca foi muito prestigioso. Durante toda a sua existência, permaneceu como um órgão de segundo escalão, afastado do presidente da República.[36] O general Adyr Fiúza de Castro, que seria nomeado chefe do Centro de Informações do Exército (CIE) no governo Costa e Silva, emitiu uma opinião que é muito comum entre os militares: o SFICI "não fazia outra coisa senão ser cabide de empregos. Não tinha informante, não tinha dinheiro, não tinha redes, não tinha infiltrados, não tinha nada. O que produzia era só palpite".[37]

Com o golpe de 1964, surgiu a necessidade de se criar um sistema mais eficaz, que auxiliasse a consolidação do novo regime e que estivesse de acordo com a Doutrina de Segurança Nacional. Assim, o projeto do SNI, elaborado por Golbery do Couto e Silva, foi apresentado pelo presidente Castelo Branco ao Congresso Nacional no dia 11 de maio de 1964. Alguns políticos ficaram temerosos, pois pensaram que o SNI seria assemelhado ao antigo DIP de Getúlio Vargas. Para convencê-los do contrário, Castelo Branco precisou negociar com os líderes parlamentares. No dia 13 de junho era aprovada a lei que criava o novo órgão.[38]

À diferença das experiências anteriores, o novo serviço secreto, com o passar do tempo, se transformaria na menina dos olhos da ditadura.

Enquanto o SFICI estava sob a tutela da Secretaria Geral do Conselho de Segurança Nacional, o SNI era diretamente subordinado ao presidente da República e tinha como principal responsabilidade "superintender e coordenar, em todo o território nacional, as atividades de informação e contrainformação, em particular as que interessem à Segurança Nacional".[39] Mais tarde, contudo, também atuaria no exterior, principalmente nos países da América Latina.[40] E, em seu processo de implantação, também contou com o auxílio de consultores norte-americanos.[41]

O órgão disporia de fartos recursos, que viriam tanto do orçamento da União quanto de verbas secretas, e teria agências nas principais capitais do país. O seu chefe tinha *status* de ministro de Estado, e não surpreende o fato de o primeiro ocupante do cargo ter sido o próprio Golbery, um dos principais expoentes da Doutrina de Segurança Nacional.[42] A Agência Central, localizada inicialmente no Rio de Janeiro, ficou sob a responsabilidade do então coronel João Figueiredo.

O quadro de funcionários e o acervo documental do SFICI foram incorporados pelo SNI. O órgão poderia requisitar funcionários do Poder Executivo e, também, contratar colaboradores de fora do serviço público, mediante o pagamento de gratificações especiais. Todos os atos do SNI poderiam ser realizados sem a necessidade de publicação de informações sobre a sua organização interna, suas regras de funcionamento e seu quadro de pessoal, ao contrário de todos os outros órgãos do poder público. O Serviço não sofria nenhum tipo de controle externo. Aliás, o SNI foi criado de forma bastante flexível e com muita autonomia, o que facilitou sua posterior transformação em um complexo sistema de informações.

Em dezembro de 1964 foi aprovado um decreto que o regulamentava.[43] A Agência Central, responsável pela seleção das informações recolhidas por todas as outras agências, passou a ser dividida em três setores. A Seção de Informações Estratégicas devia planejar a busca de dados e trabalhar com o seu processamento e triagem; a Seção de Operações Especiais era responsável pelo planejamento de operações a serem realizadas com outras agências na busca de dados; e à Seção de Segurança Interna competia avaliar os riscos que pudessem afetar a segurança nacional. As agências regionais tendiam a seguir esse modelo, com a diferença de contar com um número bem menor de funcionários.[44]

Quando chegou à presidência, em 1967, o general Artur da Costa e Silva anunciou que o SNI não estava devidamente preparado para combater a "subversão", e menos ainda a luta armada. Contar com um órgão mais forte era um desejo antigo do novo presidente, que já havia feito proposta semelhante quando ministro da Guerra, a qual foi rechaçada por Castelo Branco.

Logo após a posse de Costa e Silva, Golbery deixou o SNI e foi substituído pelo general Emílio Garrastazu Médici. O novo presidente da República queria um serviço secreto mais agressivo e, para isso, pretendia não apenas reformular o órgão, mas também reforçar o Serviço de Informações do Exército — a 2ª Seção —, para que atuasse com mais vigor na repressão. Em maio do mesmo ano, seria criado o CIE, tendo sob sua direção o coronel Adyr Fiúza de Castro.

Em julho de 1967, outro decreto aprovou um novo regulamento para o SNI.[45] As antigas Seções de Segurança Nacional dos Ministérios Civis passariam a se chamar Divisões de Segurança e Informações (DSIs) e seriam instaladas em todos os treze ministérios civis existentes naquele momento. As DSIs, ao lado das Assessorias de Segurança e Informações (ASIs), alojadas nas demais instituições públicas, funcionariam como órgãos complementares ao SNI, que passaria a ter um alto grau de ingerência na administração pública de maneira geral. O Ministério das Relações Exteriores foi o único que, além de uma DSI, recebeu um órgão específico para lidar com os assuntos estrangeiros, o Centro de Informações do Exterior (Ciex). Era o início da construção da comunidade de informações.

Naquele mesmo ano, havia sido sancionado um regulamento para a salvaguarda de assuntos sigilosos. O decreto 60.417[46] procurou adequar a política de sigilo à nova conjuntura e previa sanções penais aos que o infringissem.

Sob o comando de Médici, o SNI passou a ser não apenas um órgão voltado para busca e análise de informações, mas também tinha a incumbência de estudar os problemas do país nas áreas política, econômica e social. Não tardou para que o serviço se convertesse em uma referência para o presidente em quase todos os assuntos. O órgão ganhava cada vez mais força e esteve estreitamente envolvido nos acontecimentos que desembocaram no AI-5. Foi, porém, a partir do endurecimento do regime, representado por esse dispositivo legal, que o serviço de informações sofreu sua mais profunda reorganização. O SNI alcançou um grande prestígio e passaria a ocupar a direção do Sisni, que entraria em funcionamento a partir de 1970.

2.4 A atuação da comunidade de informações

Entre os anos de 1968 e 1970, ficou evidente que o molde criado por Golbery para o SNI não mais satisfazia às intenções repressivas dos setores militares mais duros. Era indispensável haver instrumentos mais eficazes para aperfeiçoar a "guerra revolucionária" contra a "subversão" na sociedade civil e entre os próprios militares. O general Jayme Portella teve grande importância na ampliação das atribuições do SNI. Ao reformular o Conselho de Segurança Nacional, do qual era secretário-geral, forneceu as bases legais para que, em 1970, fosse possível aprovar o Plano Nacional de Informações (PNI).[47] O SNI, presidido na época pelo general Carlos Alberto da Fontoura, foi o responsável pela aprovação do primeiro plano e por suas posteriores atualizações. O PNI determinava as missões dos órgãos de informações, com a finalidade de otimizar o serviço. Contudo um de seus pontos principais foi incumbir o SNI da elaboração de uma doutrina nacional de informações. Estavam lançadas as bases da estrutura e do funcionamento do Sisni:

> Cabia ao SISNI, deste modo, assegurar o perfeito funcionamento do sistema, determinando a execução de atividades de informações, normatizando, supervisionando e fiscalizando todos os órgãos participantes, a fim de que um fluxo constante de informações mantivesse o governo informado de tudo.[48]

Para pôr em prática essas modificações, era necessário haver pessoal qualificado. Com esse objetivo, Carlos Alberto da Fontoura reuniu um grupo de oficiais e os mandou para diversos países da Europa e para os Estados Unidos, com o intuito de que aprofundassem seus estudos na área de informações.[49] Esses oficiais se tornaram os primeiros instrutores da Escola Nacional de Informações (Esni), criada em 1971 pelo general Ênio dos Santos Pinheiro.[50] A preparação de militares e de civis visava atender a necessidade de informações e contrainformações do Sisni e, também, a realização de pesquisas para o aprimoramento do sistema. A escola só começou a funcionar efetivamente em 1972, e o curso de informações formou cerca de 120 pessoas por ano durante aquela década. Os alunos, entre os quais predominavam os jovens, eram selecionados previamente pelos ministérios e, depois de passarem pela Esni, eram empregados em diversas áreas do Sisni.

Os cursos oferecidos pela Esni eram divididos em níveis e formavam basicamente três tipos de profissionais: as chefias, das quais se exigia o curso A; os analistas de informações, que faziam o curso B; e os agentes, formados pelo curso C.[51] A escola os instruía para as principais funções que viriam a exercer, além de lhes proporcionar um treinamento teórico pretensamente elaborado. Ela dispunha de fartos recursos custeados por "verbas secretas", e era provida de grandes instalações e dos mais modernos artefatos eletrônicos disponíveis na época: equipamentos de rádio, de escuta telefônica, de criptografia etc.

A Esni foi um passo a mais no processo disciplinar dos componentes daquela que ficaria conhecida por "comunidade de informações". Em suma, era o primeiro momento de contato dos futuros espiões com as diretrizes da "utopia autoritária" e representava uma tentativa de formar um "corpo de especialistas"[52] incumbido da produção ideológica do regime. Porém, "para entrar na 'comunidade', não bastam os pré-requisitos pessoais e o curso de especialização. As relações pessoais são muito importantes e, [também] por isso, acabam formando um grande grupo".[53]

Em todo caso, é importante lembrar que o sistema também contava com um grande número de voluntários em todo o país, o que se denominava "comunidades complementares de informações".

Denomina-se "comunidade de informações" o conjunto de órgãos de informações civis e militares então em funcionamento no período da ditadura militar. Na última parte deste livro, veremos com maior detalhamento como esse sistema funcionava, analisando a maneira como a comunidade de informações lidava com os bispos católicos. Contudo, como se verá ao longo deste capítulo, "seus procedimentos de controle permeavam toda a estrutura militar, não incidindo apenas sobre a sociedade civil".[54]

O SNI era o órgão principal do Sisni. Seu comando era exercido por meio de sua Agência Central, localizada em Brasília, responsável pelo processamento e difusão das informações recolhidas por todos os braços do sistema. Este é mais um aspecto que ajudava a homogeneizar a visão da "comunidade de informações".[55] A agência era dividida em três seções: informações estratégicas, operações especiais e segurança interna. Além disso, havia uma secretaria administrativa, uma inspetoria geral de finanças e agências regionais. Estas últimas se organizavam de acordo com o modelo da Agência Central. O SNI, embora criado para ser uma agência politicamente neutra destinada a informar o presidente da República, "desde o início funcionou como uma assessoria política, partidária quanto à defesa do regime, pessoal quanto à defesa das manobras do mandatário".[56]

Havia também os "Sistemas Setoriais de Informações dos Ministérios Civis", que eram compostos dos órgãos de informações presentes nos ministérios e entidades da administração indireta (fundações públicas, autarquias e empresas estatais), e as já mencionadas DSIs e ASIs ou Assessorias Especiais de Segurança e Informações (Aesis).

As DSIs tinham quase sempre a mesma estrutura, ou seja, um diretor, um assessor especial e três seções: de informações, de segurança e administrativa. Elas eram subordinadas tanto ao titular do ministério relacionado como ao general-chefe do SNI. Mas nem todas exerciam o mesmo papel no funcionamento do sistema: algumas eram claramente mais atuantes e importantes que outras. É o caso da DSI do Ministério da Justiça, pasta que servia como "um espaço privilegiado para as articulações políticas do governo, [...] um canal através do qual as decisões do arbítrio pudessem ser apresentadas como razões de Estado".[57]

A sua estrutura também era algo diferenciada, pois havia no âmbito do mesmo ministério o Centro de Informações do Departamento de Polícia Federal. Esses órgãos, de maneira geral, não se utilizavam do mesmo pessoal do SNI, uma vez que contavam com seu próprio quadro de funcionários também formados pela Esni. A DSI/MJ, por exemplo, chegou a ter mais de cinquenta integrantes.

Os ministérios militares também tinham órgãos de informações em sua estrutura. A história desses órgãos é bastante mais complexa do que aqui poderá parecer; porém não nos cabe, nesse espaço, entrar em níveis mais detalhados. Limitamo-nos a falar sobre os órgãos que estiveram mais diretamente envolvidos com o sistema repressivo da ditadura militar. Todavia, apesar de terem sido criados em momentos distintos, todos passaram por uma reformulação no início da década de 1970, com a finalidade de ficar mais preparados para lutar contra a "subversão".

A Marinha foi a primeira das Forças Armadas a se preocupar com a área de informações. O Centro de Informações da Marinha (Cenimar) foi criado em 1957 e sua finalidade inicial era suprir os interesses específicos da força. Ao longo de sua existência, ficou conhecido por ser o mais fechado e mais misterioso dos órgãos de informações militares, até mesmo para os altos comandantes do Exército e da Aeronáutica.[58] Logo após o golpe, o Cenimar começou a atuar vigorosamente contra os grupos de esquerda e, ao mesmo tempo, a valer-se da tortura para combatê-los. Naquele ano, seus agentes se infiltraram na Polop e impediram que o grupo implantasse um foco guerrilheiro no interior de Minas Gerais. Da mesma maneira, exerceram papel central na operação que resultou na morte de Marighella. Foi um órgão muito eficaz no confronto com as ações armadas e, segundo consta, foi o que reuniu o maior acervo de informações sobre as forças das esquerdas.

Já o órgão de informações da Aeronáutica foi fundado em 1968, sendo inicialmente denominado N-Sisa. Em 1970, passou a se chamar Cisa.[59] Em seu regulamento era clara a distinção entre "informações internas" e "segurança interna". Além disso, foi equipado com o que havia de mais moderno na época. O Cisa teve como criador e primeiro comandante o brigadeiro João Paulo Burnier, que esteve diretamente envolvido no episódio que resultou na morte de Stuart Angel Jones e em outros casos famosos.

O mais importante foi, porém, o CIE, criado em 1967. Era o serviço que dispunha do maior número de funcionários e o que esteve mais empenhado no combate à luta armada. Foi o que contou com recursos mais fartos de investigação. A sua importância está diretamente relacionada à preponderância do Exército em relação às outras Forças Armadas ao longo da ditadura, como se verá adiante.

Apesar de o Sisni ter sido um sistema bastante complexo, sua atuação não foi uniforme durante todo o período em que vigorou. Do mesmo modo, as instâncias que o constituíam apresentavam diferenças consideráveis entre si, não apenas com relação às suas estruturas, mas também ao seu funcionamento. O SNI e as DSIs não efetuavam operações de segurança, eram órgãos de informações, conquanto o SNI tenha patrocinado diretamente prisões e interrogatórios.[60] Os citados órgãos militares, contrariamente, eram mistos, pois não se limitavam à espionagem, tendo-se envolvido em prisões e na prática de tortura. Aqui há mais um traço da complexidade da repressão: as operações de segurança eram coordenadas por um sistema específico — o Sistema Nacional de Segurança Interna (Sissegin). Essas relações intrincadas ficarão mais claras a seguir.

Uma característica notável desse sistema de informações foi que, além de invadir a vida privada de supostos "subversivos" no Brasil, e muitas vezes também no exterior, manteve íntimas relações com outras instâncias da repressão, como é o caso da polícia política. Entretanto as esferas responsáveis por tais atividades eram distintas. A percepção dessa sutileza é recente e foi possibilitada pelo acesso de pesquisadores a fontes outrora inacessíveis — principalmente documentos oficiais sigilosos provenientes dos órgãos repressivos — e pela análise de depoimentos de militares. Assim, tornou-se factível afirmar a existência do Sissegin.[61]

Para os militares, não bastava conhecer os "defeitos" da sociedade, era preciso corrigi-los. Esse era o princípio do Sissegin: extirpar o "inimigo". As condições para a formação do sistema deram-se gradativamente desde o golpe e a sua concretização aconteceu à medida que a "linha dura" fortalecia sua contumaz pressão por maior rigor punitivo. O AI-5 foi seu estopim; contudo as normas legais de funcionamento do sistema foram estabelecidas por diretrizes secretas.*

O sistema DOI-Codi, criado em 1970, foi o instrumento de execução da polícia política e teve sua estrutura inspirada no modelo da Operação Bandeirantes (Oban). A Oban foi uma organização criada no ano de 1969, em São Paulo, com apoio do Estado, embora não tivesse nenhuma base legal. Seus recursos provinham de verbas públicas e de empresas privadas nacionais e multinacionais. Além do mais, sua ação

---

*Diretriz para a Política de Segurança Interna.

pressupunha a articulação de diversas instâncias militares e civis, pois, afora os representantes das Forças Armadas, contavam com a colaboração da Polícia Federal e das polícias políticas estaduais (Dops/ Deops). A sua criação foi responsável pela institucionalização da tortura como prática de Estado.[62]

Os Codi (Centros de Operações de Defesa Interna) tinham a função de planejar e coordenar a execução das medidas de defesa interna, além de articular os participantes envolvidos. Sua direção era exercida pelo chefe do Estado-Maior do Exército da área. Aos DOI (Destacamento de Operações Internas) cabia a execução propriamente dita das medidas e, em geral, os seus membros eram de escalões mais baixos do Exército, já que este era um órgão subordinado ao Codi. Ainda assim, sua voracidade punitiva muitas vezes ultrapassou a capacidade de coordenação deste último, o que lhes conferiu certa autonomia. Os DOI foram responsáveis pelas ações mais violentas da ditadura militar, e talvez se deva a eles a associação que se faz atualmente entre os militares, de maneira geral, e a tortura. Nas palavras do general Otávio Costa:

> Ao fim, o que ocorreu foi que todos os militares, quaisquer que tenham sido seus locais de trabalho, suas atitudes e até mesmo seus atos de rejeição aos excessos cometidos, foram colocados na mesma vala comum do DOI-Codi.[63]

É fundamental ressaltar que esse sistema, embora contasse com colaborações diversas, era atrelado e diretamente subordinado ao Estado-Maior do Exército, fato que ajuda a compreensão da preponderância dessa força em relação às demais nas operações repressivas.

Após esse breve delineamento, parece claro que o Sisni e o Sissegin se complementavam, mas isso não significa que suas relações fossem sempre harmoniosas. A atribuição central do SNI, por exemplo, era coordenar o sistema de informações de modo geral, porém, no caso dos

constantemente no sentido de preservar e valorizar a comunidade de informações. Era evidente o esforço dos agentes de informações para multiplicar os perigos que estariam ameaçando a segurança do país. Os mais diversos assuntos eram temas de investigação do SNI: movimentos tanto da base governista quanto da oposição, conflitos de terra, greves, corrupção, entre outros. O seu inimigo mais perseguido era o PCB. Era nítido o empenho da comunidade em lançar mão de todos os instrumentos para defender o aumento da repressão e também justificar sua própria permanência, chegando mesmo a tentar intimidar Geisel.[67]

Não havia sinais de que o Sisni seria dissolvido e, assim, o órgão atingiu o seu ápice no governo Figueiredo, chegando a ser considerado um quarto poder sob a direção de Octávio Medeiros. Nunca o SNI havia sido tão grande. O recrutamento de pessoal cresceu aceleradamente, embora o processo seletivo tenha perdido muito de seu rigor. Eram inúmeros os benefícios a que os funcionários do órgão tinham direito: transporte, moradia em áreas nobres de Brasília, alimentação e generosos adicionais pelos cargos que exerciam. Contudo o discurso radical que produziam foi sendo pouco a pouco desacreditado. Ainda assim, o SNI só foi oficialmente extinto na década de 1990, pelo então presidente Fernando Collor de Melo. O país, no entanto, continuaria dispondo de um sistema de informações que, por sua vez, herdaria diversas características do Sisni. Porém não nos cabe aqui entrar nas minúcias dessa história.[68]

2.5 A produção de informações

A documentação da extinta Divisão de Segurança e Informações do Ministério da Justiça (DSI/MJ) não é composta de um acúmulo desordenado de papéis. Apesar de prevalecer, a seu respeito, uma leitura que folcloriza a comunidade de informações, sua atuação foi meticulosa e sistemática. Os documentos — fruto do trabalho de profissionais especializados — tinham caráter sigiloso e são, em sua maioria, relatórios sintéticos e analíticos, sem autoria definida, que visavam informar sobre a situação dos opositores ao regime militar.

Ao ler esses documentos, deparamo-nos com o resultado de uma prática realmente metódica de indivíduos que faziam funcionar um sistema complexo, cuja função era não apenas recolher informações, mas também produzir convicções que justificassem a perseguição aos seus adversários. No decorrer de sua existência, a comunidade de informações jamais se ateve às suas tarefas de mero "sistema de inteligência". Ela exercia funções típicas de uma ditadura, isto é, a inculpação, que se fundava, basicamente, no ideário anticomunista e no padrão ético-moral da classe média.

Havia diretrizes gerais que guiavam suas ações, como a crença em sua superioridade moral, a obsessão pelo anticomunismo e o discurso anticorrupção, mas cada instância ou agente da comunidade de informações interpretava a seu modo essas ideias: a constante troca de papéis constituía o espaço no qual um dado consenso era construído e propagado. Por meio de seu discurso, a comunidade veiculava uma das versões mais radicais do anticomunismo, além de encobrir, indistintamente, sob a rubrica da subversão, acusações de ordem política e moral. Subversivos eram, por exemplo, tanto aqueles que participassem da luta armada, que denunciassem a existência da tortura ou, ainda, alguém que descobrissem ser homossexual. Era comum associarem as questões comportamentais, sobretudo as relacionadas à sexualidade, com as atividades políticas dos grupos de esquerda. Porém outros setores "que atuavam, igualmente, dentro do Estado, como o Serviço de Censura de Diversões Públicas, estavam mais preocupados com as questões próprias à mudança acelerada de costumes".[69]

É importante perceber essas nuances para que se tenha um conhecimento mais refinado sobre esse período. Pretende-se esclarecer que essa maneira de mobilizar as orientações gerais daquilo que se pode chamar de Doutrina de Segurança Nacional e Desenvolvimento é representativa desse setor específico do aparato repressivo, do qual faziam parte grupos de militares que ansiavam por um maior rigor punitivo — a chamada "linha dura". A defesa de valores de ordem moral e comportamental presente nas acusações formuladas pela comunidade de informações não se reduz a mero subterfúgio desse grupo para encobrir o que seria o seu verdadeiro objetivo: combater inimigos políticos. Pelo contrário, essa mescla faz parte da construção de seu discurso de inculpação dos adversários do regime. Ademais, havia um contínuo esforço por parte dos órgãos de informações para influenciar, com uma narrativa que se supunha universal, as percepções e as ações dos outros setores do governo, tendo em vista que as informações eram distribuídas entre eles.

Nesse sentido, são necessárias algumas observações. Os relatórios, em sua maior parte, iniciam-se com um cabeçalho padrão do qual constam o grau de sigilo, a data, o assunto, o órgão onde foram produzidos e a indicação dos locais para onde seriam difundidos, além da lista dos anexos que porventura acompanhem o processo. Normalmente, há na página inicial um carimbo com a frase: "A Revolução de 64 é irreversível e consolidará a Democracia no Brasil", indício de certas contradições do regime no que se refere ao seu entendimento sobre a democracia. Se a revolução era irreversível, como faria chegar ao regime democrático?

Em seguida, as informações são dispostas em tópicos. O texto, sem autoria definida, é sempre escrito em terceira pessoa, o que evidencia uma tentativa de demonstrar neutralidade. Mas essa é somente uma impressão inicial, já que o linguajar utilizado não tarda a denunciar as intenções dos analistas. O discurso construído por eles mescla trechos de alto detalhamento e elaboração, nos quais empregam um tom mais rebuscado, e outros em que está presente o mais veemente anticomunismo, repleto de clichês e chavões típicos da Guerra Fria. A preocupação com o inimigo parece desproporcionada, sendo sua força de tal maneira superestimada que é difícil não perceber que as avaliações se originam em um primário "falseamento da realidade". Tal retórica de inculpação criava uma "lógica da suspeição",[70] cujo objetivo era apontar o suposto perigo que certos indivíduos ou grupos ofereciam para a ordem estabelecida.

Os anexos eram usados para acrescentar dados ao que havia sido dito anteriormente, ou mesmo para corroborar o ponto de vista dos agentes. Eram compostos de vários tipos de registros, dos quais os mais numerosos são os recortes de jornais e revistas nacionais e estrangeiras. Há também fotografias, exemplares de livros, papéis oficiais, entre os quais processos dos órgãos das polícias políticas estaduais. Preocupavam-se tanto com a produção de análises sobre o assunto investigado quanto com o recolhimento de material que comprovasse sua perspectiva. Sabe-se que essas funções eram exercidas por grupos distintos de profissionais. Na hierarquia do sistema de informações, os analistas eram responsáveis pelas tarefas mais "intelectualizadas", enquanto os agentes faziam o trabalho de coleta, utilizando métodos como escutas telefônicas, disfarces, infiltrações etc.[71]

Essa reunião de papéis formava processos administrativos, mas, além dos documentos citados, é comum haver pareceres dos consultores jurídicos do Ministério da Justiça a respeito de dúvidas que surgiam no momento da produção das informações. Com frequência, os membros da comunidade buscavam alicerçar suas ações em diplomas legais. Isso acontecia, por exemplo, quando pretendiam sugerir a expulsão de um estrangeiro do país. Nesses casos, procuravam saber se o motivo que os levava a entender que o indivíduo não podia permanecer em território nacional infringia algum preceito legal. Em muitas ocasiões, os consultores discordavam das avaliações da comunidade de informações e chegavam a sugerir medidas contrárias às conclusões a que aquela havia chegado.

Sabe-se que a ditadura militar sempre buscou traduzir em termos jurídicos certas iniciativas excepcionais e, a rigor, ilegais.* Tal medida representava não apenas uma das estratégias na tentativa de legitimação do regime, mas era também um indício da larga tradição brasileira do bacharelismo e, portanto, valorizadora das regulamentações escritas. Isso permitia a profusão de diretrizes secretas — ou "revolucionárias" — que tornavam possíveis os atos de exceção, como por exemplo a expulsão "legal" de determinadas pessoas que haviam se envolvido em atos supostamente "subversivos".[72] A consideração da chamada "legislação de exceção" é essencial para uma compreensão mais apurada do período, pois servia como um importante instrumento para escamotear a falta de legitimidade do regime e, também, para dar-lhe uma aparência democrática.[73]

Ao final de cada processo, há um parecer com o direcionamento que deveria ser dado às informações produzidas. Como foi mencionado, uma das determinações possíveis a esses documentos era seu envio a outras esferas da repressão. São frequentes os exemplos que expressam a necessidade de intervenção da censura em determinados assuntos, mas os pareceres dos censores e da comunidade de informações nem sempre coincidiam.[74] Essa percepção permite evidenciar a complexidade e a heterogeneidade que pautavam o funcionamento do aparato repressivo.

Outra possibilidade era o envio de informações diretamente aos órgãos de segurança, como prova a tese de doutoramento de Carla Longhi, que analisa a intensa troca de papéis entre o SNI e o Departamento Estadual de Ordem Política e Social de São Paulo (Dops/SP).[75] Para a comunidade de informações, era muito claro que as instâncias repressivas deviam se comunicar, e ainda mais evidente que era seu papel deixar os diferentes órgãos repressivos a par da situação do país naquele momento:

---

*Outra característica da ditadura foi a preocupação em manter em vigor algumas instituições típicas de regimes democráticos, como o Congresso Nacional, as eleições e o sistema partidário. A relação entre a permanência dessas instituições e as estratégias de legitimação do regime foi estudada por KLEIN, Lucia; FIGUEIREDO, Marcus F. *Legitimidade e coação no Brasil pós-64*. Rio de Janeiro: Forense-Universitária, 1978.

É necessário que os órgãos de informações mantenham muito bem informadas as autoridades responsáveis pela segurança que, como os demais militares, também são massificados por informações parciais diariamente publicadas pela imprensa nacional, a fim de que possam discernir e decidir corretamente no momento adequado, em benefício da Ordem, da Segurança e da Paz Social.[76]

Por fim, em muitos pareceres, o que se indica é o arquivamento do processo, principalmente quando a intenção é apenas manter as autoridades informadas, e não sugerir uma medida específica a ser tomada.

De todo modo, é muito difícil precisar que tipo de recepção o discurso da comunidade de informações tinha em outros setores militares. Isso demandaria uma segunda pesquisa. O que se pode assegurar é que, com o passar do tempo, esse ramo da repressão se constituiu uma espécie de "voz autorizada" dentro do regime, exercendo com eficácia o papel de fundamentar ideologicamente, para si próprio e para os governantes de modo geral, a permanência dos militares no poder e a necessidade da repressão como um todo. Portanto, se ainda não há como definir com rigor tal recepção, é evidente que as informações recebidas não eram simplesmente desconsideradas por aqueles a quem se destinavam.

Essa descrição corresponde à maior parte dos processos analisados, porém há muitos que não obedecem exatamente a esse formato. É comum, por exemplo, encontrar pastas em que só há a parte inicial da informação, sem nenhum anexo ou mesmo orientação do destino que deveria seguir, nem ao menos a indicação de arquivamento. Há também casos em que aparecem documentos avulsos, isto é, que não constituem processos temáticos e variam entre informes,* abaixo-assinados, documentos de organizações internacionais e até mesmo de outras instâncias repressivas etc.

Por último, é preciso citar os dossiês pessoais, que são processos que tratam da vida pública e privada de indivíduos específicos. Os dossiês são

---

*Os informes eram cada um dos elementos que, quando unidos, poderiam constituir uma informação.

os mais detalhados de todos os documentos encontrados nesse acervo, já que acompanham cronologicamente a vida das pessoas investigadas, muitas vezes retroagindo aos anos anteriores ao início da ditadura.

Esses documentos eram sigilosos, característica que restringia a sua circulação aos próprios sistemas de informações e segurança e a determinadas autoridades do Estado. Não havia a preocupação com a publicidade das informações produzidas. No caso dos bispos, se publicamente os militares, de maneira geral, deviam tratá-los com cuidado, em razão da força simbólica da instituição que representavam, na produção de documentos sigilosos podiam expressar com mais liberdade sua aversão à suposta esquerdização de parte da Igreja e de alguns de seus membros.

Nosso objetivo aqui não é lidar com as fontes considerando-as um reflexo da realidade do país naqueles anos, ou esperar que revelem o passado tal qual ocorreu. O que se quer é, a partir do entendimento da lógica desses escritos e de suas regras de elaboração, demonstrar os artifícios retóricos mobilizados para constituir determinados bispos como inimigos do regime, fundamentando, assim, a obsessão persecutória da comunidade de informações.

Ao contrário do que vimos com relação à heterogeneidade entre as diferentes partes constituintes da máquina repressiva, cujas particularidades chegavam a provocar desavenças em suas articulações, no que se refere especificamente ao Sisni, a análise do discurso da comunidade de informações permite perceber certo grau de homogeneidade em sua atuação. Não há grandes divergências ideológicas entre seus relatórios, a despeito do órgão que os tivesse forjado. Os envolvidos na produção dessas informações terminavam por partilhar convicções, "consenso" a que chegavam da maneira já mencionada.

Certamente, alguns fatores no processo de socialização dos analistas e dos agentes de informações contribuíram para conferir-lhes essa característica. Além da formação na Esni, como vimos antes, o exercício profissional, com todos os constrangimentos inerentes a esse ofício, e o convívio com seus pares, pois dificilmente um analista falaria algo que destoasse das percepções de seus colegas, são elementos que concorrem para que seja possível identificá-los como um grupo profissional algo homogêneo e que se caracterizava pela colaboração e lealdade entre os membros, além de um forte espírito corporativo.

Desde a sua criação, o Sisni teve civis e militares em sua composição. Todavia as diretrizes do serviço sempre foram determinadas pelos militares. Essa homogeneidade ideológica e de treinamento tendeu a propiciar a redução dos conflitos internos e, por conseguinte, maior eficiência na condução do serviço de informações. Esse é um dos motivos que justificam o emprego da expressão "comunidade", usada oficialmente e com a qual os próprios agentes secretos se identificavam.

CAPÍTULO 3

Os bispos católicos e a comunidade de informações

As atividades da espionagem atingiam diversos grupos da sociedade brasileira. Seus agentes viam inimigos por todos os lados e, caso não os encontrassem, inventavam-nos. Decerto alguns grupos motivavam maior produção de informações que outros, especialmente os que se evidenciavam por se pronunciar ou agir publicamente contra o poder instituído. Alguns bispos católicos, ao lado de certos advogados, jornalistas, trabalhadores, professores e estudantes, foram recorrentemente citados nos relatórios produzidos pelos órgãos de informações.

O objetivo deste capítulo é analisar a atuação da comunidade de informações por meio de sua produção sobre um grupo específico: os bispos católicos, principalmente aqueles tidos como "progressistas", que eram os que mais lhe causavam preocupação. Só a partir de 1970, aproximadamente, a Igreja Católica começaria a ocupar a atenção dos órgãos de informações com mais intensidade. De todo modo, já em meados da década de 1960 é possível encontrar evidências de que alguns bispos estavam sob a vigilância desses órgãos. Contudo eles não eram adversários quaisquer. Com o fortalecimento do grupo oposicionista do episcopado e os crescentes atritos com o governo, esses órgãos passaram a se preocupar cada vez mais com o que os bispos faziam, mantendo-os sob constante observação. Se nunca chegou a haver uma estrutura específica do sistema de informações para lidar com os religiosos, por certo eles não eram tratados como os outros inimigos do Estado naqueles anos.

Mesmo que o auge da perseguição aos bispos pelo Sisni tenha ocorrido entre 1970 e 1980, demonstraremos, inicialmente, que de 1964 em diante já havia preocupação com a eventual atividade crítica de alguns membros do episcopado. Do mesmo modo, de 1981 até o fim da ditadura, continuou havendo produção de informações sobre os religiosos, embora em quantidade muito limitada. Em seguida, dividiremos o capítulo em duas partes. Na primeira, analisaremos a visão da comunidade de informações sobre o envolvimento dos bispos com movimentos urbanos e, na segunda, com as questões agrárias. Essa divisão foi estabelecida com base na percepção de que, apesar de terem diversos pontos em comum, essas duas temáticas eram tratadas de maneira distinta pelos analistas de informações, como é possível perceber pela própria organização do acervo, que estabelece séries específicas para agrupar os documentos que tratam desses assuntos.

3.1 As primeiras percepções da comunidade de informações sobre os bispos (1964-69)

Em 1964, o CI/DPF, órgão ligado ao Ministério da Justiça, já alertava sobre o fato de dom Hélder Câmara, em sua atuação como arcebispo de Olinda e Recife, ter demonstrado, "de modo velado", ser contrário aos ideais da "Revolução".[1] Ao mesmo tempo, salientava que o bispo havia assinado a declaração da CNBB em apoio ao "movimento revolucionário vitorioso". Naquele ano, no Concílio Ecumênico realizado em Roma, as ideias "subversivas" de dom Hélder teriam causado forte impacto no clero norte-americano presente no evento.

No ano seguinte, o bispo começaria a chamar a atenção daquele órgão por ter se pronunciado na França sobre a miséria e a injustiça social do Terceiro Mundo. Na mesma ocasião, teria criticado a insuficiência da ajuda prestada pelos Estados Unidos aos países pobres, enfatizando ainda a necessidade de os bispos atuarem junto aos trabalhadores para promover sua sindicalização.[2] Nessa conferência, dom Hélder inaugurou um estilo de protestar contra a ditadura que marcaria toda a sua trajetória: as denúncias contra o governo brasileiro feitas no exterior. Foi também quando começou a se consolidar como um dos grandes defensores dos direitos humanos e, ainda, um dos críticos mais mordazes do regime.

No segundo aniversário do golpe, em 1966, outra atitude do bispo mereceria a atenção do CI/DPF. De acordo com o órgão, dom Hélder não aceitou o convite do comandante do IV Exército[3] para celebrar a missa comemorativa e enviou-lhe uma carta, em que justificava a recusa dizendo que não se tratava de uma cerimônia religiosa, mas de um evento cívico-militar.[4]

O CI/DPF também observou que, dois anos depois, em abril de 1968, o bispo declarou em Roma e Paris que temia ser vítima de um atentado no Brasil, como o que matou Martin Luther King nos Estados Unidos. Além disso, passou a escrever homilias para serem lidas nas igrejas, repreendendo as autoridades brasileiras. No início do ano seguinte, criticou o AI-5 durante uma missa. O mesmo órgão ressaltou ainda que havia diversos sacerdotes franceses, dominicanos e assuncionistas, ligados a dom Hélder e partidários da sua "política de Cuba", atuando clandestinamente no Brasil para a "doutrinação das massas".[5]

Em 1969, dom Hélder começou a apontar para outra questão pela qual sua trajetória ficaria marcada: a aproximação com o movimento estudantil. Em maio, o CI/DPF anotou que, em missa celebrada no Recife, ele condenou a perseguição aos estudantes e a perda de seus direitos, o que feria a Declaração dos Direitos Humanos e, também, cerceava a autonomia universitária, prejudicando a vida dos adolescentes.[6] Em suma, o bispo clamava pela supressão das punições aos jovens.

Dom Hélder continuava sua peregrinação pelo exterior, fazendo pronunciamentos em diversos países. Em maio de 1969, o CIE teve acesso a revistas equatorianas que veiculavam críticas do bispo às Forças Armadas, feitas em viagens à Inglaterra e ao Chile. A análise das informações levou o órgão a concluir que a linguagem usada pelo bispo nessas reportagens era mais agressiva em comparação à que costumava usar no Brasil, e deixava mais evidente sua aproximação com "tendências marxistas".[7] Já era evidente o desconforto que a impossibilidade de controlar a imprensa estrangeira causava aos analistas da comunidade de informações.

Aparentemente, todos os passos de dom Hélder nesse período eram seguidos de perto pelos órgãos de informações em atividade no momento. Com base nesses subsídios, concluíam que o religioso estaria "ultimando os rumos de uma organização subversiva no Brasil", cujo principal objetivo era "eclodir um 'movimento separatista' que teria como ponto de partida a região Norte-Nordeste".[8] No entanto, supunham, muito pouco podia ser feito, já que ele estava protegido pelo escudo da CNBB.

Em agosto de 1969, o diretor-geral em exercício do DPF, o coronel Epitácio Cardoso de Brito, respondeu a um pedido do ministro da Justiça, Luiz Antônio da Gama e Silva, em que este solicitava informações sobre os religiosos que estivessem presos ou envolvidos em processos judiciais. A demanda foi enviada não apenas ao DPF, mas aos ministros militares e aos governadores de todos os estados e territórios da federação. A intenção era levar essas informações ao conhecimento do presidente da República. Entre os listados, encontravam-se dois bispos indiciados em IPM: dom Fernando Gomes dos Santos[9] e dom Antônio Batista Fragoso.[10] As autoridades do governo queriam, com isso, permanecer ao corrente da participação de membros da Igreja em movimentos de contestação ao regime. Por ter recebido resposta apenas de alguns dos destinatários, em janeiro de 1970 o assessor do gabinete do ministro da Justiça, Gerardo Dantas Barreto, considerou as informações "sumárias e incompletas" e solicitou providências urgentes para a atualização do processo. Consta que, após essa ordem, alguns dos que não haviam respondido anteriormente o fizeram.

O paraibano Fernando Gomes dos Santos nasceu em 1910 na cidade de Patos. Ele foi sagrado bispo em 1943 e sua primeira diocese foi a de Penedo, no estado de Alagoas. Alguns anos depois, assumiu a diocese de Aracaju, onde não ficou por muito tempo. Em 1957, foi transferido para a arquidiocese de Goiânia, onde permaneceu até a morte, em 1985. Foi nesse período que fundou a Universidade Católica de Goiás. Dom Fernando ficou muito conhecido por seu envolvimento em problemas sociais e, após o golpe de 1964, não demorou para que entrasse em conflito com os militares, embora saibamos que, nas reuniões da Bipartite na década de 1970, ele tenha tido uma destacada atuação no sentido de conciliação entre Igreja e Estado.[11]

Já em 1965, o Cenimar havia detectado o envolvimento desse bispo com o "movimento contrarrevolucionário" dos estudantes goianos, dos quais sempre estaria próximo; além disso, ele teria dedicado uma missa aos indivíduos presos pelo governo estadual. Em 1968, dom Fernando reforçou suas ligações com os estudantes, quando noticiou a alguns deputados que, nas comemorações do Primeiro de Maio, aqueles estariam ao lado da Igreja nas passeatas e concentrações. Ele esteve presente até mesmo na abertura do ano letivo de diversas universidades. No mesmo ano, foi eleito delegado do Brasil no II Celam, realizado em Medellín, na Colômbia. Em 1969, mais uma vez o bispo seria notado pelos analistas do Cenimar por suas ligações com o movimento estudantil. Ele vinha fazendo reuniões semanais noturnas, na sede da Cúria Metropolitana, com grupos de estudantes, levando-os, inclusive, a pretender "divulgar um manifesto condenando as últimas providências do governo, principalmente a pena de morte".* Por todas as suas atividades, chegou a ser comparado a dom Hélder, já que, de acordo com o Cisa, estaria seguindo fielmente as diretrizes do arcebispo de Olinda e Recife.[12]

O outro bispo indiciado, dom Antônio Batista Fragoso, também nasceu no estado da Paraíba, na cidade de Teixeira. Era dez anos mais jovem que dom Fernando e iniciou sua carreira religiosa como assistente eclesiástico do Círculo Operário em João Pessoa, sendo também assistente da JOC na região Nordeste. Ordenou-se bispo em 1957 e seu primeiro posto foi como auxiliar da arquidiocese de São Luís do Maranhão. Alguns anos depois, em 1964, foi nomeado primeiro bispo de Crateús, no Ceará, onde permaneceu até ter de renunciar ao cargo pelo limite de idade. A experiência de dom Fragoso com as questões operárias, ainda na juventude, influenciaria fortemente sua atuação, sempre muito marcada pelo envolvimento com a defesa dos direitos humanos, com movimentos de não violência e com a Teologia da Libertação.

Esses eram apenas os primeiros instantes das perseguições por que passariam alguns bispos no decorrer do regime militar. No caso de dom Hélder, em 1973, as informações produzidas sobre ele até aquele momento seriam agregadas ao seu dossiê pessoal, que estava sendo elaborado em conjunto pela comunidade de informações.[13] Naquele momento o Sisni já estaria em pleno funcionamento.

3.2 Os bispos e os movimentos urbanos

A consolidação do Sisni, em 1970, tornou a produção de informações sobre os bispos católicos um ponto central das atribuições dos órgãos que o compunham. Determinados bispos eram acompanhados detidamente

---

*A pena de morte foi estabelecida pelo AI-14, que mudava o artigo 150 da Constituição Federal dando-lhe a seguinte redação: "Não haverá pena de morte, de prisão perpétua, de banimento, ou confisco, salvo nos casos de guerra externa psicológica adversa, ou revolucionária ou subversiva nos termos que a lei determinar". Ver: <http://www.planalto.gov.br/ccivil_03/AIT/ait-14-69.htm>.

em seus encontros, viagens, publicações, aparições na imprensa etc. Os agentes chegavam mesmo a se imiscuir na vida particular dos religiosos.

O discurso da comunidade de informações evidencia o que estava em questão entre os militares, ao construir a imagem de alguns bispos, também chamados de "bispos esquerdistas", como adversários do Estado. De modo geral, os analistas se colocavam em posição de superioridade moral com relação aos bispos. Para eles, era evidente a aproximação de determinada ala da Igreja das ideias comunistas, principalmente quando defendiam os direitos humanos, e também melhores condições de vida para os grupos sociais desfavorecidos. Contudo não era apenas o anticomunismo que moldava a visão desses investigadores, que viam as atitudes de determinada ala do episcopado como sinônimo de quebra de hierarquia e, portanto, de indisciplina. Em diversos momentos, os religiosos foram tachados como moralmente corrompidos, acusação de alta gravidade na perspectiva dos militares de maneira geral, e que contribuía para justificar sua "missão civilizadora", segundo a qual eles deveriam implementar ampla reforma moral na sociedade brasileira.[14] Para ser mais preciso, fazia parte da retórica da comunidade de informações incluir temas morais em suas acusações. Há que se considerar que nenhum regime político, por mais arbitrário e ilegítimo que seja, logra manter-se apenas com o uso da força e sem a manipulação de bens simbólicos. Essa questão é fundamental para que se compreenda não apenas a ocorrência do golpe, mas também a manutenção da ditadura ao longo de mais de duas décadas.

Dom Fernando Gomes foi um bispo que preocupou os órgãos de informações praticamente ao longo de todo o regime. Os temas das acusações que a comunidade de informações lhe fazia giravam na maior parte das vezes em torno de seu envolvimento com o movimento estudantil. Os analistas do Cisa observavam que, quanto mais a repressão sobre os estudantes aumentava, mais o bispo se mobilizava. Ele havia se tornado uma referência para aqueles jovens, que o procuravam "com o intuito de obter sua orientação e interferência". Isso fazia com que fosse visto pela comunidade de informações como alguém que estava sempre tentando "contrariar, impedir e interferir nas decisões do governo, dificultando o restabelecimento da ordem pública".[15]

Nesse período, dom Hélder continuava sendo o foco principal dos órgãos de informações. As atividades do bispo no exterior sempre foram uma questão central em suas avaliações. Aliás, a preocupação com a imagem externa do Brasil é um *tópos* nesses relatórios, e não é exagero afirmar que essa é uma característica bastante evidente da cultura política brasileira. Os governos militares evitavam, de todo modo, a divulgação de notícias que denunciassem o caráter repressivo do regime, paralelamente ao esforço que faziam para tornar o Brasil uma "grande potência". A possibilidade de o país ficar conhecido pelo autoritarismo de seu sistema político e pela prática rotineira da tortura atormentava seriamente os governantes, sobretudo a partir de 1969, com a implantação do sistema DOI-Codi.

Chegou-se a cogitar a criação de uma agência de propaganda voltada exclusivamente para a divulgação da "verdadeira imagem" do Brasil no mundo, o que de fato nunca se concretizou.[16] Não é sem razão que a política externa foi uma das instâncias centrais dos sucessivos governos militares. Sempre os seduziu a ideia de que o "milagre econômico" pudesse livrar o país de sua "condição de inferioridade". Nesse sentido, as campanhas internacionais capitaneadas por alguns bispos, sobretudo por dom Hélder, tinham forte conteúdo político de oposição e, como veremos, inúmeras foram as tentativas feitas pelo regime para dificultar a vida desses religiosos. Por certo, esse foi um dos temas que mais mobilizaram o aparato repressivo como um todo. Por tais razões, ao longo de sua existência, a comunidade de informações relatava em minúcias tanto as viagens internacionais dos bispos como a divulgação de suas ideias na imprensa estrangeira.

É preciso lembrar que, no início dos anos 1970, a presença de exilados brasileiros no exterior fomentou uma significativa campanha internacional de denúncia da repressão. Nos Estados Unidos, houve diversas mobilizações para divulgar a prática da tortura e as violações dos direitos humanos vigentes no Brasil. Com isso, aos poucos, parte importante da imprensa norte-americana passou a publicar essas denúncias e, da mesma forma, algumas autoridades daquele país, como membros do Congresso, passaram a protestar contra o autoritarismo do governo brasileiro.[17] Na Europa, e posteriormente em outros países da América Latina, também "exilados políticos brasileiros, às vezes aliados a setores de esquerda da Igreja Católica e outras forças, empreenderam constante campanha para isolar o governo brasileiro".[18] Assim, as declarações no exterior de dom Hélder e de outros bispos reforçavam a campanha contra a tortura e acirravam os ânimos das autoridades militares.

Logo no começo de 1970, dom Hélder concedeu uma entrevista ao jornal paraguaio *La Tribuna* anunciando que aquele ano seria de muita violência no Brasil. É curioso notar que, naquela ocasião, o Paraguai também estava sob um regime ditatorial havia 16 anos. Pouco tempo depois, a revista norte-americana *Time* divulgou uma declaração do bispo em que ele voltava a tratar da tortura de presos políticos e da perseguição de membros da Igreja pelo governo. Após tomarem conhecimento do conteúdo das publicações, os agentes do CI/DPF acrescentaram ao relatório que as reportagens haviam causado grande impacto em todo o mundo, "desfigurando a imagem do Brasil no exterior", e que, por isso, os órgãos de segurança já haviam encontrado motivos para que o bispo fosse enquadrado na Lei de Segurança Nacional.[19]

Pouco tempo depois, o Cenimar teve acesso a um pronunciamento feito por dom Hélder a um canal de televisão holandês, que contava com a audiência de cinquenta por cento dos telespectadores do país, e o descreveu em pormenores, obviamente usando sua habitual linguagem alarmista. Segundo aquele órgão, o bispo

[...] pintou em cores dramáticas a atual situação do Brasil, tecendo comentários desairosos com respeito ao nosso país, teatralizando e descendo a detalhes enriquecidos pela sua imaginação fértil e maldosa, quando procurou descrever um suposto "clima de terror" implantado no Brasil e dirigido contra padres, freiras e estudantes. [...] A entrevista, ardilosamente montada, em torno do tema "terror e tortura no Brasil", fustigando os telespectadores com um quadro imaginativo, porém bastante contundente e fantástico.[20]

Ao comparar essa entrevista do bispo, veiculada posteriormente no jornal holandês *De Volkskrant*, com a declaração publicada na revista *Time*, os analistas do Cenimar observaram que ambas seguiam a mesma linha. Porém aquela tinha a vantagem do contato direto do público com "a excelência de sua dialética maquiavélica e dos gestos demagógicos que têm servido para iludir a tantos ingênuos e incautos", além de ter lançado mão de "técnicas de propaganda subliminar".[21]

Em março de 1970, chegou ao conhecimento da comunidade de informações a notícia de que estava sendo preparado pela imprensa internacional, principalmente a da França e a da Itália, um conjunto de reportagens sobre o conflito entre Igreja e Estado brasileiro. Essa possibilidade foi avaliada com apreensão pelos analistas do Cenimar, principalmente pelo fato de contar com larga participação de padres estrangeiros, que estariam agindo para expandir a "influência das ideias marxistas" pelo episcopado "progressista", ainda pouco expressivo no Brasil.[22]

Depois de alguns meses, o Cenimar voltou a contribuir para a formação do dossiê de dom Hélder. Os agentes do órgão recolheram recortes de vários jornais franceses — *Le Monde*, *Figaro* e *Le Progrès* — que versavam sobre as atividades do bispo no exterior. Entre os assuntos tratados nas reportagens, estava a associação feita por dom Hélder entre a morte do padre Henrique Pereira Neto e "um quadro do mais amplo terror sistemático" praticado pelo governo brasileiro. Também o diretor da seção de assuntos latino-americanos da Conferência Católica norte-americana, Louis N. Colonnese, declarava estar cogitando pedir ao Vaticano que rompesse relações diplomáticas com o Brasil, já que "a Igreja não poderia compactuar com a repressão praticada pelo país". O foco principal da análise das matérias publicadas era a tentativa do bispo, muitas vezes bem-sucedida, "de influenciar grupos estrangeiros inimigos contra a consecução dos objetivos nacionais", porém é o Cenimar que expõe pela primeira vez a preocupação dos analistas com o uso que ele estava fazendo de suas imunidades por ser membro do clero.[23] Mais tarde a comunidade de informações tentaria limitar esses privilégios.

Era muito surpreendente para os órgãos de informações, de maneira geral, o fato de dom Hélder conseguir usar com tanta habilidade a televisão, o rádio e a imprensa escrita para, segundo eles, "pregar o uso da violência" como forma de protesto.[24] O bispo teria chegado a dizer que admirava aqueles que arriscavam suas vidas para lutar contra as injustiças. Ao mesmo tempo, desencorajava os jovens que decidiam participar da luta armada, visto que a "repressão oficial" era considerada por ele infinitamente mais bem equipada do que os grupos clandestinos a que eles pertenciam.[25]

Os analistas não conseguiam compreender como dom Hélder poderia manchar a imagem de seu próprio país, "ao qual deveria engrandecer sempre". Segundo a comunidade de informações, o papel do bispo nessa "expansão da subversão mundial" seria o de "colocar a população brasileira contra os governantes" e, também, o de "manipular a opinião pública mundial de modo a desprestigiar o país no exterior". Era muito preocupante para os informantes o fato de que membros de influência da Igreja viessem posicionando dom Hélder como representante das ideias do papa Paulo VI, sem esquecer que ele havia acabado de ser indicado para o Prêmio Nobel da Paz. Posteriormente, dom Hélder declararia, na cidade de Munique, na Alemanha, que era contra a luta armada e contra qualquer tentativa de solucionar os problemas pela força.[26]

Nota-se que os bispos perceberam muito cedo a importância do contato com outros países como forma de criticar o autoritarismo ao governo brasileiro, divulgar a existência de tortura e denunciar os problemas sociais do país. Sabendo que a pressão internacional poderia ser uma importante arma para refrear os ânimos repressivos da linha dura, tais líderes religiosos sempre recorreram aos meios de comunicação estrangeiros para tentar obstar a política autoritária dos militares. Por outro lado, os analistas percebiam que havia ali uma brecha no regime, mas pouco podiam fazer. Por mais que o serviço de inteligência e a polícia política buscassem ter um alcance internacional, outros âmbitos do aparato repressivo, como a censura, tinham possibilidades limitadas de atuar no exterior.[27] Ainda que procurassem manter-se informados sobre as atividades dos bispos em outros países, acabavam sempre se deparando com as dificuldades de reprimir suas ações fora do território nacional.

Já a CNBB, embora fosse detidamente acompanhada pelo Sisni, ainda não era tida como ameaça. O apoio inicial ao golpe dado pela instituição desvaneceu-se com o decorrer do tempo. Uma de suas primeiras tentativas de criticar publicamente o regime ocorreu em maio de 1970, na XI Assembleia Geral da Conferência, porém não foi vista pela comunidade de informações como motivo de inquietação:

> A CNBB reuniu-se em Brasília, a fim de discutir a aprovação de documento da linha política a ser seguida pela Igreja. Após o término da referida reunião, a maioria dos participantes aprovou o documento "Justiça e Paz", moderado mas condenando a subversão e o marxismo. A corrente esquerdista do episcopado da chamada ala renovadora radicalista foi nitidamente derrotada dentro da CNBB, tendo seus elementos, entre eles o epigrafado [dom Hélder], dom Fragoso e dom Fernando Gomes, se retirado antes do término dos trabalhos e da elaboração e redação final do documento.[28]

Entretanto, ao final daquele mesmo ano, o entusiasmo já não era o mesmo. O tom passara a ser de decepção, pois os analistas julgavam "estranha a atitude adotada pela Igreja, que, até então, tinha sido no Brasil uma barreira a mais contra a penetração do marxismo".[29] Mesmo a tentativa de diálogo promovida entre os religiosos e os militares não era vista pela comunidade de informações como uma maneira eficaz de solucionar os conflitos.[30]

A partir de 1971, outros bispos começaram a estar presentes com mais frequência nos relatórios da espionagem. No início daquele ano, o chefe do SNI, general Carlos Alberto da Fontoura, enviou ao ministro da Justiça uma lista daqueles bispos que seriam favoráveis ao sistema socialista. Eram eles:

Dom José Resende Costa, arcebispo de Belo Horizonte;
Dom Serafim Fernandes de Araújo, bispo auxiliar de Belo
    Horizonte;
Dom Cândido Padin, bispo de Santo André;
Dom Avelar Brandão Vilela, bispo de Teresina;
Dom Lucas Moreira Neves, bispo do secretariado nacional dos leigos
    no Brasil;
Dom José Lamartine Soares, bispo auxiliar de Recife e Olinda;
Dom Hélder Câmara, arcebispo de Recife e Olinda;
Dom Antônio Fragoso, bispo de Crateús;
Dom Marcos Antônio Noronha, bispo de Itabira;
Dom Fernando Gomes dos Santos, arcebispo de Goiânia.[31]

O destaque, no entanto, ia para dom Waldyr Calheiros, visto por aquela autoridade como "um dos mais atuantes na campanha contra o sistema socioeconômico estabelecido". O general buscou evidenciar a intenção do bispo de "desmoralizar as autoridades civis e militares", sobretudo as da região de Barra Mansa. Chamou a atenção para a existência de dois IPMs contra o religioso e mencionou que ele havia se recusado a depor, alegando temer ser torturado. Por fim, recomendou o prosseguimento do inquérito, após ressaltar que o bispo podia contar com a presença do presidente da CNBB ao ser ouvido pelas autoridades.[32]

O IPM aberto contra o arcebispo de Goiânia também foi mencionado pelo chefe do SNI. Porém, nesse caso, alguns problemas graves haviam sido encontrados no decorrer do inquérito. O principal deles era que dom Fernando Gomes não fora ouvido no momento adequado do processo e, por essa razão, interrogá-lo naquela ocasião poderia desencadear mais um atrito com a Igreja, o que seria "inoportuno e inconveniente". O general deixou claro que não tinha dúvidas de que o prosseguimento do IPM levaria à absolvição de dom Fernando, embora esse resultado pudesse representar uma derrota para o governo, e mesmo um incentivo para as atitudes de oposição de religiosos. Isso nos permite concluir que, mesmo antes do início da "abertura política", os órgãos de informações percebiam que era melhor ceder do que enfrentar um conflito aberto com aquela instituição.

Em uma avaliação de 1971 do Cenimar sobre dom Fernando, examina-se um manifesto produzido pelos alunos da Universidade Federal de Goiás, no qual condenavam o bispo e chegavam mesmo a romper relações com ele. O analista, contudo, diz não acreditar no posicionamento dos estudantes. Classificou o documento como tímido e o encarou como uma artimanha do bispo, que "não engana aos verdadeiros revolucionários, raposa velha da decadente burguesia, corrupto e corruptor". No entanto, curiosamente, no final daquele ano, o mesmo órgão considerou o recebimento de dom Fernando em uma audiência especial pelo governador do estado, Leonino Caiado, um sinal das boas relações entre a Igreja e o Estado em Goiás.[33] Não se trata de uma contradição, mas de um procedimento habitual da comunidade de informações: a produção quase torrencial de informes que, em momentos de crise, eram reunidos para inculpar a vítima em pauta.

Dom Hélder permanecia sendo uma presença constante nas avaliações da comunidade de informações. Em abril de 1971, o CI/DPF recolheu um exemplar da revista católica *Equipes Docentes da América Latina*, de outubro de 1970, em que havia uma matéria sobre o Brasil, intitulada "Uma luta entre a Igreja e o Estado". O texto era bastante elogioso ao bispo e, de acordo com a CI/DPF, denunciava a perseguição que ele vinha sofrendo por parte da imprensa e das autoridades brasileiras, que buscavam sempre "desmoralizá-lo perante a opinião pública".[34]

No entanto, deve-se notar que não era apenas a comunidade de informações que manchava a imagem daquele líder religioso. Em maio de 1971, o mesmo órgão registrou que, após o assassinato do industrial dinamarquês Henning Boilesen, o empresário norueguês Tore Albert Munck, diretor da Munck no Brasil, fazia uma forte campanha para enfraquecer a candidatura de dom Hélder ao Prêmio Nobel da Paz. O bispo não ganhou o Prêmio Nobel da Paz, no entanto foi agraciado com um prêmio alternativo que lhe foi entregue na Noruega, em cerimônia difundida pelo canal de TV norueguês NRK e retransmitida por diversas outras emissoras do mundo.[35]

Os analistas pareciam estar a par de todas as atividades em que os bispos estavam envolvidos, mesmo as que não tinham ligação direta com a oposição ao regime. Ainda em 1971, o CI/DPF acompanhou o 4º Encontro Regional da América Latina, promovido no Rio de Janeiro pela seção da Comissão Pontifícia de Justiça e Paz (CJP). Compareceram ao evento mais de trinta bispos, entre os quais dom Hélder Câmara e dom Eugênio Sales, além de representantes de vários outros países latino-americanos. O objetivo principal do encontro foi discutir a realidade do país e as mudanças sociais, privilegiando as estratégias de ação da CJP.[36] Embora os analistas ainda vissem o suposto envolvimento de alguns bispos com ideias marxistas como um problema localizado, nunca deixavam de monitorar o episcopado de maneira geral. Evidentemente, essa foi uma forma que encontraram de tentar impedir que a chamada "esquerdização" da Igreja se intensificasse.

Por isso, preocupavam-nos sobremodo as interpretações "pessoais e preconcebidas" que as cartas circulares publicadas pelo papa Paulo VI estavam tendo. Essas cartas continham pronunciamentos do papa sobre a opinião da Igreja a respeito de assuntos-chave da realidade.* Com base nelas, determinada ala do episcopado, a chamada "linha progressista",

---

*As cartas circulares, umas das principais fontes doutrinárias da Igreja Católica, são direcionadas aos bispos e cardeais e, por seu intermédio, aos católicos de maneira geral, e dão origem às encíclicas papais.

estaria organizando, de acordo com o CI/DPF, um movimento com "a finalidade de preparar as massas populares e realizar uma revolução socialista de cunho acentuadamente marxista". Na percepção sempre extremada da comunidade, o que tornava esse fato mais preocupante era a atuação internacional desses religiosos, cujo direcionamento era sempre determinado a partir de países como França, Bélgica e Holanda. No Brasil, o local que havia sofrido maior influência dessas ideias era a região Nordeste, onde, segundo o mesmo órgão, bispos como dom Hélder, dom José Lamartine Soares e dom Fragoso estariam "manipulando" um grande número de padres, com o intuito de promover "campanhas antipatrióticas, subversivas e nefastas aos interesses do país".[37]

Dom Hélder nunca saía do campo de visão da espionagem. Quando, ainda em 1971, o padre Geraldo Oliveira Lima foi preso no aeroporto de Natal e levado em seguida para sua residência no Recife, dom Hélder agiu imediatamente para tentar impedir o ato, "tudo fazendo para gerar escândalo e pretendendo retardar a busca para o dia seguinte". Não conseguindo, entrou em contato com o comandante do IV Exército, o general Bina Machado, para saber que medida tomar ante a ação do DPF. Como os policiais possuíam um mandado de busca, o general não pôde interceder. Note-se que dom Hélder recorreu ao general, o que denota a complexa rede de relações então existente na elite brasileira, muitas vezes mesclando diferenças políticas com relações pessoais. Sua última tentativa foi oferecer-se para ser preso no lugar do padre, o que obviamente não foi aceito. Com isso o bispo teria declarado: "Agora a guerra está aberta!"

Feita a busca na residência do padre, foram encontradas várias publicações que a DSI/MJ considerou de "cunho contestatório". A principal delas foi um boletim intitulado *O Círculo*, que trazia em seu conteúdo longas discussões sobre o papel social da Igreja no Brasil, "oferecendo material para reflexão e orientação da prática neste setor". Todas as publicações apreendidas foram analisadas pelo consultor jurídico do

Ministério da Justiça, Ronaldo Poletti, que concluiu que a casa devia ser uma célula comunista organizada dentro da Igreja, com a simpatia de dom Hélder. Para ele,

> [...] a ocasional prisão do padre Geraldo Oliveira Lima trouxe ao conhecimento das autoridades militares uma bem estruturada rede revolucionária subversiva, destinada a criar agitações e promover pregações revolucionárias nas regiões nordestinas, incentivando a luta de classes e criticando violentamente o governo da revolução.[38]

Além de sugerir que a situação fosse tratada com a máxima cautela, pois dom Hélder, "sempre ávido de sensacionalismo", poderia instrumentalizar o problema a seu favor, Ronaldo Poletti propôs que as autoridades pernambucanas fossem comunicadas para que investigassem as atividades políticas dos envolvidos.*

Em 1972, a DSI/MJ começou a questionar as atividades do Ibrades. Com base no decreto-lei 9.085, de 1946, que previa a suspensão de associações que passassem a agir de modo diferente dos seus termos de constituição, instaurou-se um IPM com o qual se pretendia impedir a atuação da entidade. Fundamentavam-se na acusação de que ela estaria exercendo "atividades delituosas" e com uma possível ligação, até então não comprovada, "com a organização subversiva conhecida como Ação Popular, [...] uma dissidência da JOC, [...] confessadamente marxista e seguidora de ideologias exóticas". Ademais, o Ibrades teria desvirtuado seus propósitos iniciais e, sobretudo, demonstrava franca oposição "à ação saneadora da Revolução de 64 nos campos social e político, [...] alimentando-se constantemente pela aliciação de jovens imaturos". Foi anotado até mesmo que em seus cursos a instituição estaria usando "letra e música do comunista Geraldo Vandré, aí incluída 'Para dizer

---

*Até 1976, o processo não teve andamento do Ministério da Justiça e acabou sendo arquivado. (Informação s/n. Processo C. 56679/71. MC/P. Caixa 589/05255.)

que não falei de flores', objeto de apreciação punitiva pelo AI-5". Com a finalidade de justificar a recomendação da medida aos órgãos competentes, o assessor do gabinete do ministro, Augusto Carlos Cunha Correia Pina, pediu auxílio a dois consultores jurídicos do Ministério da Justiça, enviando-lhes o que denominaram "dossiê Ibrades".[39]

O primeiro deles, Paulo de Carvalho Vianna, iniciou seu parecer falando sobre a criação do instituto, que esteve relacionada à "necessidade da elaboração de um pensamento que sintetizasse a filosofia cristã, a teologia do desenvolvimento e as conclusões das ciências sociais na construção de uma nova comunidade brasileira". Segundo o consultor, sua finalidade não estava ligada a um conteúdo subversivo, caso contrário, seus opositores seriam obrigados a considerar a própria Igreja um foco de subversão. Ele acrescentou que, embora a Igreja estivesse passando por uma série de transformações, e muitos católicos tivessem "desvirtuado os ensinamentos da doutrina cristã", buscando uma associação implausível entre o cristianismo e o marxismo, importantes autoridades do clero, como dom Vicente Scherer, criticavam aqueles religiosos que privilegiavam o humano em detrimento do divino. Além disso, "a orientação adotada pela Igreja, através dos diversos pronunciamentos de sua mais alta hierarquia, vem sendo a de que os sacerdotes deviam abster-se de interferir na política governamental". Após considerar esses aspectos, Paulo Vianna entendeu "não haver elementos capazes de permitir a denúncia" e, portanto, ser "inconveniente a aplicação de sanções, com fulcro no decreto-lei 9.085/46". Um dos motivos principais dessa tomada de posição do assessor era "a repercussão, interna e internacional, negativa que adviria da adoção de sanções puramente administrativas, com a consequente exploração de suposta perseguição aos religiosos". Contudo recomendava que o SNI deveria manter sob estrita vigilância não apenas o Ibrades mas também outras organizações católicas, como a JOC e a própria CNBB, de modo que os sacerdotes fossem impedidos de interferir na política governamental.

O segundo consultor, Ronaldo Poletti, não se alongou muito em seu parecer. Concordou que o funcionamento das entidades não representava violações à lei e, assim sendo, que o decreto-lei 9.085/46 não poderia ser aplicado. No entanto ressaltou que, caso seus dirigentes agissem de modo contestatório, poderiam ser processados penalmente como qualquer outro cidadão, a despeito de serem membros do clero ou militantes de movimentos católicos. Após observar os dois pareceres, o ministro da Justiça, Alfredo Buzaid, optou pelo arquivamento do processo.[40]

A assessoria jurídica fazia parte da estrutura do Ministério da Justiça, e o fato de a DSI dessa pasta pedir auxílio constantemente a esse departamento se devia às especificidades desse órgão de informações instalado no próprio ministério. Então, como eram duas instâncias distintas, é interessante notar como muitas vezes os pareceres dos consultores, que eram advogados, divergiam das opiniões da comunidade de informações, frequentemente marcadas pelo exagero, como ocorre no exemplo citado anteriormente. No caso relatado, ainda que eles discordassem do enquadramento legal do Ibrades, não deixaram de ressaltar a importância do trabalho dos analistas, ao sugerir que permanecessem observando as entidades católicas e os seus líderes.

A preocupação não era vã. As atividades daqueles bispos que discordavam dos rumos políticos que o país ia tomando continuavam a ganhar força no Brasil e no exterior. Em 1972, dom Paulo Evaristo Arns apareceu pela primeira vez nos relatórios da comunidade de informações. O CI/DPF anotou que o *Le Monde* do dia 2 de junho publicou um protesto do arcebispo de São Paulo, que reclamava de não ter sido autorizado a visitar presos políticos. A mesma edição falava da intervenção de dom Aloísio Lorscheider junto às autoridades brasileiras em favor do padre francês François Jentel, ameaçado de expulsão por defender pequenos proprietários rurais.[41] Alguns meses depois, o jornal veicularia uma matéria, devidamente arquivada e traduzida pelo órgão de informação, intitulada "A Conferência Nacional dos Bispos do Brasil reclama o respeito aos direitos do homem".[42] Tratava-se do documento "Teologia e prática da dimensão comunitária da Igreja particular", lançado pela CNBB em sua XIII Assembleia Geral.

Naquele mesmo ano, outro bispo começou a chamar a atenção dos órgãos de informações. Em julho, dom Cândido Padin, bispo de Bauru (SP), compareceu a um evento denominado Jornadas de Fé Cristã, realizado na cidade de Escorial, na Espanha, para apresentar o trabalho "La transformación humana del tercer mundo, exigencia de la conversión". O encontro tinha a participação de diversos países; no entanto, dom Cândido era o único representante da América Latina. A Agência Central do SNI (AC/SNI), responsável pela informação, acrescentou ao processo vários recortes de jornais com declarações do bispo e afirmava que ele vinha fazendo diversas intervenções a favor do "clero progressista" e também contra o governo brasileiro. O órgão cita os comentários de um dos organizadores do evento, o padre Juan Carmelo García, publicados na revista espanhola *Nueva Fuerza*, e veiculados no Brasil pelo jornal *O Estado de S.Paulo* no dia 12 de agosto de 1972, em que este criticava os sacerdotes latino-americanos por suas atividades "subversivas e incompatíveis com a missão espiritual". O SNI registrou ainda que, em 1970, em conferência proferida no Estado-Maior do Exército, dom Geraldo Sigaud havia assegurado que dom Cândido não aceitaria qualquer solução econômica ou social fundamentada no sistema capitalista, e ainda que defendia "a derrubada dos governos pela força, admitindo ação subversiva e terrorismo [...] e a implantação marxista".[43]

Dom Cândido nasceu em 1915, com o nome de Rubens Padin, na cidade de São Carlos (SP). Era monge beneditino e seu primeiro posto como bispo foi como auxiliar de dom Jaime Câmara no Rio de Janeiro a partir de 1962. Oito anos depois, foi nomeado bispo diocesano de Bauru (SP), após passar quatro anos em Lorena, no mesmo estado. Suas atividades sempre estiveram muito próximas do campo educacional. Ele foi, por exemplo, um dos fundadores da JUC, e também da seção bauruense da CJP. Foi um dos primeiros a criticar publicamente a Lei de Segurança Nacional e, ainda, um dos bispos que agiram criticamente com relação ao governo brasileiro, ao denunciar as arbitrariedades do regime no exterior.

Como vimos em diversos exemplos, a imprensa estrangeira sempre funcionou como um meio muito eficaz de divulgar as críticas dos bispos contra o governo. Já as relações destes com a imprensa nacional eram mais complexas, dado que o regime tinha em suas mãos o instrumento da censura.

Um dos primeiros pedidos da comunidade de informações para que um tema relacionado ao episcopado fosse censurado ocorreu em 1970. Após analisar a matéria "Hélder: eu não me calarei", veiculada no jornal *O Estado de S.Paulo*, na qual, segundo os analistas, dom Hélder fez um "pronunciamento altamente impróprio" — no mesmo período em que houve a prisão e a soltura do embaixador alemão Von Holleben pelos grupos armados —, o Cenimar pediu que notícias dessa natureza não fossem mais divulgadas.[44]

Ao final daquele ano, a ordem era não mais publicar nenhuma menção ao nome de dom Hélder, ainda que fossem críticas à sua atuação. Isso ocorreu, por exemplo, quando, em outubro de 1970, a organização conservadora TFP (Tradição, Família e Propriedade) enviou carta aberta a dom Eugênio Sales sobre a atuação de dom Hélder. Naquele episódio, de acordo com o Cenimar, os "órgãos de imprensa se recusaram a publicar o texto da referida carta, uma vez que havia recomendação expressa de autoridades federais para que a imprensa não publicasse notícias a favor ou contra o epigrafado".[45]

Nesses exemplos citados, assim como em outros que veremos, é possível perceber as articulações entre as diferentes instâncias da repressão. E mais, as distinções entre elas, cujas posições não coincidiam inteiramente, sendo visível um esforço de convivência e adequação de discursos, como se viu no episódio com a assessoria jurídica do Ministério da Justiça. Portanto, assim como acontecia nas relações entre a comunidade de informações e a assessoria jurídica, as teses mobilizadas por aquela e as dos órgãos de censura eram bastante diferentes, e não raro havia conflito entre as duas instâncias. Como bem esclareceu Douglas Marcelino, referindo-se à censura:

> [...] a percepção dessas diferenças esclarece mais do que o funcionamento da censura, elucidando, num plano mais geral, a multiplicidade e heterogeneidade dos diversos segmentos que compunham não apenas os setores estritamente repressivos da ditadura militar, mas também os escalões burocráticos que configuravam um jogo complexo [...].[46]

Apesar das diversas limitações impostas pela censura, a imprensa brasileira continuou a ser um importante meio de divulgação do posicionamento dos bispos. Contudo, nem todos os membros do episcopado brasileiro se utilizavam dela para se opor ao governo. Em maio de 1970, por exemplo, o CI/DPF registrou que dom Agnelo Rossi declarara ao jornal *O Globo* que, ao contrário do que dom Hélder vinha propagando, não havia tortura de presos políticos no Brasil. Essa declaração de dom Agnelo foi reproduzida pela revista chilena *Mensaje*.[47] Ainda assim, são raros no acervo dos órgãos de informações os dados sobre bispos que apoiavam abertamente o governo.

Dom Geraldo Sigaud era um bispo que sempre buscava estar próximo dos militares. Segundo o CI/DPF, no início de 1971, ele voltou a fazer uma conferência no Estado-Maior do Exército, direcionada aos oficiais-generais, comandantes de unidades e oficiais superiores ligados ao setor de informações, na qual buscou analisar o comportamento dos religiosos empenhados no combate ao "governo da revolução". Dom Geraldo denunciou os principais líderes católicos que, segundo ele, estavam lutando pela derrubada da ordem estabelecida e pela implantação do marxismo, entre os quais dom Hélder, dom Waldyr Calheiros, dom David Picão, dom Cândido Padin e dom Antônio Fragoso. E, por fim, recomendou uma ação enérgica do governo, e do papa Paulo VI contra as ações desses bispos "inimigos da Igreja de Cristo e dos governos soberanos e democratas".[48] Deve-se notar que, a despeito do conhecido conservadorismo de Geraldo Sigaud, não deixa de ser chocante que ele recomendasse ao governo a repressão de outros bispos.

Outro aspecto importante das atividades episcopais que era seguido de perto pela comunidade de informações era a publicação de documentos religiosos. Os textos resultantes dos encontros católicos sempre foram vistos como importantes fontes de informações sobre o estado da Igreja na ocasião, e também como indícios dos rumos que a instituição pretendia tomar. O documento "Eu ouvi os clamores do meu povo", assinado por 13 bispos e superiores religiosos do Nordeste, em 1973, foi o mais radical publicado até então. Fazia críticas violentas ao regime, ao acusar as políticas governamentais de privar o povo de seus direitos. Assim, foi proibido pela censura de ser divulgado na imprensa brasileira. Para o incômodo do CI/DPF, a imprensa estrangeira divulgou o documento, enfatizando as críticas direcionadas ao "milagre econômico", que teriam agravado o problema da injustiça social no país.[49]

A intensificação das ações dos órgãos de segurança contra o clero levou dom Hélder a divulgar, em agosto de 1973, um boletim diocesano criticando a Polícia Federal, o Dops de Pernambuco e o IV Exército. A partir da observação do CI/DPF, esses órgãos eram acusados pelo bispo de irregularidade por terem agido arbitrariamente contra os religiosos. No entanto, o caso teria se tornado mais grave pelo fato de o documento ter chegado às mãos de um representante do Vaticano que se encontrava no Recife naquele momento.[50]

Até aqui, nota-se que a suposta "contaminação" do clero por "ideias comunistas" ainda não era vista pelos órgãos de informações como um problema generalizado. A partir de 1974, porém, com o início do governo Geisel e a sua proposta de uma lenta e segura "abertura política", a situação foi se modificando. A percepção da comunidade de informações era de que a CNBB estava cada vez mais envolvida com a oposição à "ordem estabelecida". Para os analistas, a questão dos direitos humanos e, logo, o envolvimento da entidade com os presos políticos, além da defesa da justiça social, eram evidências de que o comunismo crescia no seio da Igreja e de que os bispos "progressistas" eram os principais responsáveis por fortalecer essa ideologia. Eles sempre viam nas atividades dessa ala do episcopado relações com a "subversão".

Foi o caso das Campanhas da Fraternidade, organizadas anualmente pela CNBB e muito esperadas pela comunidade de informações. Em 1974, o tema seria "Onde está o teu irmão". O evento faria parte da programação do Comitê de Defesa aos Presos Políticos, cuja ideia de criação, segundo os analistas, era de dom Cândido Padin, com a aprovação de dom Paulo Arns.* Ao avaliar o cartaz preparado para a divulgação do evento, o CIE afirmou que, apesar de não conter nada de "anormal" — mostrava simplesmente a imagem de uma pessoa —, seria acrescentado depois o desenho de uma grade de prisão, como forma de provocação direta ao governo. Depois seria distribuído por faculdades, onde estariam "estudantes de curso superior agregados a determinados centros cursilhistas de orientação esquerdista".[51] Toda essa articulação estaria sendo feita pela CNBB, com o auxílio de suas regionais.

Todavia, os posicionamentos dos bispos com relação aos governantes nem sempre eram de contestação, pois havia ocasiões em que ocorriam movimentos de reaproximação. A percepção desse dinamismo é essencial para que se perceba a sutileza das relações entre Igreja e Estado naquele período, que em nenhum momento se reduziram à simples oposição entre um "governo repressor" e uma "Igreja combativa".

Em março de 1974, a DSI/MJ analisou uma notícia publicada havia poucos dias no jornal *O Estado de S.Paulo*, extraída, por sua vez, de uma entrevista de dom Paulo Arns a uma agência da imprensa internacional. O bispo afirmava ver sinais de que, no governo que se iniciava, havia grandes chances de melhoria nas relações entre Igreja

---

*O Comitê de Defesa dos Presos Políticos foi criado pelo movimento estudantil da USP, com o auxílio dos advogados e familiares dos presos. Ver Alessandra Ciambarella (2002, p. 4).

e Estado. Assegurava ainda que a Igreja estaria aberta ao diálogo, mas criticou indiretamente o trabalho dos órgãos de informações quando declarou que as autoridades deveriam buscar "fontes de informações mais confiáveis" a respeito das atividades dos religiosos. Ao mesmo tempo, condenou o fechamento da emissora de rádio católica Nove de Julho, que desde 30 de setembro do ano anterior fora impedida de funcionar por meio de um decreto, o que teria, segundo ele, "acarretado muitos prejuízos para a Igreja". Alertou ainda para a importância da liberdade de comunicação para que as relações com o Estado fossem consideradas satisfatórias.[52]

Já o Congresso Eucarístico Nacional, que se realizaria em julho de 1975 na cidade de Manaus, "não inspiraria maiores cuidados por parte das autoridades de segurança", se "não fora a Igreja uma área tão sensível, seriamente atingida em alguns setores pelos chamados 'progressistas'". No ano de 1974, segundo o CI/DPF, já havia sido confirmado o informe de que vários bispos, entre eles dom Hélder Câmara, dom José Maria Pires, dom Pedro Maria Casaldáliga, dom Ivo Lorscheiter, dom Antônio Fragoso, dom Cândido Padin e dom Tomás Balduíno, compareceriam à reunião. Além disso, estariam ali presentes inúmeros representantes da imprensa nacional e estrangeira, havendo, portanto, "como acontece nessas efemérides, [...] uma ampla cobertura das solenidades pelos meios de comunicação social". Em consequência, o diretor-geral do Departamento de Polícia Federal, Moacyr Coelho, solicitou o acompanhamento do evento por censores, para evitar que "declarações contundentes contra o governo ou ofensas a autoridades" fossem publicadas. A menção ao nome de dom Hélder ainda constava da "relação de assuntos proibidos para a divulgação na imprensa", mas Moacyr Coelho não viu razão para impor a censura prévia ou a reiteração de proibições censórias, já que a maior parte da imprensa vinha adotando "um comportamento razoavelmente equilibrado, sem arrojos contestatórios, ou manifestações antagônicas tendenciosas e alarmistas" a esse respeito.[53]

O relacionamento com a censura era prática comum da comunidade de informações. São inúmeros os casos presentes em seus relatórios em que mencionam a ação do Departamento da Polícia Federal na proibição de matérias na imprensa sobre o envolvimento da Igreja em questões políticas. Isso comprova a comunicação entre as diferentes esferas da repressão, embora cada uma tivesse sua própria lógica de funcionamento. Afinal, era parte do trabalho dos analistas de informações recomendar as medidas mais adequadas para cada caso que investigavam, inclusive a censura.

Justamente por todas as limitações que os órgãos repressivos tentavam impor a todas as atividades que consideravam contestatórias, a CNBB acabou se consolidando como um dos únicos canais ao qual era possível recorrer com alguma liberdade para se opor ao Estado autoritário. Conforme registrou a DSI/MJ, pouco antes do Natal de 1974, familiares de presos políticos do estado de São Paulo enviaram uma extensa carta aos "pastores da CNBB", na qual pediam que intercedessem junto às autoridades para solicitar a concessão de anistia para os crimes de que seus parentes eram acusados. Citavam, inicialmente, o documento publicado pela CNBB no ano anterior, na ocasião da comemoração do 25º aniversário da Declaração Universal dos Direitos Humanos, no qual os bispos se comprometiam a "não apenas defendê-los, mas acima de tudo promovê-los por todas as formas possíveis". Em seguida, relatavam os momentos de dificuldade por que estariam passando não apenas os presos, mas também eles próprios. Lembravam ainda os que tiveram seus familiares barbaramente assassinados e, muitas vezes, desaparecidos. E, por fim, faziam um apelo à Conferência, dizendo confiar no desejo sincero dos bispos de defender a dignidade humana, por serem aqueles que poderiam "levantar [...] um brado pela *anistia incondicional e irrestrita* a todos os presos e perseguidos políticos do Brasil".[54] Trata-se, como se vê, de reflexos da campanha pela anistia, cujas primeiras manifestações ocorreram em 1975, durante o governo Geisel, quando foi criado o Movimento Feminino pela Anistia.

No início de 1975, o secretário-geral da CNBB, dom Ivo Lorscheiter, encaminhou a carta ao presidente Geisel. Poucos dias depois, o ministro-chefe do Gabinete Civil, Golbery do Couto e Silva, solicitou ao ministro da Justiça que fizesse suas considerações sobre o pedido de anistia. O subchefe do gabinete do ministro respondeu que, de acordo com a Constituição Federal, a concessão desse tipo de benesse era de responsabilidade exclusiva do presidente da República. No entanto, o processo é acompanhado do resultado de uma investigação apresentada pelo diretor-geral do DPF, Moacyr Coelho, ao ministro da Justiça, Armando Falcão, da qual consta uma ampla relação dos "elementos implicados em processos por prática de crimes contra a Segurança Nacional" e a situação em que se encontravam naquele momento em diversos estados brasileiros. Não há, na documentação, registro algum sobre o desenrolar desse caso.

De acordo com a DSI/MJ, ainda naquele ano de 1975, as mães dos detentos por crimes contra a Lei de Segurança Nacional que estavam no presídio da Ilha Grande enviaram um pedido ao governador do estado do Rio de Janeiro, Floriano Peixoto Faria Lima, por intermédio do Ministério da Justiça, para que seus filhos fossem transferidos daquele lugar. A principal justificativa era que aquela casa prisional não oferecia condições "gerais e humanas" para abrigar qualquer indivíduo, e citavam como exemplo a falta de assistência médica. Além disso, os presos políticos eram obrigados a conviver com os presos comuns, "de índole e caráter contrastantes". Junto à carta estava um pedido de dom Paulo, solicitando a transferência daquelas pessoas para um presídio civil e, também, um documento semelhante produzido pela Assembleia Legislativa do Estado do Rio de Janeiro, ambos dirigidos ao ministro Armando Falcão, que encaminha essas solicitações ao governador daquele estado.[55] Mais uma vez se observa como o endosso de uma autoridade religiosa era visto por aqueles que tinham alguma reivindicação a fazer ao Estado como uma importante garantia para um possível desfecho bem-sucedido.

Além da Igreja, todas as instituições que, de alguma forma, contestavam o governo eram tidas pela comunidade de informações como "ligadas ao esquema comunista". Havia recomendações expressas ao SNI para que as organizações de classe "infiltradas" pela esquerda fossem mantidas sob vigilância constante. Entidades como a OAB, a ABI e a própria CNBB eram acusadas de pretender promover a "agitação social". Também o partido de oposição era posto sob suspeição: no caso do MDB, o desafio principal estaria na ala jovem, que exercia forte pressão sobre os membros moderados e abrigaria muitos "elementos condenados pela Lei de Segurança Nacional em liberdade". Para a comunidade de informações, o partido de oposição estava "dominado pelo Partido Comunista", e por isso tinha virado o porta-voz de suas teses. Outro grave problema estaria nos meios de comunicação de massa, já que funcionariam, segundo os espiões, como o principal canal de expansão e sobrevivência do comunismo. Para facilitar seu combate, o SNI havia elaborado um documento que enumerava os principais temas e diretrizes utilizados pela imprensa em suas publicações, tais como "criminalidade e violência policial, direitos humanos e presos políticos, poder paralelo e hierarquia paralela, associação com os termos quartel, prisão e necrotério, evolução artístico-cultural e promoção de elementos ligados à esquerda etc.".[56]

Outro bispo que esteve na mira dos órgãos de informações foi o mineiro dom José Maria Pires, também conhecido como dom Pelé. Nascido em 1919, em uma das regiões mais pobres de Minas Gerais, o vale do Jequitinhonha, ele não se surpreendeu muito com a miséria nordestina. Dom José Maria ordenou-se bispo em setembro de 1957 e foi exercer suas atividades na cidade de Araçuaí, em Minas Gerais. No entanto, foi como arcebispo de João Pessoa, na Paraíba (1966-95), para onde foi levado por dom Hélder, que alcançou maior projeção. Ele começou a fazer críticas aos militares pouco depois do golpe, porém, surpreendentemente, naquele primeiro momento não chamou a atenção da comunidade de informações. Dom José era bastante crítico à aproximação conciliatória dos bispos com o regime através da Bipartite.[57]

Em 1976, o DPF enviou ao ministro da Justiça o prontuário de dom José Maria, que descrevia e analisava minuciosamente suas atividades políticas desde 1968. O processo é acompanhado por alguns recortes de jornais contendo declarações do bispo à imprensa, além de trechos de uma carta pastoral em que estaria utilizando "passagens bíblicas para, de maneira malévola, procurar a subversão da incauta massa". A finalidade dessas informações era prover o titular daquela pasta dos subsídios necessários para justificar o "enquadramento do bispo como infrator da Lei de Segurança Nacional", já que, segundo a lei, era aquele ministro que tinha a prerrogativa para decidir sobre tal tipo de acusação. Nesse sentido, a DSI/MJ havia chegado a sugerir que se solicitasse a interveniência do núncio apostólico para que cessassem as atividades contestatórias do bispo. Entre elas, segundo a DSI, estaria o uso que ele vinha fazendo das missas e de outras cerimônias religiosas para "desmoralizar o governo" diante dos fiéis, com o intuito "de levantar os trabalhadores contra as autoridades".

Além disso, dom José Maria estaria usando o Centro de Defesa dos Direitos Humanos da Arquidiocese da Paraíba para divulgar publicações de caráter "subversivo", como, por exemplo, o folheto *Você conhece os seus direitos?*. Tal publicação, segundo a DSI, convidava o leitor "a assumir uma atitude de resistência ou oposição aos fatos deturpadamente apontados como responsabilidade das injustas estruturas governamentais". As críticas do folheto, que usariam "chavões próprios do comunismo", direcionavam-se aos mais variados temas:

> [...] propriedade privada, política salarial, ao preconceito racial, a igualdade de direitos, a injustiças sociais, ao abuso das autoridades, ao direito de reunião, a violências policiais, direitos dos trabalhadores, direitos humanos violados, censura oficial, exploração do pobre pelo rico, escravização do trabalhador numa civilização em que o

dinheiro vale mais do que o trabalho, luta pela justiça e por uma
vida humana e mais digna, os injustiçados, os oprimidos, os sem
vez, que em nosso meio são legião, anistia para presos políticos e
supressão do AI-5, omissão do governo na prestação de assistência à
saúde, ao ensino, aos pobres e enfermos, eliminação dos estudantes
universitários no debate político etc.[58]

Não eram necessárias mais razões para justificar a detida observação
de dom José Maria pela comunidade de informações. Os analistas viam
com muita apreensão a atuação do bispo no que chamavam, em sua
linguagem pretensamente rebuscada, de "campo psicossocial". Ele estava
envolvido com a fundação de grupos de reflexão em zonas suburbanas,
onde tentava reunir representantes dos estudantes, operários e camponeses. De acordo com a comunidade de informações, o objetivo de dom
José Maria era "incitar a contestação e a agitação social". Por tudo isso,
o bispo foi por diversas vezes comparado a dom Hélder.

Fica claro que era muito inquietante, tanto para os órgãos de informações quanto para as demais autoridades governamentais, perceber
os inúmeros obstáculos que os impediam de agir contra os bispos assim
como faziam com os outros opositores do regime. Eles podiam muito
pouco contra os religiosos, abrigados nas estruturas da Igreja para protestar contra a ditadura. Mesmo considerando que seria possível usar a
Lei de Segurança Nacional contra dom José Maria no caso em pauta,
o assessor jurídico do ministério reforçava "as conotações do caso e os
reflexos que uma medida dessa ordem acarretaria no quadro e momento
político que vivemos".[59] O funcionário se referia ao contexto da "abertura
política", durante o qual uma tentativa de enquadrar um bispo na Lei de
Segurança Nacional teria diversas repercussões negativas. Além disso,
deve-se notar igualmente que o simbolismo da estrutura eclesiástica
também impedia que os anseios punitivos dos órgãos da repressão e
dos membros mais exaltados do governo se efetivassem.

Se até aquele momento a comunidade de informações estivera bem atenta às incursões que um ou outro bispo fazia no exterior, denunciando a tortura e os problemas socioeconômicos brasileiros, em 1976 surgiu um novo motivo de preocupação. Pela primeira vez, a CNBB, como instituição representativa do episcopado do país, resolveu criar um fórum internacional sistemático, com o objetivo tanto de denunciar a repressão em todo o mundo como de realizar estudos sobre as causas estruturais das injustiças sociais: as Jornadas Internacionais sobre os Direitos Humanos.* A ideia de criação dessas jornadas teria sido derivada de um projeto intitulado "Tribunais Eclesiásticos", apresentado por dom Cândido Padin e aprovado pela CNBB em 1973. Segundo o discurso da Conferência, era o seu papel ajudar os homens a "tomar consciência dos seus deveres comunitários à luz do Evangelho".

Na mesma oportunidade, os analistas do CIE também registraram a viagem a Paris de dom Ivo Lorscheiter, que ocupava o posto de secretário-geral da CNBB, para estabelecer contato com o Comitê Católico contra a Fome e pelo Desenvolvimento — órgão da Conferência Episcopal Francesa —, a fim de divulgar a criação das jornadas. E concluíram:

> Considerados os modos de atuação da cúpula esquerdista da CNBB, torna-se lícito assinalar seu propósito de burlar, sob a máscara de reuniões do clero, recente e pública decisão presidencial no sentido de não permitir a intromissão de estrangeiros no debate de questões relativas aos direitos humanos, em território nacional.[60]

No entanto, ressaltam que esse projeto não teria o apoio de alguns setores da Igreja "por motivos financeiros e ideológicos".

Todavia, as atividades da espionagem não se limitavam a investigar e colher informações sobre suas vítimas. Muitas vezes as avaliações

---

*Essas jornadas só foram efetivamente criadas em 1978, sob o nome de "Jornadas Internacionais para uma Sociedade Livre de Dominações", como se verá em outro momento deste capítulo.

dão indicações expressas para que determinadas medidas fossem tomadas. Em 1977, a Embaixada do Brasil em Londres comunicou à DSI
do Ministério das Relações Exteriores que o canal de televisão BBC
havia transmitido, no dia 17 de julho daquele ano, o documentário
A People's Archbishop, produção suíça sobre dom Hélder Câmara. O
filme fazia um panorama das atividades do bispo: seus contatos com
habitantes de favelas do Recife, o apoio a universitários, as palestras
na Europa etc. Havia ainda uma declaração de dom Hélder em que
dizia acreditar na "violência dos pacíficos, baseada na verdade e na
coragem". E, por fim, assinalava-se que os comentários sobre ele eram
proibidos na imprensa brasileira. No entanto, também faziam parte
da produção depoimentos de dois de seus críticos. Gustavo Corção,
escritor católico com ideias bastante conservadoras, afirmou que dom
Hélder tinha um falso amor pelos pobres; e o advogado Júlio Fleish-
man chegou à conclusão de que o bispo estava sendo "manipulado
pelas organizações comunistas internacionais".[61]

Por todos os transtornos causados pelas viagens de dom Hélder ao
exterior, a DSI/MRE sugeriu que se impedisse a dispensa das obriga-
ções legais para que ele saísse do país, o que era permitido desde que
estivesse no exercício de funções religiosas. Tal benefício era garantido
pelo decreto nº 77.745 de 1976, que versava sobre a emissão, prorrogação
e emissão de vistos:

> Art. 1º Ficam dispensadas da condição estabelecida no Decreto-lei nº
> 1.470, de 4 de junho de 1976, a emissão e prorrogação de passaporte
> comum, e a concessão em passaporte de visto policial de saída, em
> relação às seguintes pessoas:
> [...]
> III — padres, frades, pastores, rabinos e outros eclesiásticos, no
> exercício de suas funções, comprovado por declaração da organiza-
> ção religiosa a que pertençam, desde que esta tenha existência legal,
> ouvido o Ministério da Justiça.[62]

A Marcha da Família com Deus pela Liberdade, em São Paulo, foi uma resposta ao Comício da Central do Brasil realizado por João Goulart no dia 13 daquele mesmo mês. (19.3.1964)

Dom Carlos Carmelo Motta tentou, sem sucesso, desencorajar as Marchas da Família com Deus pela Liberdade em São Paulo. Esta imagem, feita às vésperas do golpe, ao lado de dom Hélder Câmara e do presidente deposto, João Goulart, ficaria muito conhecida ao circular pela imprensa brasileira. (24.3.1964)

Membros da CNBB visitam o presidente Castelo Branco
no mês seguinte ao golpe. (30.5.1964)

Ernesto Geisel e Golbery do Couto e Silva em seu gabinete.
(Entre 15.4.1964 e 15.3.1967)

Dom Eugênio Sales em encontro com o presidente Emílio Garrastazu Médici.

Dom Waldyr Calheiros, responsável pela denúncia que resultou no primeiro e único episódio de condenação de torturadores ao longo de toda a ditadura. (16.2.1968)

Exército cerca e invade casa de bispo à cata de subversão

A população de Volta Redonda está solidária com o Bispo da Cidade, D. Waldir Calheiros, que na zona-feita assistiu impotente à invasão do Palácio Episcopal por militares do I Batalhão de Infantaria Blindada, que cercaram e vasculharam o prédio à procura de material subversivo, com o falsificado de que encontrariam o subversivo.

D. Waldir confirmou a êsse da *JORNAL DO BRASIL*, disse que tudo comeςou com a denúncia de Kinmil do Departamento Catequético Diocesano e de quatro rapazes. — Depois que os militares cercaram e passaram e não encontraram nada que me implicasse, o Comandante de Batalhão, Coronel Armínio Pereira, me pediu uma audiência. — disse.

OS FATOS

O Bispo de Volta Redonda historiou outros dados os acontecimentos: foi detido pelo I BIB, sediado em Barra Mansa, a Kinmil do Departamento Catequético Diocesano, com quatro rapazes que estavam distribuindo panfletos na madrugada de domingo, do 5, em Volta Redonda.

...

Previsão para hoje é de chuvas

Chuvas intermitentes e deslizar de temperatura estão previstas para hoje, pelo Serviço de Metereologia, devido a ação de uma frente fria, semi-estacionária, que se estende entre, formando um arco, do Mato Grosso ao Estado do Rio, passando por Paraná e Santa Catarina onde se desenvolve essa frente quente. Também no estado Santos da frente estão previstas patrondas de chuvas e trovoadas, mas é junto ao litoral que as precipitações poderão se tornar mais intensas, em conseqüência da circulação marítima. A máxima de ontem no Rio foi 30,4, no Engenho de Dentro, e a mínima, 21,3, no Alto da Boa Vista.

Combate à contravenção é planejado

O combate à contravenção no Estado, que agora será feito pelas Secretarias de Segurança e Justiça, não constitui novidade senão a sua execução...

Alunos vêem manobra com excedentes

...

Paulistas nada têm contra INC

São Paulo (Sucursal) — Os parlamentos de cinema de São Paulo devem, tiram, em...

Reportagem: "Exército cerca e invade casa de bispo à cata de subversão." Episódio denunciado pelo próprio dom Waldyr Calheiros à Comissão Central da CNBB, o que motivaria as primeiras denúncias por parte de determinados bispos contra as arbitrariedades de alguns setores militares. (14.7.1967)

Arquivo Nacional

Dom Agnelo Rossi em encontro com o papa Paulo VI. (1969) Dom Agnelo recusou uma condecoração militar como forma de protesto ao regime, mas se opôs à campanha.

Missa celebrada em São Paulo por dom Aloísio Lorscheider e dom Paulo Evaristo Arns em comemoração ao Sesquicentenário da Independência do Brasil, episódio que exerceu um importante papel de legitimação do regime por parte da Igreja. (2.9.1972)

Agência O Globo

Arquivo Nacional

Reunião da CNBB com dom Aloísio Lorscheider, presidente, dom Ivo Lorscheiter, secretário-geral, e dom Avelar Brandão Vilela, arcebispo de Salvador. (1.1972)

Arquivo Nacional

Secretário-geral da CNBB (1971-1979), dom Ivo Lorscheiter sempre foi muito direto quando se pronunciava contra os militares, e suas ideias não eram bem recebidas nem pelo Exército, nem por alguns bispos mais conservadores.

CPDOC/FGV

Dom Aloísio Lorscheider, presidente da CNBB, em encontro com o presidente Ernesto Geisel em Brasília. (26.2.1975)

Agência O Globo

Carro do bispo de Nova Iguaçu, dom Adriano Hipólito, usado por seus sequestradores, explode no bairro da Glória, no Rio de Janeiro. (23.9.1976)

Dom Vicente Scherer era um bispo reconhecidamente conservador e famoso por suas posições anticomunistas. No entanto, em algumas ocasiões saiu em defesa de dom Hélder Câmara, condenando publicamente o ataque à autoridade da Igreja e à sua autonomia.

Dom Geraldo Sigaud, bispo ultraconservador, ficou muito conhecido por suas denúncias contra aqueles que ele supunha terem sido influenciados pelo comunismo, incluindo outros membros do episcopado. (9.2.1964)

Dom Hélder Câmara foi o bispo que mais motivou a produção de informações. Suas atividades no exterior causavam extrema preocupação à espionagem, que buscava mantê-lo sob vigilância constante.

Dom Pedro Casaldáliga, bispo de São Félix (MT) na missa do padre João Bosco Penido Burnier, assassinado por um policial militar. Publicada na revista *Veja,* edição 466, em 10.8.1977.

Manuel Pires/Folhapress

O arcebispo de São Paulo, cardeal dom Paulo Evaristo Arns (segundo da esq. para a dir.), e o presidente dos EUA, Jimmy Carter (centro), na base aérea do Galeão, no Rio de Janeiro. (31.3.1978). Na ocasião, dom Paulo entregou a Carter uma lista de desaparecidos políticos elaborada pela Anistia Internacional.

Agência O Globo

Dom José Maria Pires, o dom Pelé, bispo que sofreu inúmeras tentativas de ser enquadrado na Lei de Segurança Nacional pela espionagem. (5.2.1980)

DSI/MJ 24
25

CONFIDENCIAL

Em *12* MAI 69

INFORMAÇÃO N.º *1117* S/102-CIE

2433 /66

1. ASSUNTO .... Declarações de D.HÉLDER CÂMARA
2. ORIGEM .... CIE
3. DIFUSÃO .... SNI/ARJ - DSI/MJ - SG/CSN - IV Ex
4. ANEXO: .... 3 cópias em XEROX.

    Anexo, como Informação, é difundida uma série de pronunciamentos do Arcebispo HÉLDER CÂMARA, feitos na INGLATERRA (recortes nº 1, 2 e 4) e no CHILE (recorte nº3), transcritos na imprensa do EQUADOR.

    A simples leitura dessas declarações atribuídas a D. HÉLDER, pode-se inferir o conteúdo extremamente subversivo de que estão impregnadas, a falsa conceituação que êle faz das nossas Fôrças Armadas e, sobretudo, uma linguagem diferente da que costuma usar aqui no BRASIL, deixando transparecer, claramente, suas tendências marxistas.

-o-

CONFIDENCIAL

354

Documento do CIE no qual se nota a preocupação da espionagem com a atuação de dom Hélder Câmara no exterior e com os prejuízos que seus pronunciamentos à imprensa estrangeira poderiam causar às Forças Armadas. (12.5.1969) (Ref. nota 7, cap.3)

MINISTÉRIO DA MARINHA
COMANDO DO 3º DISN.
ÓRGÃO SUPERIOR

ÓRGÃO

INFORME/INFORMAÇÃO/REBUSCA

AVALIAÇÃO
| CONFIANÇA | x |
| VERACIDADE | x |

ÍNDICE DE CLASSIFICAÇÃO
(preenchido pelo recebedor)

GRAU DE SIGILO — CONFIDENCIAL

Data 27 / 02 / 19 70 N.º 051

Origem 2ª ZA.

Referência -X-X-X-

Disseminação CENIMAR - Gpto.FN/Re - ARQUI-VO (2).

Disseminação Anterior NSISA RJ/BR - IV-EX - 3º DN - DPF/PE - SNI/ABE - SSP/PE

PARA ADIDOS — País de origem -X-X-X- País/área a que se refere -X-X-X-

1. De fonte altamente credenciada e idônea, esta Divisão, colheu alguns significativos pormenores sôbre uma palpitante entrevista levada a nu meroso público da Holanda, através um programa de TV que tem um índice de 50% dos telespectadores daquele país.

2. Segundo nosso informante, o Bispo D. Hélder Câmara, pintou, em côres dramáticas, a atual situação do Brasil, tecendo comentários desairosos com respeito ao nosso país, teatralizando e descendo a detalhes enriquecidos pela sua imaginação fértil e maldosa, quando procurou descre ver um suposto "clima de terror" implantado no Brasil e dirigido contra padres, freiras e estudantes. Sua entrevista à TV Holanda foi um verdadeiro "Show" a milhares de telespectadores estupefados ante aque las gravíssimas acusações feitas por um Bispo brasileiro, conhecedor portanto, dos problemas das ovelhas de seu rebanho.

3. Ao que tudo indica a sua entrevista na TV holandesa, obedeceu à mesma linha observada na entrevista da revista "TIME", com a vantagem de ha ver oferecido ao numeroso auditório que o ouvia e o via, a excelência de sua dialética maquiavélica e dos gestos demagógicos que têm servido para iludir a tantos ingênuos e incautos, embora desservindo e negando o país ao qual deveria engrandecer SEMPRE, aqui e no exterior.

4. Porém o efeito maior da entrevista do Bispo D. Hélder estava reservada para o fim, evidentemente para fechá-la com "Chave de Ouro", num impacto destinado a causar um auspicioso resultado, um "happy end" aos telespectadores. A entrevista foi encerrada com as declarações do Bispo D. Hélder Câmara de que o terror e a violência no Brasil haviam chegado a tal ponto que a própria propaganda comercial, publicamente, atestava o alto gabarito de alguns produtos que "HAVIAM CONSEGUIDO RE SISTIR AS CÂMARAS DE TORTURA" e como PROVA (%), êle apresentava um "slide" aos telespectadores, um simples anúncio comercial, procedente do Brasil, referente à TV-Philips onde era exibido um aparelho de te-

CONFIDENCIAL
GRAU DE SIGILO

Esta informação apresenta, em um tom alarmista, o tema recorrente da atuação de bispos em países estrangeiros. Foi produzida pelo Cenimar, órgão que, segundo consta, reuniu o maior acervo de documentos sobre a atuação dos grupos de esquerda. (27.2.1970) (Ref. nota 19, cap. 3 – documento com duas páginas)

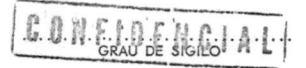

DA MARINHA

ÓRGÃO SUPERIOR

ÓRGÃO

INFORME/INFORMAÇÃO/PED. BUSCA

AVALIAÇÃO
CONFIANÇA
VERACIDADE

ÍNDICE DE CLASSIFICAÇÃO
(preenchido pelo recebedor)

Data....../....../19....... N.º..........

Origem ....

Referência ....

Disseminação ....

....

....

....

Disseminação Anterior ....

PARA ADIDOS — País de origem .... • País/área a que se refere ....

(Continuação da Informação nº 051 de 27/02/1970, do Comando do 3º DisN.)
= =

levisão desta indústria, aparecendo ainda ao lado um rebenque de cou-
ro trançado, tudo encimado na frase: "NA CÂMARA DE TORTURAS O TV-PHI-
LIPS 550 RESISTIU A TUDO".

Evidentemente que, após haver desenvolvido longo tempo, a entrevista
ardilosamente montada, em tôrno do tema "TERROR e TORTURA no BRASIL",
fustigando os telespectadores com um quadro de situação imaginativo,
porém bastante contundente e fantástico, o Bispo D. Hélder Câmara, im
pregnou aos que o viam e o ouviam, de forma maciça como que orientado
por mestres da propaganda subliminar, de uma imagem muito ao seu gos-
to, daquilo que acabara de transmitir aos telespectadores da Holanda,
atingindo em cheio aos seus objetivos daquele momento.

5. Desta maneira, a atuação do Bispo HÉLDER CÂMARA, no exterior, não pode ser interpretada se não como a de um perigoso e audacioso agente
da Subversão em escala mundial parecendo caber-lhe assim o destacado
papel, entre outros, de lançar no Brasil, as "Massas inconscientes"
contra o govêrno, e no exterior, o de galvanizar a "opinião pública"
mundial contra o nosso país, objetivando desacreditá-lo e despresti-
giá-lo no consenso das outras nações, apresentando-o como uma "repu-
bliquinha", açulando e estimulando aos grupos "anti-revolução de março", nacionais e internacionais, a uma retomada de posição, a um rea-
grupamento, face ao indiscutível repercussão de seus pronunciamentos,
face a impossibilidade de impedir a sua fala, face a intocabilidade e
impunidade observadas até a data presente, com relação ao citado Bispo.

6. Segundo o nosso informante o jornal holandez "DE VOLKS KRANT" edição
do dia 28 de janeiro de 1970, fez um registro completo da entrevista
de D. HÉLDER CÂMARA, ali estando publicado também o anúncio que   em
"Slide", servia para provar a sua argumentação com respeito aos símbo
los do TERROR no Brasil, segundo aquele Bispo: "o rebenque e a câmara
de torturas..."-x-x-

C.O.N.F.I.D.E.N.C.I.A.L
//////////GRAU DE SIGILO//////////

M. J. — DEPARTAMENTO DE POLÍCIA FEDERAL   CONFIDENCIAL

CENTRO DE INFORMAÇÕES   PRONTUÁRIO Nº 062

NOME: HELDER PESSOA CÂMARA

D A T A	H I S T Ó R I C O
Mar/71	Em conferência proferida por D. SIGAUD, Arcebispo de DIAMANTINA/MG, no EME para Oficiais Generais, Comandantes de Unidades e Oficiais Superiores ligados ao Setor de informações, versando sobre o comportamento de sacerdotes católicos empenhados a fundo, na luta contra o Governo da Revolução. O epigrafado juntamente com outros, foi citado como um dos principais líderes do País, que preconiza a derrubada do Governo pela força, admitindo, aceitando, favorecendo e participando de qualquer tipo de ação subversiva e terroristas que conduza ao objetivo fundamental — "A DERRUBADA DO GOVERNO E A IMPLANTAÇÃO DO MARXISMO". D. SIGAUD aconselhou auma ação vigorosa do Governo da Revolução, junto à autoridade Suprema da Igreja Católica Romana — Papa PAULO VI, que de forma alguma aceita e muito menos apóia a atividade desses inimigos da Igreja de Cristo e dos Governos soberanos e democratas, no sentido de conter e afastar os atuantes destes grupos de sacerdotes, que tem nos Padres COMBLIN e DEGRET, os verdadeiros líderes e eficientes porta-vozes em bispos como, o epigrafado, WALDIR CALHEIRO, DAVID PICÃO, D. FRAGOSO e outros.

Ref: Enc. 044/CO/DPF/PR/71   R. 01220/71 |
| Mar/71 | O Bispo de PALMARES/PE, D. ACÁCIO RODRIGUES ALVES, assinou e distribuiu nas Igrejas de PALMARES/PE, em 23/Set/1970, panfletos sob título "SOLIDARIEDADE FRATERNAL", no qual solidariza-se com o epigrafado, face à campanha de difamação e calúnia que a imprensa lança contra o carismático metropolita, sem lhe facultar o direito de defender-se legitimamente. Termina pedindo aos fiéis diocesanos que não se deixem impressionar por aquela imprensa parcial e caluniosa sobre o epigrafado, homem que se consagrou em defesa do pobre, do oprimido e injustiçado.

Ref: Enc. 018/SGPS/DPF/PE/71   R. 01688/71 |
| 1971 | A Imprensa Internacional, principalmente a Europeia, tem publicado matérias versando sobre o BRASIL; usando para este fim os problemas da JOC e os pronunciamentos, |

Continua..........

Esta passagem do prontuário de dom Hélder Câmara relata a informação, elaborada pelo CI/DPF, sobre uma conferência proferida por dom Geraldo Sigaud, um dos principais representantes da ala conservadora do episcopado, no Estado-Maior do Exército, na qual denunciou os bispos que estariam pregando "a derrubada do governo e a implantação do marxismo". (3.1971) (Ref. nota 47, cap. 3)

MINISTÉRIO DA JUSTIÇA
GABINETE DO MINISTRO
N. 100580S| DATA 17 AGO 77
DOCUMENTO SIGILOSO MINISTÉRIO DA JUSTIÇA

MINISTÉRIO DA JUSTIÇA

DIVISÃO DE SEGURANÇA E INFORMAÇÕES

INFORMAÇÃO N.º 739/77 /DSI/MJ

BP. AN. RIO .TT.O. MCP. PLO. 930

DATA: 16 de Agosto de 1977
ASSUNTO: ATIVIDADES DA "ESQUERDA CLERICAL" NO PRIMEIRO-SEMESTRE DE 1977
ORIGEM: CISA
REFERÊNCIA:
DIFUSÃO: EXM? SENHOR MINISTRO DA JUSTIÇA

De ordem, ao S. Chefe do Gabinete. 17.8.77

DIFUSÃO ANTERIOR: AC/SNI - CIE - CENIMAR - CI/DPF

Gernando B. Falcão
Assessor Especial
do Ministro da Justiça

Dentre as atividades do clero católico no BRASIL, vem assumindo importância, cada vez maior, a atuação dos Grupos da Esquerda Clerical, vinculados à CONFERÊNCIA NACIONAL DOS BISPOS DO BRASIL - CNBB, que agem de modo claramente contestatório, e fazem incidir as suas ações nos ' campos Político, Social, Econômico, e até na área da Segurança Nacional.

A partir da "XV ASSEMBLÉIA GERAL DA CNBB", que publicou o documento "EXIGÊNCIAS CRISTÃS PARA UMA NOVA ORDEM POLÍTICA", verificou-se, no corrente ano, em comparação com os anos anteriores, um incremento ' na atuação ostensiva e subterrânea da "ESQUERDA CLERICAL", ao divulgar publicações religiosas de contestação ao Governo, e na sua orientação' doutrinária de "não violência", pós-Concílio Vaticano II. Por outro lado, observou-se grande apreensão na alta hierarquia eclesiástica no BRASIL, em face das declarações de D. GERALDO PROENÇA SIGAUD - Bispo ' de DIAMANTINA/MG, através da Imprensa, sobre a infiltração comunista ' no clero brasileiro. As denúncias, já comprovadas, são dirigidas aos ' Bispos D. PEDRO MARIA CASALDÁLIGA PLÁ - SÃO FELIX-MT, e D. THOMAS BALDUINO DE SOUZA - GO, como militantes do comunismo internacional, permitindo desse modo, afirmar-se que as atividades da Esquerda Clerical , no Brasil, adquiriram maior expressão durante o primeiro Trimestre de 77.

Em análise de natureza sumária, pode-se alinhar os seguintes ' fatos que caracterizam a atuação da Esquerda Clerical:

segue..............

DMJ - 1.354

Departamento de Imprensa Nacional —

Relatório elaborado pelo Cisa sobre as atividades da chamada "esquerda clerical" no primeiro semestre de 1977. (16.8.1977) (Ref. nota 71, cap. 3 – documento com três páginas)

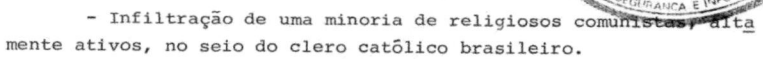

SERVIÇO PÚBLICO FEDERAL

CONFIDENCIAL

INFORMAÇÃO Nº 739/77/DSI/MJ - Continuação........∫....fls.02

- Infiltração de uma minoria de religiosos comunistas, alta
mente ativos, no seio do clero católico brasileiro.

- Exploração, pela CNBB, do tema IGREJA X GOVERNO, procuran
do apresentar à opinião pública, nacional e mundial, uma imagem '
distorcida da atual conjuntura do BRASIL;

- Atuação, cada vez mais ostensiva, de religiosos pertencen
tes a vários credos, residentes no País, procurando imiscuir-se na
condução da política interna brasileira. Sob a pretensa idéia   de
pregar justiça social, Bispos, Padres e Missionários Católicos têm
criticado o Governo e sugerido uma nova estrutura Político-Social'
para a Nação, bem a feitio de suas idéias esquerdistas. São exem -
plos notórios dessas atuações, D. PEDRO MARIA CASALDÁLIGA PLÁ, Bis
po da Prelazia de SÃO FELIX/MT, em depoimento na CPI-FUNDIÁRIA da
Câmara dos Deputados. Os padres católicos de nacionalidade america
na, THOMAS CAPUANO e LOURENÇO ROSENBAUGH, presos no RECIFE/PE, e D.
HÉLDER CÂMARA, Arcebispo de OLINDA e RECIFE, em debates na televisão francesa, sobre Direitos Humanos;

- Surgimento e preparação de um comportamento ecumênico no
seio da Igreja Católica, como forma de esconder a verdadeira cisão
observada após a aprovação e divulgação do documento "EXIGÊNCIAS '
CRISTÃS PARA UMA NOVA ORDEM POLÍTICA", oriundo da XV Assembléia Ge
ral da CNBB, realizado em ITAICI/SP;

- Tendência da CNBB de comportar-se como órgão de orientação político-social, ditando normas e orientações que, julgam seus
dirigentes, devem ser executados pelo Governo Federal;

- Crise espiritual na Igreja Católica Romana, no BRASIL e
no mundo, oriunda do êxodo de religiosos e pelo apoio de leigos   '
vinculados a "COMUNIDADES ECLESIAIS DE BASE - CEB", de tendências'
esquerdistas;

- Apoio da "ESQUERDA CLERICAL" a movimentos de cunho subver
sivo no BRASIL, como o Movimento Estudantil e o Movimento Operário;

- Aproveitamento dos meios de comunicação social, pela Esquerda Clerical, seguindo orientação do "Concílio Vaticano II", e
por considerar que aqueles veículos possuem grande poder de pene -
tração e de reflexão nas camadas populares e humildes;

- Alinhamento da CNBB com as teorias socializantes e de con
teúdo marxista-leninista.

CONFIDENCIAL

segue..............

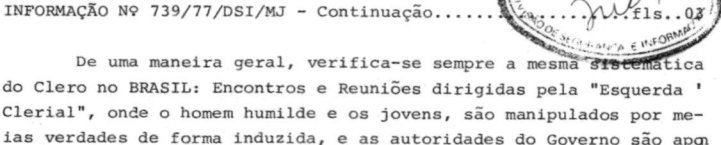
De uma maneira geral, verifica-se sempre a mesma sistemática do Clero no BRASIL: Encontros e Reuniões dirigidas pela "Esquerda ' Clerial", onde o homem humilde e os jovens, são manipulados por meias verdades de forma induzida, e as autoridades do Governo são apontadas como força coatora e de repressão.

Baseado no tripé "DIREITOS HUMANOS", "PROBLEMA FUNDIÁRIO" e "INDÍGENA", tem assim o "Clero Esquerdista" Católico no BRASIL, através da CNBB, dirigido todas as suas ações contra o Governo e o Regime. Freqüentemente, esses temas são apresentados aos fiéis e ao povo, de uma maneira distorcida, o que, em análise acurada, na maioria das vezes, permite identificar aquelas mensagens com as idéias' marxistas-leninistas, defendendo assim, soluções socialistas para ' os problemas brasileiros.

Por fim, em se considerando a atual evolução dos acontecimentos Estudantis, Operários, Movimentos de Não-Violência, Reformas Políticas, Encontros Nacionais de Cunho Pastoral, promovidos pela ' Igreja, onde a presença de religiosos esquerdistas se faz identificar, é lícito ressaltar que a tendência dos fatos, não somente pela sua constituição, como pela sua configuração, se identifica com as técnicas adotadas pelo MCI, para a formação de Frentes Patrióticas' Antifascistas.

CONFIDENCIAL

Quando essa informação chegou ao gabinete do ministro da Justiça, seu assessor, Jesuan de Paula Xavier, não apenas acolheu a sugestão daquela divisão, como resolveu dar prosseguimento à discussão do tema, ao solicitar a opinião da consultoria jurídica do ministério. Contudo ressaltou de antemão as dificuldades para impedir as viagens do bispo, já que, embora seu objetivo — segundo ele — fosse "distorcer a imagem do Brasil no exterior, não faltaria ao questionado clérigo motivo de ordem religiosa a alegar, como pretexto de exercício da função missionária, para tornar-se enquadrado nos requisitos exigidos pelo citado decreto". O diretor da DSI/MJ, Jesuan de Deus Gomes da Silva, concordou com a sugestão de impedir os afastamentos do religioso do país, desde que essa medida fosse realizada dentro da lei.

O consultor jurídico do ministério, Ronaldo Poletti, escreveu um parecer sem muitos volteios. Logo de início afirmou que, do ponto de vista jurídico, a questão era muito simples. Conforme o decreto nº 77.745, se a Igreja atestasse que as viagens do bispo tinham motivação religiosa, nada poderia ser feito para impedi-lo de sair do país. Caso contrário, o Ministério da Justiça incidiria "na perpetração de tratamento desigual às pessoas, ensejando medida judicial por parte de quem se sentisse tratado sem isonomia".[63] De sorte que a única medida possível para impedir a viagem de dom Hélder seria a alteração do próprio decreto para "dar maior arbítrio ao Executivo". Porém o consultor considerou a edição de um novo decreto muito arriscada, pois poderia ensejar uma discussão sobre a sua constitucionalidade, o que não seria minimamente vantajoso para o governo.[64]

Não há registros do andamento do processo depois que Ronaldo Poletti deu a sua opinião. Mas tudo indica que suas sugestões foram aceitas, já que na biografia de dom Hélder não há menções de que em algum momento ele tenha sido impedido de sair do país, nem indicações de que o citado decreto tenha sofrido modificação posterior.

Ainda em 1977, novamente o tema da concessão de vistos para religiosos envolvidos em processos de "subversão" veio à tona. A DSI/

MJ tentou mais uma vez, com base na legislação, impedir a saída desses eclesiásticos do país. Um novo parecer foi solicitado à consultoria jurídica do ministério, que emitiu opinião muito semelhante à anterior. Não haveria possibilidade de proibir as viagens com fundamento na Lei de Segurança Nacional se os religiosos preenchessem todas as condições legais exigidas. A única possibilidade seria por vias indiretas, isto é, pela legislação processual, que possibilitaria a "prisão preventiva e a condenação pela justiça que impede a mudança de residência e a ausência por mais de oito dias", mas isso dependeria da situação de cada um deles perante os órgãos judiciais brasileiros.[65]

A comunidade de informações parecia incansável na perseguição aos bispos que considerava inimigos do regime. Mesmo que já tivesse percebido com clareza que o movimento de oposição dentro da Igreja estava se expandindo para diversas conferências episcopais regionais, os espiões nunca deixaram de acompanhar aqueles bispos que sempre estiveram envolvidos em atividades de contestação ao governo. Da mesma forma, os analistas buscavam constantemente enfatizar "a cizânia [que] não poupa sequer os terrenos sagrados da Igreja". Enquanto alguns religiosos se esforçavam para "divulgar suas opiniões radicais", outros faziam questão de apoiar abertamente as autoridades e chegavam mesmo a denunciar seus confrades, o que, para a comunidade de informações, significava que, na luta contra a "comunização do episcopado", nem tudo estava perdido.[66]

Em 1977, após analisar comentários supostamente "subversivos" feitos por dom Paulo Arns e por outros bispos no boletim *Brasil: Informações e comentários* — produzido pelo Secretariado de Justiça e Direitos Humanos de São Paulo —, o Cisa recomendou que não fosse tomada nenhuma providência a partir daquelas informações, a não ser alertar as autoridades interessadas. Tal medida se deveria à prudência aconselhada pelos governantes, em razão da delicadeza com a qual se discutia o tema da defesa dos direitos humanos pelos religiosos. Essa sugestão é bastante curiosa, já que "as declarações de dom Paulo Evaristo Arns e o conteúdo geral da publicação [faziam-na] mais subversiva do que muitas publicações encontradas em organizações terroristas, às quais aplicou-se a Lei da Segurança Nacional". Dom Paulo fazia, por exemplo, uma crítica ferrenha ao assassinato do padre João Bosco Penido Burnier, que, segundo ele, "derramou seu sangue no contexto de luta contra a violação dos direitos humanos, em especial a tortura dos fracos e pequenos".[67] Por outro lado, é compreensível que os órgãos de informações quisessem evitar que os conflitos com a Igreja ganhassem maiores proporções.

A presença de dom Paulo nos relatórios da comunidade tornava-se cada vez mais frequente. Surpreendia os analistas o seu crescente envolvimento em atividades de oposição. Em agosto de 1977, o SNI recolheu um exemplar do jornal *O São Paulo* — edição nº 1.116 de 30 de julho — publicado pela Arquidiocese de São Paulo e espantou-se pelo fato de, apesar de estar sob censura prévia, o veículo continuar divulgando críticas ao governo. Na matéria intitulada "O preço do trabalho: salário", por exemplo, afirma-se que "hoje todo mundo aceita — até o próprio governo — que a política econômica adotada vem tornando os ricos cada vez mais ricos". A informação foi enviada ao Ministério da Justiça e de lá, por recomendação do assessor do ministro, José Carlos de Meira Matos, seria enviada à Divisão de Censura.[68]

Alguns meses depois, o Cenimar analisou uma entrevista concedida por dom Paulo ao semanário *O Pasquim*, edição de 21 a 27 de outubro de 1977, que, segundo aquele órgão, "costuma apresentar, em suas edições, entrevistas concedidas por elementos notoriamente esquerdistas ou contestadores dos governos da revolução". A entrevista, conduzida por Ziraldo, tocava em pontos que incomodavam sobremodo os defensores dos "ideais da revolução de 64", tais como democracia, direitos humanos, censura e movimento estudantil. De acordo com o analista, a publicação não tinha outro objetivo senão o de ressaltar a atuação de dom Paulo, considerado um dos maiores expoentes da esquerda clerical e que usava "técnicas de propaganda" para expor suas ideias. Um dos pontos destacados pelo Cenimar foi o fato de o bispo criticar a censura ao jornal *O São Paulo*, dando a entender que era a Igreja que estava sendo censurada, inclusive quando seus representantes se pronunciavam sobre questões religiosas. Também foi realçada a afirmação de dom Paulo na qual dava indícios de que os documentos apreendidos em uma invasão que acabara de ocorrer na PUC de São Paulo haviam sido forjados pelos agentes da Secretaria Estadual de Segurança. Apesar da gravidade das declarações prestadas pelo líder religioso em "linguagem vulgar", o assessor do Ministério da Justiça, C. A. Paranhos, sugeriu apenas que a matéria fosse divulgada para os demais órgãos de informações e também para a censura, concluindo que nada mais poderia recomendar a não ser esperar a evolução dos acontecimentos.[69]

No mesmo ano, dom Paulo tornou-se novamente alvo da comunidade de informações. Dessa vez estava envolvido com outro grande adversário do regime: o movimento operário. A Arquidiocese de São Paulo estava distribuindo por toda a cidade um boletim intitulado *A Igreja no mundo do trabalho*, que continha orientações e recomendações à classe operária. O analista do quadro do Cisa, expressando-se de maneira enfática, viu essa atitude da Igreja como um meio

> [...] simplista e subliminar [de] conscientizar o operariado de que este é um elemento marginalizado na sociedade brasileira, sujeito a uma sistemática exploração, não somente por parte dos empresários, como pelo governo. *Identifica-se assim a ideia-força desses boletins que é a "Formação de Grupos Descontentes" com um único objetivo qual seja FOMENTAR A LUTA DE CLASSES no ABC de SÃO PAULO, tática usada pelo MOVIMENTO COMUNISTA INTERNACIONAL para a tomada do poder.*[70]

De acordo com aquele órgão, os religiosos estavam apoiando o movimento operário não apenas ajudando a distribuir o boletim, mas também quando permitiam que se transcrevessem trechos do documento da CNBB, "Exigências cristãs de uma nova ordem política" — divulgado naquele ano pela entidade, como resultado da sua XV Assembleia Geral, realizada em Itaici, estado de São Paulo. Os analistas supunham que a Igreja estava agindo de modo antipastoral. Entretanto, mais uma vez não recomendavam nenhuma medida específica a não ser o acompanhamento das atividades daquela arquidiocese, visto que os outros órgãos de informações já tinham tomado conhecimento do caso.[71]

Quanto à divulgação de "Exigências cristãs de uma nova ordem política", a comunidade de informações reagiu imediatamente. O Cisa elaborou um minucioso relatório sobre as atividades da Igreja no primeiro semestre de 1977, no qual pretendia avaliar o "incremento na atuação ostensiva e subterrânea da 'esquerda clerical'", que, segundo o analista, nunca havia ocupado uma posição de tão grande importância no seio da CNBB como naquele momento. A situação tornara-se alarmante, pois os bispos considerados "comunistas" estariam dominando os posicionamentos da Conferência,

> [agindo] de modo claramente contestatório, e [fazendo] incidir as suas ações no campo político, social, econômico, e até na área de Segurança Nacional [...] ao divulgar publicações religiosas de contestação ao governo, e na sua orientação doutrinária de "não violência", pós-Concílio Vaticano II.[72]

A percepção do analista do Cisa era reforçada pelas declarações na imprensa de membros da alta hierarquia eclesiástica, como dom Geraldo Sigaud, que denunciavam uma "infiltração comunista no clero" de modo geral.[73]

Os órgãos de informações tendiam a atribuir a disseminação de ideias comunistas no Brasil à presença de religiosos estrangeiros, vistos como "agentes do Movimento Comunista Internacional". Nesse caso específico,

trata-se de dom Pedro Casaldáliga, de origem catalã, Thomas Capuano*
e Lourenço Rosenbaugh, norte-americanos. Assim, concluem que

> Dada a perniciosa e repetida incidência de problemas trazidos com
> a entrada em nosso país e a atuação subversiva desses alienígenas
> esquerdistas, talvez fosse o caso de se fazer a difusão deste [relatório]
> também à DSI/MRE, com vistas a que seja dificultada, o quanto
> possível, a concessão de ingresso e permanência desses pregadores
> de teorias socializantes em nosso meio.[74]

Além disso, o analista do Cisa também constatava que havia uma

> atuação, cada vez mais ostensiva, de religiosos pertencentes a vários
> credos, residentes no país, procurando imiscuir-se na condução da
> política brasileira. Sob a pretensa ideia de pregar a justiça social,
> bispos, padres e missionários católicos têm criticado o governo e
> sugerido uma nova estrutura político-social para a nação, bem ao
> feitio de suas ideias esquerdistas.[75]

O envolvimento de religiosos não católicos na oposição ao governo
brasileiro representava um incremento nas preocupações da comunidade
de informações.** O Cisa suspeitava que estava prestes a surgir um movimento ecumênico na Igreja, como forma de disfarçar a cisão que a XV
Assembleia da CNBB havia causado entre os bispos. Igualmente, o mesmo
órgão entendia que o uso pela CNBB das discordâncias entre Igreja e

---

*No mesmo parecer, o ministro da Justiça solicita a não prorrogação do prazo de permanência do
padre Thomas Michael Capuano no Brasil, que venceria no dia 20 de junho daquele ano. Porém,
em 15 de maio, ele foi preso na cidade de Recife, juntamente com Lourenço Rosebaugh. Em 13
de julho, tendo a Polícia Federal negado o seu pedido de permanência, foi obrigado a voltar para
os Estados Unidos. Ver: Informação 739-Cisa, de 16 de agosto de 1977. Processo C. 100580/77.
MC/P. Caixa 613/05279.
**Sabe-se que os protestantes também tiveram um papel importante na resistência contra a ditadura
militar, porém não há estudos sobre esse tema. No livro de James N. Green (2009), há algo sobre
a atuação desses outros religiosos contra o regime, mas o foco do trabalho são os Estados Unidos.

Estado contribuía para "apresentar à opinião pública, nacional e mundial, uma imagem distorcida da atual conjuntura do Brasil". Em suma, era preciso olhar com atenção para o proveito tirado pelos bispos dos meios de comunicação social, que "possuem grande poder de penetração e de reflexão nas camadas populares e humildes" e tendiam a querer ditar "normas e orientações a serem executadas pelo governo federal".[76]

Com o novo direcionamento tomado pela CNBB, o "alinhamento [...] com as teorias socializantes e de conteúdo marxista-leninista",[77] os órgãos de informações inquietavam-se não apenas com a influência que os religiosos estariam exercendo sobre os grupos sociais desfavorecidos, mas também sobre os jovens. Conforme a percepção do Cisa:

De maneira geral, verifica-se sempre a mesma sistemática do clero no Brasil: encontros e reuniões dirigidas pela "esquerda clerical", onde o homem humilde e os jovens são manipulados por meias verdades de forma induzida, e as autoridades do governo são apontadas como força coatora e de repressão.[78]

Segundo a comunidade de informações, eram cada vez mais claras as relações da Igreja com o movimento estudantil. Os informes diziam que a "esquerda clerical" fornecia apoio e orientações aos estudantes. Naquele período, outra publicação da CNBB deixou a comunidade em alerta: o *Boletim Regional da Pastoral da Juventude Estudantil*. Dessa vez a responsável pelo periódico era a Regional Nordeste II* da Conferência, cujo objetivo principal era analisar a realidade escolar por meio da ótica do Evangelho. Havia também a preocupação de indicar fontes de pesquisa para os estudantes, como os semanários *Opinião* e *Movimento*, o jornal *O Estado de S. Paulo*, a revista *Veja* etc., que foram prontamente classificados pelo analista da DSI/MJ como "subversivos". O texto ressaltava a

---

*A II Regional Nordeste da CNBB inclui os estados de Pernambuco, Rio Grande do Norte, Paraíba e Alagoas.

importância da representação estudantil eleita de modo democrático, o que valorizava a liberdade de expressão. O responsável pelo boletim era dom Hélder Câmara, que, segundo aquela avaliação, usaria sua "dialética marxista" para, através da "deturpação" do Evangelho, "formar estudantes contestadores e hostis ao sistema político do país". Nessa perspectiva, seriam evidentes as intenções daquele bispo ao se aproximar de tal movimento, já que faria parte de suas estratégias "manipular" a juventude universitária. A conclusão do analista da DSI/MJ era de que primeiro devia ser "dado conhecimento à nossa DSI para anotar, informar e analisar, sem embargo de se pedir a mesma providência ao Dops, para depois se cogitar das medidas que devam ser tomadas".[79]

A mesma recomendação foi feita quando a AC/SNI analisou o folheto "Um teatro que liberta", também distribuído por aquela Pastoral da Juventude Estudantil, que dava indicações de como preparar uma peça teatral. O tutorial incluía pesquisar os principais problemas da comunidade, para que se pudessem difundir no espetáculo mensagens que apresentassem as condições econômicas e sociais em que viviam; fazer relações entre as canções, como, por exemplo, "Roda viva", de Chico Buarque, e a realidade que vivenciavam; apresentar Jesus como um revolucionário, despertar no povo a crítica às injustiças, suscitar o seu comprometimento com a luta por melhores condições de vida, e, segundo aquele órgão, propagar "um sentimento de revolta".[80]

Em abril de 1978, os estudantes de Direito da Universidade de São Paulo convidaram dom Hélder Câmara para proferir, nas dependências do Centro Acadêmico, a palestra "Liberdades democráticas". O analista da DSI/MJ não mais se surpreendia com o tom do discurso daquele bispo, que invariavelmente criticava o regime. No entanto salientava alguns tópicos mais radicais mencionados por ele. Segundo essa avaliação, logo de início dom Hélder Câmara fez observações mordazes sobre o decreto-lei nº 477, que estabelecia limites estreitíssimos para as atividades políticas de estudantes e professores sob pena, por exemplo, de serem expulsos das instituições às quais estivessem vinculados, entre outras punições.[81] Ele havia afirmado, por exemplo, que "nem mesmo Hitler, na sua loucura nazista, não havia concebido uma lei de tal espécie humilhante aos estudantes". Para o bispo, não seria possível a coexistência de uma universidade e a proibição da liberdade de expressão. Ele também teria atacado a política de Segurança Nacional, que na sua percepção era colocada acima dos direitos humanos, e mesmo acima de Deus, o que não podia ser admitido em nenhuma hipótese. Para terminar, citava uma série de episódios de violência contra estudantes e, com isso, segundo o analista, pretendia incentivá-los a "tomarem posição contra o governo".[82]

Algum tempo depois, em agosto de 1978, dom Tomás Balduíno, bispo de Goiás entre 1967 e 1998, fez uma conferência na Câmara Municipal da cidade de Anápolis (GO) sobre o tema "A universidade brasileira" para uma plateia que incluía diversos políticos do MDB. Os principais tópicos abordados, segundo a avaliação da DSI/MJ, foram: a importância da atuação da UNE como partido político; as maneiras como as universidades poderiam driblar o controle exercido pelo governo; a necessidade de popularização das universidades; a defesa do engajamento político e cultural dos estudantes para que não ficassem marginalizados; o esclarecimento de que os missionários católicos eram orientados a incentivar esse engajamento, pois fazia parte da missão social da Igreja o envolvimento com a realidade etc. Além disso, o bispo defendeu que apenas uma mudança do sistema político, incluindo a reforma (ou revolução) agrária e a reforma política, poderia alterar a situação das universidades brasileiras, fazendo-as cumprir seu verdadeiro papel de maneira autônoma. Dessa forma, ainda que houvesse vários indícios que possibilitavam à DSI/MJ classificar o pronunciamento de dom Tomás como "subversivo", o órgão concluiu não existir elementos que pudessem caracterizar o caso como um ilícito penal, e sugeriu portanto o arquivamento do processo.[83]

Como vimos, à medida que avançavam os anos 1970, os protestos da CNBB contra o regime se intensificavam. Tudo dava a entender que aqueles bispos, que não representavam mais do que vozes isoladas na instituição, ganhavam cada vez mais espaço. Assim, a partir de 1977, a produção de informações sobre temas envolvendo os religiosos entrou em um movimento de franca ascensão e alcançou seu auge no ano seguinte. Nunca os bispos católicos haviam ocupado tanto a atenção da comunidade de informações como em 1978: o número de pareceres produzidos pelos órgãos de informações alcançou mais que o triplo do ano anterior. Certamente não há apenas um motivo que explique esse aumento súbito. Uma das razões seria a intensificação das atividades de oposição ao regime naquele período, em função do incremento das ações usualmente classificadas como de resistência democrática no contexto da "abertura política". Esta, portanto, deixava de ser um simples "projeto" de iniciativa do governo para transformar-se em um "processo" que contava com a pressão dos setores que se opunham à ditadura.[84] Outro fator está ligado à reação da comunidade de informações ante a iminência de seu desmonte, que aconteceria com o avanço do processo de abertura política, o que hoje se sabe que acabou não ocorrendo. Seja como for, na medida em que o governo indicava a necessidade de interromper as atividades de repressão, a comunidade de informações empenhou-se em "mostrar serviço" e em alardear perigos. Em 1979, conforme se consolidava a "abertura", a produção de informações voltou a cair e, no ano seguinte, atingiu os níveis da primeira metade da década de 1970.

Os operários, por suas ligações cada vez mais próximas com a CNBB, contribuíram para o aumento da produção de informações em 1978. Os bispos estavam bastante engajados nas questões trabalhistas e isso, segundo os analistas de informações, comprovava a utilização de técnicas do "movimento comunista internacional". Nas comemorações do Primeiro de Maio daquele ano, dom Waldyr Calheiros organizou uma assembleia que foi avaliada pela DSI/MJ como tendo a "evidente finalidade de efetuar pregação político-ideológica de esquerda entre o operariado". Para dar início à programação do evento, foi lido um texto sobre a história do Dia do Trabalho, que apresentava a importância das lutas dos operários pelos seus direitos, conseguidos muitas vezes "à custa do enfrentamento corajoso das forças policiais". Em seguida, foram encenados diversos episódios que retratavam o desrespeito dos patrões para com os trabalhadores. Os elementos decorativos que compunham o local do evento também foram minuciosamente analisados: os efeitos utilizados, como bandeiras, cartazes e a música "Construção", de Chico Buarque, como trilha sonora, buscariam "incitar a luta de classes". É curioso perceber como os próprios analistas da comunidade de informações acabavam utilizando o vocabulário da teoria marxista, que tanto se esforçavam para combater. Por fim, observaram que o bispo de Volta Redonda estava levando a efeito um trabalho bem estruturado que, segundo eles, visava "envolver os trabalhadores e estimulá-los, através de um discurso supostamente evangelizador, a transformar a realidade em que viviam".[85]

Quando começaram as greves operárias em São Paulo, em 1978, a atuação da "ala esquerdista" do clero foi logo notada. A comunidade de informações recolheu vários panfletos de apoio distribuídos nas manifestações do ABCD paulista e, a partir deles, avaliou que a atuação do episcopado naqueles episódios

> [...] significa um evidente desvio da missão da Igreja, uma vez que não lhe cabe insuflar movimentos reivindicatórios de ordem política ou social, nem tampouco julgar as decisões de organismos do Estado como, no caso, do Judiciário.[86]

A DSI/MJ acrescentava ainda que bispos como dom Paulo Arns, dom Angélico Sândalo Bernardino, bispo da Região Leste II,* e dom Cláudio Humes, bispo de Santo André (SP), eram muito atuantes no movimento operário. De acordo com a determinação do assessor do

---

*A regional Leste II da CNBB inclui os estados de Espírito Santo e Minas Gerais.

ministro da Justiça, essa informação deveria ser difundida para a DSI do Ministério do Trabalho, para o DPF e para outros órgãos que a DSI/MJ julgasse pertinente. Mais uma vez é possível observar as articulações entre as diferentes esferas do aparato repressivo e a preocupação que cada um dos componentes tinha de que o trabalho fosse feito em conjunto, embora nem sempre ocorresse de maneira harmoniosa. Essa é uma característica que distingue a comunidade de informações da de segurança: se foram comuns os atritos, competições e desinteligência entre os órgãos que faziam prisões e interrogatórios, era habitual a atitude colaboradora entre os órgãos de informações, até mesmo porque, em essência, eles dependiam dessa troca e complementação paulatina de informações, providências essenciais para que elaborassem um relato consensual e se constituíssem em "porta-vozes especialistas que, por isso mesmo, os demais militares não podiam ignorar".[87]

Como é possível perceber até aqui, tratando-se especificamente da luta pelo respeito aos direitos humanos, nota-se que a postura da CNBB foi sendo construída aos poucos. Porém apenas nos últimos anos da década de 1970 a instituição, ao lado da OAB e da ABI, passou a ser amplamente reconhecida pela sociedade civil como um canal ao qual se podia recorrer tanto para denunciar as arbitrariedades da repressão quanto para tentar resguardar os próprios direitos, sem esquecer a importância das relações da CNBB com instituições internacionais como a Anistia Internacional e a Comissão Interamericana dos Direitos Humanos. Portanto pedidos de ajuda continuaram sendo recebidos pela entidade, para que interviesse junto às autoridades governamentais, afinal se tratava de um dos poucos espaços em que se podia exercer uma oposição democrática eficaz.

No início de 1978, os presos políticos do Departamento do Sistema Penitenciário (Desipe) do Rio de Janeiro dirigiram um abaixo-assinado ao diretor da instituição, com um pedido de envio de cópias à CNBB, à ABI, à OAB, aos deputados da Assembleia Legislativa do Estado do Rio de Janeiro e aos vereadores da Câmara Municipal do Rio de

Janeiro. O texto fazia críticas à administração do Desipe, à proibição de determinadas visitas, à violação de suas correspondências e ao tratamento arbitrário do sistema carcerário. Analisando o documento, a primeira observação feita pela comunidade de informações dizia respeito ao fato de os considerados "subversivos" se classificarem como "presos políticos". Em seguida, o analista da DSI/MJ chamava a atenção para a repercussão negativa do manifesto, visto que a posição ideológica dos membros das instituições para onde foi endereçado era predominantemente oposicionista. E concluíam:

> O fato extrapola o âmbito meramente administrativo para se construir em subsídio político de cunho contestatório, servindo claramente para alimentar a exploração do tema "direitos humanos", tão usado na atualidade pelo Movimento Comunista Internacional em sua escalada na tentativa de desmoralizar e derrubar o governo e as instituições brasileiras.[88]

Na perspectiva do serviço de informações, a defesa dos direitos humanos estava estritamente ligada ao comunismo, embora saibamos que essa temática sempre esteve vinculada ao liberalismo político. O mesmo acontecia com outras matérias discutidas pela CNBB, tais como os problemas fundiários e as questões indígenas. Esse era o tripé no qual se baseava o discurso de oposição do episcopado dito "progressista" e que, segundo os analistas da comunidade de informações, ao ser apresentado de "maneira distorcida" aos fiéis e ao povo, contribuía para "enfraquecer a ordem estabelecida". O comunismo era o inimigo comum ao qual toda espécie de oposição ao governo era atribuída, ainda que a realidade tivesse vários outros matizes.

Mesmo assuntos aparentemente pouco relevantes eram esquadrinhados pela comunidade de informações e, na maioria das vezes, encaixados na rubrica do comunismo. A partir de 1978, provavelmente pelas razões já apontadas, cresceu muito a produção desse tipo de informação. Naquele ano, a DSI/MJ analisou um filme intitulado *O ciclo do caranguejo*, que havia sido produzido em 1975 para a TV norueguesa e transmitido pela TV holandesa no final de 1977. O tema eram os habitantes de favelas no litoral do Recife. Dom Hélder, no filme, faz uma breve consideração sobre os problemas decorrentes do desenvolvimento econômico e da industrialização e, no final, ressalta a importância do papel da Igreja para a resolução dessas questões. O bispo não fez nenhuma crítica direta ao governo brasileiro, apenas teceu comentários gerais sobre a pobreza nordestina. O analista da DSI/MJ, no entanto, ficou incomodado com o fato de o líder religioso ter proposto uma "revolução de ideias" como saída para a situação.

Pouco tempo depois, a AC/SNI registrou a presença de dom Hélder, de dom José Lamartine Soares e do senador Marcos Freire, do MDB, no II Torneio de Repentistas realizado pela Prefeitura Municipal de Olinda no início de 1978. Os repentistas usavam como tema os problemas sociais vividos pelos sertanejos daquela região; porém dom Hélder nada mais fez que abençoar e enaltecer o talento dos artistas. A informação era tão inexpressiva que, quando chegou ao gabinete do ministro da Justiça, o assessor José Carlos de Meira Mattos acrescentou que "não configura nenhuma anormalidade, sendo a saga do nordestino a substância utilizada por consagrados autores e poetas brasileiros em seus livros" e, também, que dada a repercussão pública do evento, não era de surpreender que dom Hélder, como representante daquela arquidiocese, comparecesse.[89]

Mas nem só da produção de dados corriqueiros vivia a comunidade de informações. Nas ocasiões em que os bispos se utilizavam da proteção que sua posição lhes garantia para enfrentar o regime, o aparato repressivo articulava-se para agir contra o que julgava uma grande ameaça, embora com relação aos religiosos dificilmente tivessem a mesma desenvoltura usada para perseguir outros inimigos. Havia uma intensa troca de papéis entre esses órgãos e, mesmo que ocorressem conflitos de opiniões, todos concordavam sobre a necessidade de combater os opositores do regime e manter a ordem do país. Em se tratando do episcopado, a apreensão era crescente, pois julgavam que, cada vez mais, o "ideário comunista" tomava conta daquele grupo. Aqueles bispos que, desde o início, levantavam-se contra o regime, pareciam estar ainda mais destemidos.

Ainda no início de 1978, o Ministério da Justiça tomou conhecimento, através do Cenimar, que no final do ano anterior havia sido inaugurada, no interior do Mato Grosso, uma igreja em homenagem ao padre assassinado João Penido Burnier. Várias autoridades religiosas estiveram presentes no evento, que teve grande destaque na região. Houve uma procissão que refez o caminho trilhado pelo padre no dia de sua morte. A missa foi celebrada por dom Tomás Balduíno, dom Pedro Casaldáliga e com o auxílio do pastor pentecostal da Igreja Brasil para Cristo, Manuel de Melo. Toda a celebração foi acompanhada por forte vigilância policial, mas não houve incidentes. O objetivo da esquerda clerical foi relembrar o significado da morte do padre e também, segundo aquele órgão, "manipular emocionalmente o povo presente".[90]

Algumas iniciativas dos bispos continuavam surpreendendo os analistas. Em 1978, dom Paulo Evaristo Arns fez uso de um dos programas mais populares da televisão brasileira: a telenovela. Ele enviou uma carta à autora da novela *O profeta*, Ivani Ribeiro, em que falava sobre a injustiça e a exploração do homem pelo homem. Assim, decidiu-se que uma das cenas da novela, transmitida pela TV Tupi, seria gravada na Cúria Metropolitana de São Paulo, e nela dom Paulo entregaria a carta a um padre, que a leria em voz alta. Ao final, o bispo transmitiria uma mensagem aos telespectadores. A DCDP foi imediatamente comunicada das intenções da autora, o que não impediu que dom Paulo participasse da novela.[91]

Em abril de 1978, o mesmo bispo voltou a surpreender a comunidade de informações. Em uma visita do presidente dos Estados Unidos Jimmy Carter ao Brasil, a Amnesty International teria usado o prestígio de dom Paulo para denunciar o regime brasileiro. Foi ele quem encontrou com Jimmy Carter e entregou-lhe uma lista de desaparecidos políticos elaborada pela referida entidade. O objetivo de tal ação teria sido "ofuscar e diminuir o crescente prestígio do Brasil no conceito internacional".[92] No mês de junho, o próprio dom Paulo foi convidado pelo presidente da US Religious Forcing a Corporate Response to Injustice, sediada em Washington, D.C., para dar uma palestra nos Estados Unidos. O tema era "A função dos religiosos no esforço da Igreja por uma justiça global" e ocorreria ao longo das reuniões de organizações, como a Leadership Conference of Women Religious e Conference of Major Superiors of Men, na cidade de Cleveland, no mês de agosto. Nesse caso, como a informação não fora confirmada, a AC/SNI optou pelo arquivamento.[93] E, ainda no mês de junho, o residente na Alemanha Martin Lange solicitou a dom Paulo "documentos [detalhados] relativos a cristãos mortos, presos ou sequestrados por causa de seu engajamento humanitário". Ele queria compor um quadro da atuação da Igreja no Brasil a favor dos pobres e desprivilegiados e, assim, levar à frente um projeto chamado "martirológio latino-americano".[94]

A proximidade desse bispo com estrangeiros era um tópico que sempre deixava os analistas atentos. Em artigo da *Folha de S. Paulo* (edição de 11 de julho de 1978), "Alerta de dom Paulo para o êxodo rural", o bispo defendia a realização de "uma campanha de anistia e melhores condições de vida para os migrantes [irregulares] radicados no Brasil". No entanto, antes de difundir a informação, a DSI/MJ salientou que "vários estrangeiros, irregulares ou não no Brasil, são refugiados políticos ou mesmo subversivos".[95]

A propósito, o assessor do Ministério da Justiça José Carlos Silva de Meira Mattos escreveu uma nota destinada ao ministro, em que relatava haver recebido do embaixador da Argentina, Oscar Camilión, a denúncia de que vários "criminosos políticos" daquele país estavam vivendo refugiados no Brasil. Acrescentou que as autoridades argentinas estavam acompanhando atentamente esses indivíduos, que tinham como principal base de apoio dom Paulo Arns. Esse bispo, de acordo com o assessor, havia se encontrado em uma reunião com representantes do Exército

Revolucionário do Povo (ERP) e dos Montoneros. O embaixador ressaltou ainda que a Argentina estava à inteira disposição do Brasil para resolver esse problema, mas lembrou que o caso exigia alto grau de sigilo, de modo que os interesses dos dois países não fossem prejudicados.[96]

A partir de determinado momento, mais que contestar o regime e denunciar as más condições socioeconômicas do Brasil, os bispos reforçaram suas críticas aos órgãos de segurança. No dia 26 de julho de 1978, dom José Maria Pires denunciou, no *Jornal do Brasil*, a existência de um plano para sequestrar e, posteriormente, assassinar "o coordenador do Centro de Defesa dos Direitos Humanos da Paraíba, o ex-padre Wanderley Caixe". O bispo teria tomado conhecimento do fato através de uma pessoa com acesso aos órgãos de informações. A notícia fez com que o secretário de Segurança Pública da Paraíba marcasse um encontro com dom José Maria. Contudo este nada mais acrescentou ao que já havia dito. Assim, o analista da DSI/MJ concluiu que "a atitude do arcebispo da Paraíba evidencia a intenção de denegrir os órgãos de Informações". E dizia também que, no dia anterior à denúncia de dom José Maria, dom Ivo havia declarado que, dada a atuação do SNI, ninguém estava livre de ser investigado ou gravado.[97]

A CNBB teve participação bastante ativa nas discussões sobre as eleições parlamentares de 1978. A III Regional Sul da Conferência,* por exemplo, lançou a *Cartilha da educação política: sem você a coisa não vai*, destinada a "conscientizar as comunidades cristãs sobre a sua participação na vida política do país".[98] A publicação foi assinada por todos os bispos da região e tratava dos principais pontos a serem observados nas discussões sobre a política brasileira, relacionando-os aos fundamentos do Evangelho. A tese principal era que "o homem religioso não pode separar a sua fé do seu compromisso político". Tratava ainda da necessidade de cada um conhecer os problemas de seu país, de estudar o documento "Exigências cristãs de uma nova ordem política" e de

---

*A III Regional Sul da CNBB é responsável pelo estado do Rio Grande do Sul.

confrontar a realidade com o Evangelho para tornar a sociedade mais humana e mais cristã. Por último, alertava os fiéis para que seguissem as orientações do partido MDB, pois a Aliança Renovadora Nacional (Arena) apoiava o governo.

Outras dioceses, como as de Goiás e de Volta Redonda, também produziram cartilhas com orientações aos católicos para as eleições de 1978, o que, para a DSI/MJ, demonstrava a "interferência facciosa desenvolvida por alguns bispos católicos" durante a campanha eleitoral e, igualmente, "a parcialidade e o envolvimento a favor do partido da oposição ou de grupos subversivos que recomendaram o voto nulo". O analista que avaliou o informe sugeriu que, em razão da "desabrida propaganda em favor do partido de oposição, além de duras críticas dirigidas ao governo", o processo fosse encaminhado ao DPF, já que "as atividades dos religiosos [...] estão a merecer um acompanhamento de modo a possibilitar, eventualmente, a adoção de outras medidas".[99]

A diocese da Prelazia de São Félix do Araguaia também elaborou um texto de orientação política aos fiéis. A cartilha *Diante da política e das eleições*, editada por dom Pedro Casaldáliga, tinha muitos pontos em comum com aquela divulgada pelos bispos da região Sul, no entanto, segundo a comunidade de informações, esta primava pelo "radicalismo político".[100] Usando uma linguagem de fácil entendimento, a publicação intencionava, conforme o analista da DSI/MJ, "despertar um sentimento de revolta na população colocando-a contra o governo", posto como "defensor dos ricos, dos latifundiários e das multinacionais". A cartilha foi considerada uma "ofensa à pátria", chegando até mesmo a "deturpar a história do país".* Assim, ela caracterizaria a "revolução de 1964" como uma "consequência da preocupação dos ricos estrangeiros e seus sócios no

---

*Em outra ocasião, os bispos também foram acusados de deturpar a história, só que dessa vez era a história da humanidade. O panfleto "A história do homem", editado por dom Avelar Brandão Vilela, arcebispo de Salvador, usava o modelo teórico marxista para dividir a "evolução da humanidade através dos tempos" em: sociedade escrava, sociedade feudal e sociedade capitalista. Ver Informação 926-AC/SNI, de 20 de dezembro de 1978. Processo C. 100893/78. MC/P. Caixa 3416/08083.

Brasil", que "jogaram o exército e polícia em cima do povo" para abafar a luta e a organização popular que se desenvolvia antes de 1964.[101]

Após ressaltarem detalhes no texto, como o uso de palavras-chave, como "justiça", "liberdade" e "direitos iguais", e também a imagem da capa, que, por retratar um punho cerrado, simbolizaria o comunismo, aquele órgão recorreu à consultoria jurídica para saber a respeito do enquadramento de dom Pedro Casaldáliga na Lei de Segurança Nacional. A primeira consultora, a advogada Thereza Miranda Lima, não apenas aprovou o enquadramento do bispo, como afirmou que a sua expulsão resolveria os problemas que ele havia criado para os governantes brasileiros. Contudo essa medida deveria obedecer à "conveniência e oportunidade a cargo das autoridades superiores". Logo em seguida, Ronaldo Poletti, o segundo consultor, também reforçou as vantagens de expulsar o bispo, pois ele não era "inexpulsável, do ponto de vista das leis", porém admitiu que essa decisão era uma questão política. O deslindamento do processo ficaria, segundo nota do assessor do ministro da Justiça, Walter Costa Porto, para o próximo governo, que estava prestes a se iniciar.[102]

Com relação ao movimento pela anistia, a CNBB também foi muito atuante. No final dos anos 1970, a instituição integrou-se oficialmente à Campanha pela Anistia, ao lado do Comitê Brasileiro pela Anistia, do Movimento Feminino pela Anistia, da Comissão de Justiça e Paz, além de entidades como as já citadas OAB e ABI. No I Congresso Nacional pela Anistia, realizado no ano de 1978 em São Paulo, houve o "apoio declarado do clero, através de representantes da CNBB", sobretudo dom Paulo Arns.[103] Segundo relato do Cenimar,

> [...] os temas mais enfatizados foram os seguintes: Lei de Segurança Nacional, desmantelamento do aparato repressivo, estender o Movimento pela Anistia às massas, apresentação do maior número possível de denúncias de torturas, a apuração da responsabilidade pelas mortes e desaparecimentos e, por último, a unificação dos vários movimentos sob uma coordenação central.[104]

A possibilidade de que esse movimento fosse divulgado na Europa deixava os membros do serviço de informações muito apreensivos. Por outro lado, viam que o congresso não constituía um evento isolado, pois estaria inserido no "contexto de incremento da agitação e propaganda" do processo de abertura política que teria início no ano de 1979. O Cenimar acrescentava ainda que, sob o pretexto de defender os direitos humanos, vivia-se uma onda de contestação aos governos estabelecidos nos países da América Latina. Trata-se de mais uma manifestação defensiva da comunidade de segurança e informações diante da possibilidade de seu desmonte, como já assinalamos. O destaque, nesse caso, é o autor da informação — o Cenimar —, justamente um dos três órgãos "mistos" da repressão que tanto produziam informações quanto faziam operações de segurança (prisões e interrogatórios). A comunidade de segurança instalada nesses três órgãos (os outros eram o CIE e o Cisa) era provavelmente a mais poderosa, já que estava no interior dos ministérios militares.

A Igreja brasileira tornou-se conhecida no mundo inteiro por sua postura combativa. E, curiosamente, a partir de determinado momento, passou a incomodar não apenas as autoridades brasileiras. A DSI/MRE produziu uma informação que trazia a transcrição de trechos de uma mensagem do porta-voz de imprensa da Santa Sé, padre Panciroli, na qual afirmava que dom Hélder nunca havia sido impedido pelo Vaticano de viajar ou de exercer quaisquer atividades fora de sua circunscrição eclesiástica. Todavia, o bispo teria sido

> [...] convidado, por um de seus pares [...] a tomar em maior consideração as necessidades pastorais de sua vasta arquidiocese, considerando a aceitação de compromissos extradiocesanos às exigências de seus deveres precípuos e de suas graves responsabilidades de pastor em relação à igreja a seu cargo.[105]

A advertência que foi dada a dom Hélder, segundo o analista da DSI/MRE, representava "uma evidente censura à maneira de atuar do arcebispo de Olinda e Recife". Além disso, era motivada pela situação da

Igreja no Brasil, cujo suposto "radicalismo" teria origem especialmente na "conduta deplorável" de dom Pedro Casaldáliga e na posição de resistência de dom Cândido Padin. Segundo os informes, a preocupação do Vaticano era evitar a formação de grupos dissidentes no episcopado e revigorar a unidade e a moderação da Igreja, característica que estaria enfraquecida desde o Concílio Vaticano II, e que, no Brasil, era simbolizada por dom Vicente Scherer. A partir dessa interpretação, a origem de tal problema estaria no enfraquecimento da autoridade do papa, considerado apenas o primeiro de um colegiado, o que incentivaria aqueles que questionavam a centralidade romana.[106]

A chegada de Karol Józef Wojtyła ao papado, como João Paulo II, significou um alívio para os militares. De fato, ele começou a questionar o excesso de autonomia da CNBB — que tinha quase dez por cento do episcopado mundial — e aumentou sua prudência com relação às iniciativas da entidade. Obviamente, a comunidade de informações louvou prontamente a "salutar preocupação" do Vaticano. O restabelecimento da hierarquia na Igreja e da autoridade do papa era visto pelos analistas como a única maneira de solucionar os problemas que a instituição vinha causando e reverter o seu suposto processo de esquerdização. Na expressão, por vezes bastante intrincada, da DSI/MRE:

> A posição de vigilância prudente da Santa Sé está [...] cada vez mais patente. Parece deflagrado o processo de exame do que aqui ocorre e há indícios de que as conclusões lá chegadas são as de que se faz mister uma volta, no Brasil, a uma maior ortodoxia e um mais autêntico trabalho pastoral, o que não exclui, quando bem conduzida, a presença da Igreja Católica nos problemas da comunidade e a participação nos anseios gerais. Assim nos corresponde uma ação discreta no sentido de manter bem presente ali as ocorrências, aqui em curso, no âmbito da Igreja Universal. Isso se afigura útil à maior segurança de ação da Santa Sé, sempre preocupada com sua unidade.[107]

No entanto, de acordo com a comunidade de informações, não era muito fácil refrear a combatividade daqueles bispos. Foi o que se percebeu quando o jornal *O Estado de S.Paulo* publicou matéria sobre o posicionamento que os bispos brasileiros sustentariam no terceiro encontro do Celam, a ser realizado em outubro de 1978, na cidade de Puebla, no México.* Foram ouvidos diversos bispos, como dom Serafim Fernandes de Araújo, dom Clemente José Carlos Isnard, dom Geraldo Proença Sigaud, dom José Maria Pires, dom Hélder Câmara, dom Adriano Hipólito, entre outros. Com exceção de dom Geraldo Sigaud, todos declararam que iriam seguir as mesmas diretrizes "radicais" do último Celam, que teimavam em escapar do âmbito puramente religioso.

Segundo a DSI/MRE, contudo, das palavras de dom Geraldo, seria possível depreender "a preocupação do Vaticano em abrandar o ímpeto dos eclesiásticos radicais de esquerda e em reconduzir o episcopado da América do Sul, notadamente o brasileiro, à ortodoxia doutrinária e ao pastoreio religioso". Ainda assim, parecia não haver sinais de que os religiosos "radicais de esquerda" iriam ceder às determinações do órgão central da Igreja. Pelo contrário, as críticas ao governo persistiam, o que teria ficado claro na adesão da CNBB à campanha pela Anistia. Essa não obediência imediata dos bispos ao Vaticano continuava incomodando os órgãos de informações. Antes, a posição dos papas não parecia muito clara, mas a partir do final de 1978, com todas as mudanças que começavam a ser implementadas por João Paulo II, os analistas não entendiam como era possível que os bispos continuassem insistindo em desobedecer sua autoridade.[108]

Com a postergação do Celam, em virtude da morte de João Paulo I, outra reunião preliminar seria realizada entre os bispos brasileiros. Dom Paulo Arns, dom Hélder Câmara e dom Cândido Padin já haviam confirmado presença. Naquela ocasião, deveriam ser discutidas as ideias que conformariam a posição do episcopado brasileiro no encontro do Celam. Tudo indicava que a base das discussões seriam as sugestões

---

*O encontro, no entanto, foi adiado em virtude da morte do papa João Paulo I, em 28 de setembro de 1978.

feitas por aqueles que chamavam de seus "consultores", como Leonardo Boff, José Comblin ("expulso do Brasil"), frei Betto e Gustavo Gutierrez, "um dos principais ideólogos da Teologia da Libertação, de inspiração marxista". Sobre frei Betto acrescentam: "dominicano, conhecido por suas atividades subversivas junto à ALN, no tempo de Carlos Marighella". Dessa vez a informação não causou tanto alarde aos analistas da DSI/MJ.* Eles continuaram insistindo que a tendência do novo papa "para um retorno da Igreja Católica às suas tradições milenares, dando ênfase particular à sua ação espiritual e pastoral", iria contribuir para dar "uma significação religiosa à Conferência de Puebla". Inclusive o próprio sumo pontífice estaria presente no evento. Portanto, foi considerado desnecessário transmitir a informação ao núncio apostólico.[109]

Um episódio de intervenção direta do Vaticano em uma iniciativa do episcopado brasileiro ocorreu quando a CNBB propôs a criação das Jornadas Internacionais por uma Sociedade Superando as Dominações, em 1979. O projeto, que visava promover um Congresso Internacional ao estilo do Tribunal Bertrand Russell,** já havia sido aprovado pela Assembleia Geral da CNBB em 1973, em comemoração ao 25º aniversário da Declaração Universal dos Direitos Humanos, e ao décimo da encíclica *Pacem in Terris*. Em 1976, tal projeto foi apresentado à opinião pública, através da imprensa, por dom Aloísio Lorscheider e, no ano seguinte, foi ratificado por dois terços dos votos da Assembleia Plena do Episcopado Brasileiro. O objetivo era, conforme o analista do Cisa,

> [...] suscitar uma maior dominância no processo pedagógico brasileiro e sul-americano que pudesse contribuir para uma "educação popular conscientizada", levando em conta os graus de dominações impressos ao povo nos regimes tidos pela esquerda clerical como ditatoriais.[110]

---

*A Arquidiocese de Goiânia, também com o intuito de contribuir para a discussão a ser realizada em Puebla, difundiu um documento que fazia sugestões para o III Celam. A sua posição também tendia a reforçar as diretrizes do encontro de Medellín, de modo a "tentar novos avanços que justifiquem uma atuação política ainda mais radical". Ver Informação s/n, de 8 de janeiro de 1979. Processo C. 100030/79. MC/P. Caixa 3417/08084.
**Tribunal criado em 1966 na Europa para o julgamento dos crimes da Guerra do Vietnã.

Entretanto a execução do projeto foi interrompida pelo papa "por contrariar a finalidade da CNBB e extrapolar sua competência jurisdicional". Ademais, poderia prejudicar as relações do Vaticano com os governos envolvidos nas denúncias de maus-tratos, que feriam os direitos humanos. A comunidade de informações ficou estupefata, pois, a despeito da interferência da Santa Sé, "alguns prelados brasileiros de linha progressista, engajados no projeto [como dom Cândido Padin], resolveram dar continuidade a sua execução".[111] Primeiramente, apoiaram a criação do secretariado das jornadas em Paris, onde convergiriam as denúncias dos participantes do projeto, que, em seguida, seriam difundidas em diversas línguas.* Também haveria o lançamento de um livro de denúncias dos casos de dominação e, ainda, um encontro dos participantes das jornadas, programado para julho de 1979, em João Pessoa (PB).[112]

A partir do final dos anos 1970, a Igreja Católica começou a viver uma onda conservadora e a CNBB não ficou de fora. O papa tendeu a ignorar grande parte das inovações dos bispos brasileiros e tomou as rédeas da situação, com vistas a diminuir o poder da Conferência. A discussão de questões morais sobressaiu e a comunidade de informações não deixou de perceber essa mudança quando a III Regional Sul da CNBB declarou que "não podem receber votos dos católicos os candidatos que não tiverem ideias claras contrárias ao divórcio, aborto, amor livre e eutanásia".[113]

Naquele período, a perseguição aos bispos passaria a não ser mais tão intensa. A maior parte de suas atividades deixou de ser acompanhada pela espionagem. No entanto, um de seus principais veículos de protesto continuou sendo avidamente vigiado: as publicações. A partir de 1979, quase não se encontra outro tipo de investigação so-

---

*Um dos casos de denúncia do episcopado brasileiro foi a difusão do documento "Exploração dos trabalhadores brasileiros, o caso Fiat", que fazia críticas à maneira como eram tratados os operários daquela empresa. Além disso, atribuía aquela situação ao regime político vigente, que impedia o direito de greve e reprimia violentamente a expressão de insatisfação dos trabalhadores. Ver: Informação s/n, de 7 de junho de 1979. Processo C. 100981/79. MC/P. Caixa 3419/08086.

bre o episcopado que não a análise de suas publicações em livros, em jornais católicos ou na grande imprensa.

No dia 8 de janeiro daquele ano, a AC/SNI recolheu uma publicação do Centro Ecumênico de Informação chamada *Tempo e presença*. Sua análise foi feita de forma minudente. Logo na capa da publicação, percebe-se que o tom adotado foi de crítica sobretudo com relação ao processo eleitoral realizado no final do ano anterior. As matérias mais destacadas foram as que tratavam das opiniões dos bispos católicos sobre a situação política do país. Dom Cândido Padin, por exemplo, fez uma declaração em que considerava as reformas políticas do governo uma perda de oportunidade de "devolver à nação a responsabilidade de si mesma". Já dom Antônio Celso Queiroz, bispo auxiliar da Arquidiocese de São Paulo, pronunciou-se em defesa do direito de greve dos trabalhadores. Dom Moacyr Grechi, bispo do Acre, ressaltou que não era mais nenhuma novidade o fato de os católicos discutirem política, pois não havia incompatibilidade entre a fé e o desejo de mudanças na sociedade.[114]

Aproximadamente no mesmo período, a Diocese de Propriá, no estado de Sergipe, foi acusada pela DSI/MJ de manter uma série de publicações "de cunho subversivo e de doutrinação marxista-leninista, em linguagem acessível às camadas populares, com penetração em vários estados". Os boletins destacavam-se, segundo aquele órgão, por "incentivar a agitação" daquela população e "hostilizar diretamente os órgãos governamentais". Por essas razões, a informação seria difundida para o DPF, que, conforme o analista, certamente a encaminharia à DCDP e, também, ao Dops. Porém, em vez de fazer o procedimento-padrão, a DSI/MJ solicitou um parecer à consultoria jurídica do Ministério. A resposta dada por Ronaldo Poletti é bastante esclarecedora sobre o funcionamento do aparato repressivo. Ele reforça a necessidade de censurar as publicações em questão, no entanto lembra que, com base no decreto-lei nº 1.077, os censores poderiam vetar apenas temas contrários à moral e aos bons costumes, já que não tinham competência para apreciar temas de cunho político.[115]

Em agosto de 1979, foi examinado pela DSI/MJ um exemplar do livro *Dom Paulo Evaristo Arns, o cardeal do povo*, escrito pelos jornalistas Getúlio Bittencourt e Paulo Markun e lançado pela Editora Alfa-Ômega. Segundo o analista de informações, o livro tinha um objetivo puramente promocional, pois tratava apenas dos aspectos positivos da personalidade e da trajetória do bispo: sua inteligência, seu destemor, seu patriotismo, sua repugnância à subversão, sua preocupação com os jovens, com os pobres e com os presos políticos, os elogios recebidos do papa Paulo VI e sua projeção nacional e internacional. Para a DSI/MJ, aquela publicação traria apenas "informações tendenciosas" e voltadas para o caráter combativo de dom Paulo Arns, ressaltando suas ações de protesto contra o regime. O bispo tratava a "revolução de 64", por exemplo, "de forma injuriosa". Havia ainda a ênfase nos títulos honoríficos que havia recebido por defender os direitos humanos. E, para concluir, os analistas observavam que os autores queriam passar a imagem de dom Paulo como homem bem informado e com "poder de influência, pois estaria em suas mãos um relatório militar analisando a atuação da Igreja".[116]

Alguns meses depois, a comunidade de informações examinou uma pretensa campanha de propaganda adversa ao regime que a grande imprensa vinha fazendo. As principais finalidades de tal iniciativa seriam "desmoralizar autoridades, divulgar o comunismo, procurar mostrar que a legislação trabalhista só favorece o empregador e que o problema econômico decorria da política governamental, que prejudica o povo e beneficia o capital". Um dos maiores destaques da campanha teria sido o movimento grevista dos metalúrgicos de São Paulo, cujo principal apoio partira de dom Paulo Arns, que os incentivava a "enfrentar as forças policiais". O analista do SNI também fala sobre o protesto de dom Ivo Lorscheiter contra a invasão por policiais que a igreja da Consolação havia sofrido. Em suma, "a imprensa [com apoio de religiosos] fez agressiva propaganda adversa, procurando mostrar que o 'regime fascista' é capaz de agredir o povo e matar 'inocentes trabalhadores'".[117]

No dia 13 de novembro, outro bispo constantemente perseguido pela comunidade de informações voltou a ser citado pelo mesmo órgão. Dom Waldyr Calheiros havia concedido uma entrevista ao jornal *Opção*, editado em Volta Redonda, em que denunciava a violência policial. O bispo apresentava o que chamou de "dez mandamentos" de como se defender de abusos policiais e prisões ilegais. Aconselhava ainda "a resistência às autoridades, tese de que se valem os radicais da esquerda católica para disseminar as ideias do movimento não violência, de cunho marxista".[118]

E assim, sucessivos exemplos do que a comunidade de informações chamava de "propaganda adversa" passavam pelo crivo de sua investigação. O *Jornal de Brasília* que circulou no dia 18 de novembro de 1979 veiculou o documento "Repressão da Igreja no Brasil: reflexo de uma situação de opressão", que havia sido encomendado ao Centro Ecumênico de Documentação e Informação por dom Paulo Arns e dom Tomás Balduíno. O enfoque daquele texto, segundo a DSI/MJ, eram as mudanças sofridas pela Igreja desde o Concílio Vaticano II, passando pelo II Celam. Além disso, trazia a lista de todos os membros da Igreja que haviam sofrido de alguma maneira com a repressão entre 1968 e 1978. No caso dos bispos, teriam sido 18 ameaças de morte. As justificativas da Igreja para essa perseguição seriam as lutas que vinha empreendendo a favor da democracia, dos direitos humanos e dos direitos dos oprimidos. Isso sempre com base no Evangelho. Também citavam casos de agressão verbal a religiosos por parte de autoridades do governo, como por exemplo ministros e parlamentares que os acusaram de "subversivos", "comunistas", "agitadores", "insufladores", "marxistas" e "clandestinos". A DSI/MJ viu aquela publicação como "altamente prejudicial ao governo", já que surgia às vésperas da votação do projeto de reformulação partidária. Os analistas destacaram o posicionamento da Igreja de se apresentar como vítima do regime e, assim, tentar impedir a aproximação do governo brasileiro com o papa.[119]

O jornal *Movimento* voltaria a ser motivo de preocupação dos órgãos de informações em outras ocasiões. A edição de 23 a 26 de junho de 1980, de acordo com a percepção da comunidade de informações, indispunha a população contra as Forças Armadas, e ainda pregava a conciliação entre cristianismo e comunismo. O analista da DSI/MJ também observou que havia naquela publicação uma forte exaltação do chamado "clero progressista", ao mesmo tempo que se depreciaria o "clero conservador". Nesse sentido, os "progressistas" teriam exposto seu desejo de que o papa não atrapalhasse os seus ganhos, tampouco que os conservadores saíssem fortalecidos com a vinda daquele ao Brasil. De acordo com a DSI/MJ, os chamados "bispos progressistas" queriam ainda evitar que o governo tirasse proveito daquela visita, por isso buscariam mostrar ao sumo pontífice os graves problemas sociais do país.[120]

Contudo, nem todas as informações obtidas sobre os bispos eram desalentadoras para os analistas. Em setembro de 1980, por exemplo, a DSI/MJ registrou que o arcebispo de Aracaju (SE), dom Luciano Cabral Duarte, enviara uma carta ao núncio apostólico do Brasil, dom Carmine Rocco, denunciando a participação de dom Hélder em um ato público de "caráter nitidamente partidário" na cidade de Propriá (SE). Segundo dom Luciano, durante o evento, dom Hélder teria pregado a união de estudantes e camponeses para a derrubada da ditadura. Na mesma ocasião, uma moradora de Petrópolis (RJ), Maria da Glória Rangel Sampaio Fernandes, também enviou uma carta ao núncio, reclamando da atitude de dom Hélder, que havia permitido a encenação de uma peça de Augusto Boal na Igreja do Carmo, em Olinda (PE). Para ela, o espetáculo, de cunho "subversivo", era "ultrajante". Para a comunidade de informações, o bispo tanto vinha "acentuando cada vez mais suas atividades político-contestatórias ao regime, como apoiando outros setores populares de esquerda".[121]

Naquele mesmo mês, houve o II Encontro Nacional de Pastoral Urbana da CNBB, com o objetivo de discutir os desafios enfrentados pela Igreja nas grandes cidades e nas áreas urbanas de maneira geral. O evento contou com a presença de cinco bispos, mas foram dom Cândido Padin e dom David Picão (Santos, SP) que tiveram maior destaque. Um dos principais temas da discussão foi a "denúncia da união do poder militar com o poder econômico como responsável pela maior parte dos problemas das metrópoles", entre os quais a favelização, o desemprego, o tráfico de drogas, a prostituição etc. Segundo o informante, os bispos enfatizaram a necessidade da união do movimento sindical com outros movimentos populares, em torno das comunidades eclesiais de base, para que as metas de transformação social propostas pela CNBB fossem atingidas. Essas inovações dariam "ampla flexibilidade aos progressistas para agirem em áreas de jurisdição religiosa cujos bispos desautorizam o intrometimento da Igreja em questões sociopolíticas". Em suma, a comunidade de informações entendia que o intuito dos "progressistas" era diminuir o poder daqueles bispos que se esforçavam para frear o avanço das transformações sociais. Assim,

> [...] as programações futuras da CNBB revelam uma inquietação por esses problemas, o que deixa antever que a Igreja pretende ocupar espaços em todos os segmentos sociais urbanos, despontando, desse modo, como uma organização de vanguarda no seu questionamento, utilizando-os como "bandeira" de contestação e pressão ao governo e ao regime.[122]

Para a comunidade de informações, como se não bastasse o fato de ser estrangeiro, dom Pedro Casaldáliga teria começado a defender religiosos também estrangeiros que haviam se envolvido com "atividades ideológicas" no Brasil. Em outubro de 1980, de acordo com o registro da DSI/MJ, aproveitando-se da decisão do STF de negar um *habeas corpus* ao padre italiano Vito Miracapillo, dom Pedro criticou, no *Jornal do Brasil*, o que chamou de "impotência subserviente" do Poder Judiciário, e afirmou que, assim como o povo, as instituições também não eram livres no Brasil. Ainda segundo a DSI/MJ, em 3 de novembro, o bispo declarou na *Folha de S.Paulo* que um cristão não poderia ser expulso da Igreja, ainda mais no cumprimento de sua missão. E, na mesma data, no *Jornal da Tarde*, ele afirmou não ter medo de sofrer a mesma sanção do padre Miracapillo, já que aos cristãos era proibido ter medo.

Logo no início do ano seguinte, segundo a comunidade de informações, os principais jornais do país teriam divulgado declarações de dom Pedro em que teria defendido abertamente "o socialismo como regime ideal para o Brasil". O bispo teria criticado a maior parte dos novos partidos políticos, com exceção do PT e do Partido Democrático Trabalhista (PDT), que seriam as "melhores opções para os eleitores". Por fim, teria feito uma provocação, dizendo que, se ele não havia sido expulso do país, apesar das várias ameaças sofridas, era em virtude das orações do povo e da intervenção da CNBB e de outros membros da Igreja, pois "bispo é autoridade e poder neste país e o governo sabe disto". O analista da DSI/MJ relatou os dados tentando aparentar isenção, mas acusou o bispo de estar recebendo altas somas de uma entidade estrangeira para financiar projetos sociais e, também, a impressão do boletim *Alvorada*.[123]

3.3 Os bispos e as questões fundiárias

O tema mais recorrente nas observações da comunidade de informações sobre as atividades dos bispos em questões fundiárias são os conflitos entre posseiros e proprietários de terras e, por conseguinte, o envolvimento de representantes da Igreja nessas disputas. No contexto dessa temática geral, havia diversos pormenores, principalmente no que se refere à luta pelos direitos dos índios e dos camponeses, que chamavam a atenção dos órgãos de informações.

Se, em relação aos movimentos urbanos, dom Hélder Câmara, dom Paulo Arns e os primos dom Aloísio Lorscheider e dom Ivo Lorscheiter se destacavam entre os mais visados, em se tratando do espaço rural, o bispo que mais ensejava a produção de informações era sem dúvida o catalão dom Pedro Casaldáliga. A presença de estrangeiros no território brasileiro deixava os órgãos de informações bastante desconfiados, sobretudo quando havia o envolvimento deles nos problemas nacionais, o que era considerado uma intromissão indevida.

Dom Pedro mereceu um minucioso dossiê sobre sua vida pública e privada.[124] O documento abarca fundamentalmente os anos em que atuou no Brasil, mas também inclui informações desde sua infância. O foco, contudo, estava nas ações do bispo, tidas como ousadas e não compreendidas mesmo por seus pares. Ao contrário destes, "que preferem manter uma saída para o 'diálogo', antes da denúncia direta", dom Pedro "denunciava abertamente os grandes interesses, citando nomes e apontando autoridades cúmplices no processo de expropriação".[125] As comunidades de segurança e informações tudo fizeram para tentar contê-lo, ainda que sempre acabassem esbarrando na relativa intocabilidade que sua posição como membro da hierarquia eclesiástica lhe garantia. Isso não as impediu de atacar os que estavam à sua volta, mesmo quando eram membros do clero.

Pouco tempo depois de sua ascensão ao episcopado, dom Pedro foi enquadrado pela AC/SNI nos artigos 100 e 146 do Estatuto dos Estrangeiros, acusado de atentar contra a Segurança Nacional:

> Art. 100 — É passível de expulsão o estrangeiro que, por qualquer forma, atentar contra a Segurança Nacional, a ordem política ou social, a tranquilidade ou a moralidade pública e a economia popular, ou cujo procedimento o torne nocivo ou perigoso à conveniência e aos interesses nacionais.
> [...]
> Art. 146 — O estrangeiro admitido no território brasileiro não pode exercer qualquer atividade de natureza política, nem se imiscuir, direta ou indiretamente, nos negócios públicos do País.[126]

Sob essa ótica, praticamente tudo o que dom Pedro fazia era identificado pela comunidade de informações como infração a essa lei, como evidenciam as acusações que sofreu nos anos em que esteve à frente da Diocese de São Félix do Araguaia, sobretudo entre 1971 e 1981. Fundamentalmente, as avaliações dos órgãos de informações eram feitas com base em seus pronunciamentos na imprensa, nas publicações religiosas ou mesmo nos textos de sua própria autoria, nos conflitos com latifundiários e empresários agrícolas e no seu envolvimento direto em movimentos sociais. O objetivo principal desses órgãos era desqualificar moral e politicamente a participação de dom Pedro em questões políticas e até mesmo suas atividades religiosas.

Em novembro de 1971, o bispo difundiu uma "Carta pastoral", na qual criticava a política do governo federal para a ocupação da Amazônia, o que, segundo a AC/SNI, tinha sido o suficiente para "incentivar a revolta dos posseiros contra os proprietários de terra".[127] Mas esse assunto não parava por aí: no início de 1972, a Associação de Empresários Agropecuários da Amazônia encaminhou ao ministro da Justiça, Alfredo Buzaid, um memorial intitulado "A ocupação e o desenvolvimento da Amazônia Legal", elaborado para expressar o ponto de vista dos empresários sobre aquela região. Esse documento incluía, além de várias cartas enviadas ao ministro entre 1971 e 1972, diversos recortes de jornais com declarações de dom Pedro, que haviam sido recolhidas por "algumas empresas associadas, diretamente atingidas pelo ativismo do bispo de São Félix".[128] No mês seguinte, aquela associação enviou nova carta, acrescentando nomes de outros religiosos estrangeiros que estariam agindo junto com dom Pedro naquela região e também no município de Luciara (MT). Entre esses, estavam os padres espanhóis Pedro Mary Sola, José María García e Leopoldo Beomonte.

A finalidade desses apelos dos empresários ao ministro era denunciar o apoio que dom Pedro estaria dando a posseiros e trabalhadores rurais "envolvidos diretamente na invasão de propriedades fundiárias privadas, na destruição das benfeitorias promovidas na região e nas denúncias de trabalho escravo" e, também, de desamparo de trabalhadores acidentados nas agropecuárias São José e Três Marias.[129] Havia um motivo que deixava os empresários ainda mais sobressaltados: a notícia de que estava em "elaboração [...] um plano de agitação em cadeia, a ser desencadeado, sob várias formas, em toda a região, a partir de abril [de 1972]".[130] Por tudo isso, eles pediam a intervenção do ministro, alegando que necessitavam de "tranquilidade para os seus negócios" e que temiam que essas agitações afastassem os investidores da região e viessem a acarretar prejuízos.

Em carta anexa ao memorando citado, o vice-presidente da associação, José Aparecido Ribeiro, defendia aquela entidade, esclarecendo que o ministro do Trabalho havia designado uma equipe de seis pessoas para auxiliar no registro formal de mais de 8,5 mil trabalhadores das empresas rurais. Solicitava, então, que o relatório de trabalho dessa equipe fosse anexado ao documento que estava sendo enviado ao Ministério da Justiça. Afirmava ainda que vários proprietários, como os da Fazenda Bordon, estariam incentivando os posseiros a plantarem suas roças nas terras da fazenda. Além disso, haviam proposto aos camponeses que colhessem suas plantações antes de se retirar, ou mesmo que ficassem trabalhando naquelas terras como empreiteiros. Essas propostas, no entanto, não teriam sido aceitas em virtude da interferência de dom Pedro, que, segundo José Aparecido, defenderia a divisão das propriedades em pequenos lotes para serem distribuídos aos posseiros.[131]

De acordo com os empresários, o desrespeito do bispo pelos bens privados estava chegando a níveis assustadores. Segundo o vice-presidente da referida associação, dom Pedro teria determinado a invasão do terreno da empresa Companhia de Desenvolvimento do Araguaia (Codeara) com tratores para nivelamento do solo, pois estaria pretendendo construir ali uma igreja, um ambulatório e uma escola. Tudo isso sem autorização da proprietária e sem respeitar "o plano de urbanização que esta havia apresentado ao Instituto de Colonização e Reforma Agrária (Incra)".[132]

Esse memorial mostra como determinados grupos da sociedade brasileira se dirigiam diretamente aos governantes para solicitar maior rigor punitivo contra quem pusesse em risco seus interesses. Nesse caso, os apelos usados são a necessidade de contenção da desordem social na área e o risco de prejuízo econômico para as empresas.

É fácil notar que as solicitações dos empresários contribuíam para reforçar a aversão da comunidade de informações por dom Pedro Casaldáliga. Segundo um informe da DSI/MJ, dom Pedro teria declarado que "[lutaria] pelos posseiros, não importando a ele por isso ser preso, exilado ou morto".[133] Para os analistas de informação, apenas a intervenção de uma autoridade eclesiástica superior poderia melhorar a situação, já que, mesmo os bispos com posições de destaque no Brasil, como o secretário-geral da CNBB, estariam defendendo a atuação "exaltada" de dom Pedro.

Segundo a DSI/MJ, dom Ivo Lorscheiter havia se encontrado com Alfredo Buzaid para denunciar a "perseguição policial sistemática a religiosos e pequenos posseiros de terras que contrariavam os interesses dos grandes projetos agropecuários". Conforme a informação, o bispo de Santa Maria teria denunciado ao ministro da Justiça que dom Pedro havia sido convocado para um interrogatório na delegacia policial de Barra do Garças, "um verdadeiro desrespeito a uma autoridade da Igreja". Após a reunião, na qual dom Pedro também estava presente, o ministro teria se comprometido a abrir um inquérito para averiguar os responsáveis pelo incidente, o que teria deixado dom Ivo bastante satisfeito.[134]

Ainda no final de 1971, dom Pedro lançou a carta pastoral "Uma Igreja na Amazônia em conflito com o latifúndio e a marginalização social", na qual falava sobre a exploração dos posseiros pelos grandes fazendeiros e denunciava a situação dos índios. A avaliação dos analistas da DSI/MJ sobre a publicação não foi muito longa. Eles resumiram os principais temas do livro em alguns tópicos:

a) O estabelecimento pelo governo de uma política injusta e cruel para aquela área amazônica, estabelecendo, incentivando e protegendo os grandes latifúndios, em detrimento de uma justa reforma agrária.

b) O abandono, a pobreza e a ignorância das populações locais, sem a menor assistência das autoridades.

c) A escravidão, perseguições e injustiças praticadas pelos senhores de terras — todos oriundos de outras partes do país — contra posseiros, peões, índios e demais habitantes da região.

d) Política errônea do governo quanto aos índios, particularmente quanto à sua assistência e aculturação.

e) Autoridades policiais arbitrárias e violentas, sempre favoráveis aos interesses dos grandes fazendeiros.[135]

E concluem:

> Como se verifica, é mais uma intromissão indébita do bispo de São Félix em assunto que não lhe compete e no qual, maldosamente, procura distorcer a correta política do governo quanto à integração e posse da Amazônia, mostrando apenas os aspectos negativos, peculiares ao pioneirismo da ocupação de uma vasta região, até bem pouco tempo relegada ao abandono e que, com as medidas adotadas, dentro em breve poderá transformar-se numa das maiores áreas de pecuária do continente, levando o progresso e o bem-estar aos seus habitantes. Na opinião deste Ministério, portanto, a publicação do bispo de São Félix é altamente nociva ao planejamento e aos interesses do governo, constituindo-se mesmo o dirigente da citada Prelazia um "antagonismo" prejudicial aos objetivos [...] de integração nacional [...].[136]

Pouco tempo depois, a DSI do Ministério das Comunicações (DSI/ MC) enviou à DSI/MJ dois artigos do bispo, publicados nas revistas francesas *Informations Catholiques* e *Croissance*, cujos temas, segundo os analistas do órgão do Ministério das Comunicações, voltavam a reforçar expressões como "escravidão, submissão, espoliação", isto é, "os mesmos repetidos chavões usados pelo Movimento Comunista Internacional".[137]

Dom Ivo Lorscheiter também foi acusado de envolvimento com questões relacionadas à terra. Em 1972, a AC/SNI, com base na percepção que tinha da trajetória do bispo até então, fez seu diagnóstico sobre ele: "possui personalidade dominadora e envolvente. Só se satisfaz quando consegue aquilo que quer. Não é dado ao diálogo. Apresenta tendências acentuadas de proselitismo religioso".[138]

Ademais, mesmo estando em posição inferior a dom Aloísio, presidente da CNBB, seria dom Ivo que dominava o primo em seus posicionamentos.[139] Segundo a AC/SNI, no início de 1972, os dois bispos reuniram-se com o presidente da Fundação Nacional do Índio (Funai), órgão oficial de proteção dos povos indígenas, para se manter informados sobre a política indigenista do governo federal. Aquele órgão desqualificou o encontro, dizendo que os religiosos estavam apenas "dissimulando" o interesse pelas questões indígenas, já que "demonstraram visível desinteresse pela documentação a eles apresentada". Entretanto, apesar de os bispos reconhecerem que a situação geral da saúde dos índios havia melhorado, "ambos desconhecem completamente a problemática do índio brasileiro e muito menos a política indigenista do nosso governo". Para finalizar, o SNI previu que, a despeito do que tivesse sido discutido na ocasião, os dirigentes da CNBB iriam impor à sociedade o seu ponto de vista sobre a política oficial para os povos indígenas.[140]

Observa-se aqui uma característica muito presente nas avaliações da comunidade de informações de maneira geral. O clero é sempre visto como manipulador das populações rurais e indígenas. Os camponeses e os índios, sempre considerados ineptos, estariam sendo incitados a questionar a ordem estabelecida e estimulados à insubordinação. Para a espionagem, esses grupos jamais seriam capazes desses atos de contestação sem a interferência de "agitadores", entre os quais sobressaíam os religiosos. Segundo os órgãos de informações, bispos como dom Pedro Casaldáliga, dom Estevão Cardoso de Avelar, dom Moacyr Grechi e outros, ao se "aproveitarem de temas bíblicos", estariam encorajando a organização política dos camponeses, notadamente aqueles menos informados, e, em consequência, a "ocupação ilegal" de propriedades fundiárias privadas.

Em 1973, dom Pedro Casaldáliga foi convocado a depor em inquérito policial instaurado pela Polícia Federal, em que era acusado de atentar contra a Segurança Nacional. O analista de informação relatou, contrariado, que, embora tivesse confessado "ter apoiado os atos violentos praticados pelos posseiros contra as companhias Frenova e Bordon, localizadas na área de sua Prelazia",[141] o bispo não foi indiciado. Estava claro para a comunidade de informações que não seria uma tarefa fácil reprimi-lo, mas os agentes não deixaram de acompanhar detidamente suas atividades, tentando inculpá-lo. Ao final daquele ano, por exemplo, o CI/DPF teve acesso a uma carta alarmista escrita pelo inspetor da Polícia Federal Francisco de Barros Lima informando ao diretor do DPF de Goiás ter encontrado a população do município de Luciara "em estado de pânico". Isso estaria ocorrendo porque os religiosos, incluindo dom Pedro, estariam disseminando a notícia de que autoridades civis e militares viriam "prendê-los e espancá-los". Assim, as pessoas estariam fugindo desesperadamente para as matas, e muitos teriam até mesmo abandonado suas famílias.[142]

Até o início da década de 1980, os órgãos de informações continuaram recolhendo todas as edições do jornal *Alvorada*, publicado mensalmente pela prelazia de São Félix do Araguaia, bem como as declarações de dom Pedro a periódicos nacionais e estrangeiros — entre os quais os brasileiros *Movimento*, *Jornal do Brasil*, *Jornal da Tarde*, *Tribuna da Imprensa* e *Correio da Lavoura* e os espanhóis *Sábado Gráfico* e *Vida Nueva*, além dos outros já citados —, e acompanhando suas aparições públicas.

É importante ressaltar a importância do boletim *Alvorada*, cujo estilo se encaixava perfeitamente no que a comunidade de informações entendia como "veículo doutrinário". O periódico, editado por dom Pedro, tinha uma escrita clara e objetiva, "capaz de atingir os leitores mais rudes e simples".[143] As matérias eram diversificadas, mas tratavam principalmente de temas religiosos. O que incomodava a espionagem eram as matérias relacionadas a assuntos de ordem política, como o apoio aos posseiros ou a crítica direta aos militares. Na edição de dezembro de 1974, foi publicada uma carta do padre Canuto, que estimulava os trabalhadores rurais a lutarem pela preservação de suas terras, o que foi visto pela DSI/MJ como incitamento à luta armada e à luta de classes. Também foi recolhida uma nota que classificava um acidente aéreo que matara dois militares como um "castigo de Deus". Fosse qual fosse o assunto abordado, para a comunidade de informações, o intuito era sempre a manipulação de pessoas "ignorantes" e "vulneráveis" às influências do "clero comunista".[144]

Mas nem sempre os conflitos ocorriam apenas entre os proprietários de terra e os posseiros. Em alguns momentos, esses dois grupos se encontraram do mesmo lado em oposição aos índios. Em 1974, a DSI/MJ registrou que os atritos entre tais grupos foram resultado da demarcação de uma reserva indígena no município de Tocantínia (GO), feita pelo presidente da República dois anos antes. Tudo começou porque a indenização prometida pelo governo não foi paga aos posseiros e proprietários. Assim, muitos deles permaneceram na área da reserva, o que gerou forte insatisfação entre os índios. Por essa razão, eles começaram a entrar nas plantações e a tirar tudo de que precisavam para seu sustento. Os posseiros, apoiados pelos proprietários, reagiram e acabaram entrando em confronto direto com os índios. Houve intervenção da força policial e estes foram os maiores prejudicados. De acordo com a DSI/MJ, a revolta dos índios havia sido causada em grande medida pela interferência direta do Cimi, presidido por dom Tomás Balduíno.[145]

Em abril daquele ano, o Cimi realizara em Diamantino (MT) a I Assembleia de Chefes Indígenas, cuja finalidade era examinar a política do governo federal para o setor. Além de representantes indígenas e de membros do clero, compareceram ao evento uma antropóloga, representando a Funai, e também dois jornalistas de *O Estado de S.Paulo*.

A DSI/MJ concluiu que o encontro havia atingido o seu propósito, já que, ao criticar a atuação do governo, "despertou a atenção dos índios para problemas de ordem política e social, além de outros relacionados a terras e à defesa de suas áreas, inclusive fazendo lembrar o espírito de luta entre silvícolas e civilizados na disputa de glebas invadidas".[146]

Em maio de 1976, o bispo de Rio Branco (AC), dom Moacyr Grechi, encontrou-se com representantes da Confederação Nacional dos Trabalhadores na Agricultura (Contag). O objetivo da reunião era discutir o problema fundiário do Acre, principalmente a aquisição de terras pelos posseiros. O encontro também teve a presença do jornalista Elson Martins da Silveira, correspondente do jornal *O Estado de S.Paulo*, bem como de seis padres. Para o SNI, causava estranheza essa ligação entre a Contag e o bispo, pois a "entidade responsável pela proteção aos trabalhadores rurais está desvirtuada de suas reais finalidades, vez que, vinculando-se em demasia a setores radicais da Igreja Católica, fomenta a discórdia entre proprietários e humildes posseiros acreanos". E alertava que, se a situação não fosse controlada, o Acre poderia tornar-se "palco de efervescentes acontecimentos políticos sociais". Em contrapartida, quando o processo chegou ao Ministério da Justiça, o chefe do gabinete, Alberto Rocha, adotou outro ponto de vista em seu parecer, ao afirmar que não havia muito o que fazer além de passar a informação ao Incra, já que a Contag estaria "apenas cumprindo o dever de defender os seus associados [pois] era parte interessada, tanto quanto os que adquirem ou grilam terras".[147]

Outros bispos também estiveram no foco da comunidade de informações quando se envolveram em questões fundiárias. O mineiro de Três Corações Estevão Cardoso de Avelar foi sagrado bispo da cidade de Marabá (PA) em 1971, mas só cinco anos depois passou a aparecer com mais frequência nos relatórios dos órgãos de informações. No primeiro semestre de 1976, segundo denúncia recebida pelo CIE, um fazendeiro da localidade de Água Fria (PA) desapropriou e indenizou sete posseiros que ocupavam parte de suas terras. Após receberem a indenização, aqueles indivíduos abandonaram a propriedade. Dias depois, de acordo com o mesmo órgão, dom Estevão os teria instigado a voltar àquelas terras, sugerindo que teriam sido "espoliados pelo fazendeiro". Os posseiros teriam seguido a orientação do bispo e tentado ocupar novamente a propriedade. Contudo tiveram um confronto com os encarregados da fazenda e um deles acabou morrendo.[148]

Dom Estevão vinha chamando a atenção da comunidade de informações pelas críticas que fazia aos militares e por manter relações com "membros de organizações de esquerda", conforme anotavam os analistas. O episódio de Água Fria é uma evidência de como usavam o envolvimento do bispo em questões sociais para construir sua imagem como adversário do regime. Além disso, ele era tido como provável colaborador do documento "Y-Juca Pirama — O índio: aquele que deve morrer", "considerado propaganda subversiva".[149] Tal documento foi publicado pelos bispos da Amazônia em dezembro de 1973 com o apoio do Cimi. Tratava-se de uma crítica dos religiosos à política indigenista do governo.

Em junho de 1976, o Cenimar produziu uma informação que tratava da intervenção de dom Estevão, agora bispo de Conceição do Araguaia (PA), junto a autoridades civis e militares, para pedir ajuda aos posseiros daquela área, porém sem sucesso. Então, segundo esse órgão, ele teria pedido ao subdelegado da localidade que enviasse a força policial, a fim de impedir o conflito entre os jagunços dos fazendeiros e os posseiros.[150] É interessante observar como o bispo, mesmo defendendo os direitos daqueles indivíduos considerados subversivos pelo regime, recorreu às autoridades governamentais para solucionar os problemas relativos à terra. Não há como ignorar que essa prática era muito comum, mesmo naquele período em que as relações entre Igreja e Estado estavam bastante estremecidas.

No mesmo mês, o CIE relatou que dom Estevão estava incentivando posseiros da região de Vila Floresta, a duzentos quilômetros de Conceição do Araguaia, a não aceitar propostas do Incra e que, pelo contrário, ocupassem novas terras. Para o CIE, o bispo estaria criando "uma mentalidade de invasão à propriedade privada e um desafio aberto à autoridade pública".[151]

No ano seguinte, o Cisa o acusou de envolvimento indireto na morte de dois policiais militares em Conceição do Araguaia, por ter "estimulado a revolta entre os posseiros que os assassinaram". Em seguida, ao mesmo tempo que salientava a necessidade de monitorar os meios de comunicação, pois "a imprensa nacional não reproduz os fatos com imparcialidade, seja por simples oposição ao governo, seja por estar também infiltrada [por comunistas]",[152] o órgão também criticava a falta de cobertura da imprensa no ato de doação de oitocentos títulos de propriedades de terras a lavradores daquela localidade, o que comprovaria "a existência da desinformação sistemática e da má-fé, que serviam para turvar os ânimos, gerar provocações descabidas e suscitar dúvidas na massa menos esclarecida".[153]

Contrariando a percepção da comunidade de informações, naquele mesmo período a assessoria do ministro da Justiça tinha uma visão diferente sobre os veículos da imprensa. Notava que os principais jornais do país — *O Estado de S.Paulo*, o *Correio Braziliense* e o *Jornal do Brasil* — já haviam moderado seu tom. E mesmo o *Alvorada*, de dom Pedro Casaldáliga, estaria mais contido, "deixando de incitar os lavradores à luta armada" e, por isso, "não achava conveniente nenhuma ação contra ele".[154]

Os órgãos de informações não tinham mais dúvidas de que dom Estevão estava imerso na "subversão". A incerteza que pairava nos primeiros documentos em que o bispo apareceu já estava superada. Ele teria passado a "inflamar abertamente" os posseiros para o "enfrentamento das autoridades" e para a "luta violenta entre as classes sociais".[155] Em 1978, quando passou a atuar em Uberlândia (MG), falou ao *Jornal do Brasil* que seu trabalho em Conceição do Araguaia havia impedido a ocorrência de injustiças ainda piores e, também, "que a responsabilidade pelos conflitos fundiários na Amazônia deve recair nas autoridades, que não conseguem resolver os problemas".[156] Todas essas declarações tinham o apoio manifesto da Regional Norte II da CNBB.*

O tema da "ação de religiosos no meio rural" era sempre muito visado pela comunidade de informações. Em abril de 1977, o Cisa reuniu uma série de pronunciamentos da CNBB sobre essa questão. Esses papéis, de modo geral, denunciavam a situação dos trabalhadores rurais e dos índios, e portanto eram vistos pelo órgão como deturpados. Davam "uma impressão distorcida do problema, pois neles se utiliza, com rara eficiência, a técnica das meias verdades, da qual os marxistas são mestres".[157] Somava-se a essa observação um fato ainda mais inquietante para a comunidade de informações: o conteúdo desses papéis já havia se propalado por diversos veículos da imprensa estrangeira. A Rádio Havana, a Rádio Praga Internacional e a Radio Tirana da Albânia o haviam transmitido, por meio de programas especiais, para o Brasil, em língua portuguesa. Os mesmos documentos teriam sido publicados pelos principais jornais da Europa, como os franceses *Le Monde* e *L'Humanité*, e o italiano *L'Unità*, tidos como "canais do Movimento Comunista Internacional". Até os órgãos oficiais do Vaticano endossariam totalmente as acusações, que não se restringiriam a esse tema específico, mas se estenderiam a toda a estrutura política, econômica e social do país.

Além disso, essas "agitações no campo" estariam provocando o desequilíbrio econômico dos fazendeiros, que encontravam dificuldade para pagar suas dívidas com o Banco do Brasil, devido às "invasões de terras" e aos "saques dos indígenas", quando não acontecia de abandonarem suas propriedades por medo da "subversão".

A comunidade de informações supunha que apenas parte do episcopado estava "contaminada" pela ideologia marxista, o chamado "grupo

---

*Em diversos momentos das avaliações da comunidade de informações, ficam bastante evidentes as dificuldades que o regime tinha para enquadrar legalmente os bispos como criminosos. No início de fevereiro de 1978, por exemplo, o procurador-geral da Justiça Militar, Milton Menezes da Costa Filho, comunica ao ministro da Justiça, Armando Falcão, a inexistência de crime contra a Segurança Nacional por parte de dom Estevão Avelar. Ver Processo C. 100134/78. QF/P. Caixa 3438/08105.

radical da Igreja, que, embora minoritário, faz sua ativa militância parecer expressiva no seio da comunidade eclesiástica".[158] O perigo era que esse problema se disseminasse por outras alas da Igreja e acabasse tornando a situação insustentável. A preocupação se intensificava quando representantes da alta hierarquia eclesiástica defendiam a atuação "subversiva" do clero.

Segundo a DSI/MJ, em 1978, dom Ivo Lorscheiter, secretário-geral da CNBB, pronunciou-se na imprensa portuguesa contra a acusação do comandante da 8ª Região Militar, general Euclydes de Figueiredo — irmão do futuro presidente João Figueiredo, então chefe do SNI —, de que o clero estaria promovendo "atos subversivos" na Amazônia. De acordo com a autoridade militar, os religiosos estariam "sutilmente manipulando as comunidades locais ao propagarem a ideologia comunista através dos sermões ou dos boletins paroquiais e das reuniões das comunidades de base".[159]

Para o analista da DSI/MJ, o mais grave estava no fato de que o clero estaria usando sua influência sobre os colonos para "desmoralizar as autoridades constituídas" e, ainda, para defender a "abolição da propriedade privada". E enfatizava: "Aquilo que eles pretendem [...] é a propriedade comunitária dos meios de produção, a panaceia socialista ou a própria socialização do país."[160] Já dom Ivo qualificava a denúncia, formulada com base em um "anticomunismo barato", como resultado do desconhecimento da "verdadeira missão da Igreja", por isso exigia a retratação pública do comandante.

Tal informação tem um estilo impessoal, os analistas não se expõem, pelo contrário, tentam mostrar o embate entre as duas autoridades sem fazer nenhum julgamento aparente. Ao final, acrescentam a opinião de dois outros bispos sobre o conflito, dom Silvério de Albuquerque, arcebispo de Feira de Santana no estado da Bahia, e dom Vicente Scherer, arcebispo da capital do Rio Grande do Sul: ambos concordavam com a falta de fundamentos da acusação.

A preocupação com o controle dos bispos críticos ao governo também se fazia presente no que se refere às publicações da Igreja. Em 1979, quando a CPT,* entidade ligada à CNBB, editou o *Calendário do Lavrador*, a recepção pela comunidade de informações foi bastante negativa. Essa publicação, que tinha distribuição nacional, continha imagens de lavradores e uma carta do arcebispo de João Pessoa (PB), dom José Maria Pires, com uma mensagem de esperança a esse grupo de trabalhadores, ao tratar da má distribuição de terras no país.[161] Para a AC/SNI, o calendário tinha o óbvio propósito de "incutir a desconfiança nas populações mais ingênuas". Na linguagem um tanto dramática dos órgãos de informações:

> A referida publicação, tida como de caráter esquerdista, procura inocular em doses homeopáticas, principalmente nos lavradores e índios, o germe da desconfiança, talvez, com o objetivo de gerar emoções, atitudes, predisposições e comportamentos, favoráveis à obtenção de um resultado desejado.[162]

Em seguida o espião afirmava que, nessa pretensa "guerra psicológica", o resultado desejado pela publicação era a "conscientização do homem" de sua necessidade de maior "justiça social" e sua participação na "luta de classes". Surpreende como os analistas recorrem ao jargão marxista para condenar o que consideram uma atitude "esquerdista" desse setor da Igreja.

Há ainda um comentário a ser feito no que se refere à difusão que teve esse relatório pelos órgãos repressivos depois de passar pelo Ministério da Justiça. Após avaliar a informação, o assessor do ministro da Justiça sugeriu que o processo fosse arquivado, uma vez que já fora enviado ao DPF e, posteriormente, à DCDP e ao Dops, para que essas

---

*Contra a CPT, representada na época por dom Tomás Balduíno, há ainda uma acusação de que ela estaria recebendo dinheiro da entidade alemã Misereor para financiar suas atividades. Informação 233-AC/SNI, de 17 de março de 1981. Documento Avulso C. 23/81. QF/AV. Caixa 3622/00092.

duas divisões adotassem as providências necessárias ao caso. Alguns dias depois, o delegado da Polícia Federal, no encaminhamento dos documentos ao Dops, que está anexado ao processo, explicou que não os havia difundido à DCDP, pois as atribuições desse órgão "se restringem tão somente à moral e aos bons costumes",[163] e não a questões políticas, como era o caso do tema dessa informação.

Ao final de 1979, o governador do Ceará, Virgílio Távora, resolveu transmitir ao ministro da Justiça uma síntese, produzida pelo Serviço Estadual de Informações, sobre os problemas resultantes de conflitos entre posseiros e proprietários de terras ocorridos em alguns municípios cearenses desde 1971. De acordo com a autoridade, as reivindicações dos camponeses vinham, aos poucos, sendo apoiadas por religiosos, o que os estaria levando a se organizar como movimento político. Assim, o governador demonstrava que os órgãos de informações, articulados com os órgãos de segurança, acompanhavam as reuniões dos camponeses, de modo que fossem mantidos sob controle. O mais grave, segundo o Serviço Estadual de Informações, era que, havia pouco tempo, dom Aloísio Lorscheider elogiara os habitantes do campo e sua capacidade de organização. Dessa forma, eles teriam não apenas se sentido fortalecidos, como passado a contar com o apoio direto de dom Antônio Fragoso. Isso fazia com que aquele órgão entendesse que, embora o caso não pudesse ser enquadrado como violação à Lei de Segurança Nacional, devia ser "acompanhado em todas as suas sutilezas para que, a qualquer momento, pudessem ser adotadas as providências que o caso viesse a exigir".[164]

No último ano da década de 1970, a conjuntura política do país já começava a se abrandar. No entanto, a atuação de dom Pedro Casaldáliga intensificou-se no decorrer do período, assim como as denúncias feitas contra ele pela comunidade de informações. Dom Pedro envolvia-se com a orientação política dos fiéis, pressionava o governo pela concessão da anistia e por mais liberdade política, encontrava-se com estudantes, fazia discursos em favor dos pobres e dos índios e criticava publicamente o sistema capitalista. Com relação às questões fundiárias, ele foi o único bispo que continuou motivando a produção de informações até meados da década de 1980. Praticamente tudo o que fazia era relatado em minúcias pelos órgãos do Sisni à AC/SNI, que estava elaborando o seu dossiê.[165] Se a paulatina abertura do regime permitia que ele tivesse maior facilidade para protestar, isso não significou uma diminuição nas atividades dos órgãos de informações. Como vimos, o Sisni foi o último dos braços do aparato repressivo a ser desmontado e quanto mais liberdades eram concedidas à sociedade civil, mais os agentes trabalhavam para justificar sua permanência. De algum modo, o SNI sobrevivia quase exclusivamente da fabricação de seus próprios inimigos.

Em 1981, a tensão social ainda dominava a região do Araguaia. Dom Pedro havia criado um movimento chamado "Caminhada — Luta do Povo" que promovia a ocupação de terras por posseiros e também lutava pela demarcação de áreas para as populações indígenas, com o auxílio do Cimi. A comunidade de informações tinha a clara percepção da situação de cada uma das fazendas da localidade e enfatizava a participação de religiosos liderados por dom Pedro em todos os conflitos.[166] O analista da DSI/MJ ressaltava ainda o apoio do bispo de Goiás, dom Tomás Balduíno, que, em "visita à aldeia, trouxe [...] as lideranças dos índios canoeiros, parecis e tequibaquis, o que confirma a união de tribos para a luta definitiva pela terra".[167] Ele explicita também a suspeita de que havia "focos de subversão" formados por estrangeiros "infiltrados" nas matas, "notadamente de fala espanhola e tipo intelectual".[168]

Nesse momento, pode-se observar que os pedidos de intervenção dos proprietários de terra aos militares, que se iniciaram em 1971, não poderiam ter outro resultado que não um requerimento de expulsão de dom Pedro do território nacional.[169] Assim, a comunidade de informações expressou, em seu estilo sempre alarmista, o que pensava ser a medida mais adequada para resolver o problema. Dom Pedro, contudo, nunca foi expulso e continuou a se posicionar politicamente mesmo depois da redemocratização.

É do consenso geral das autoridades estaduais, e dos proprietários de terras da região do Araguaia, que a expulsão do bispo dom Pedro Casaldáliga e retirada da área de seus principais "assessores" impõem-se para o restabelecimento da tranquilidade na região. Realmente, se não foram tomadas providências, no sentido de diminuir a tensão social que beneficie a população rural, diminuindo os seguidores de dom Pedro Casaldáliga, quer por uma ação repressiva, desarticulando as lideranças, em breve será inevitável um conflito com consequências mais graves.[170]

As circunstâncias que caracterizavam a atuação dos bispos levavam o sistema de informações a entender que só uma ordem vinda do próprio Vaticano poderia desencorajá-los. Para a comunidade de informações, as críticas de determinados membros do episcopado, tanto à repressão quanto à desigualdade social, tornavam-se cada vez mais veementes, e era preciso contê-las. Foi com a intenção de diminuir o impacto dos conflitos com a Igreja, sobretudo com os bispos, que os governos militares buscaram lançar mão dos canais diplomáticos. Pior seria se o próprio papa passasse a condenar abertamente a política repressiva do governo brasileiro. E não há como negar que essa tentativa surtiu algum efeito: o Vaticano esforçou-se para enviar ao Brasil núncios apostólicos com um discurso moderado com relação à ditadura. Mas, em todo caso, isso não foi suficiente para impedir os ataques sucessivos de parte dos religiosos ao governo.[171]

Ainda que contassem com o auxílio do aparato repressivo, os militares, ao combaterem a oposição da Igreja, nunca alcançaram a mesma desenvoltura usada contra seus outros inimigos. Por mais que se esforçassem para calar as críticas do episcopado católico, em momento algum conseguiram ultrapassar o peso simbólico da instituição que os religiosos representavam, tampouco suas relações históricas com o Estado brasileiro — o país com o maior número de católicos do mundo. Porém, se publicamente os governantes tinham de controlar a maneira como se referiam a tudo que dissesse respeito à Igreja, o discurso sigiloso produzido pelos órgãos de informações não se deparava com as mesmas limitações. A comunidade de informações recorria a diversos artifícios para desqualificar os que se interpunham em seu caminho. Nesse sentido, era muito semelhante a maneira como tratavam os bispos e os outros grupos opositores, como intelectuais e estudantes. A principal diferença estava nos efeitos extratextuais das recomendações transmitidas aos outros órgãos da repressão, pois a polícia política, por exemplo, não tinha a mesma liberdade para perseguir os bispos de que dispunha no caso dos jovens que entravam para a luta armada.

Outra diferença do tratamento conferido pela comunidade de informações aos bispos era que ela não utilizava com tanta intensidade, em seu discurso, acusações de fundo ético-moral, como fazia com relação aos outros adversários. Essa especificidade pode ser explicada pelo fato de que os posicionamentos dos bispos com relação a questões morais e comportamentais, tais como aborto, divórcio e liberdade sexual, tendiam a ser muito coesos, a despeito da maneira como se comportavam diante das questões políticas do país. As informações produzidas focavam-se nos temas em que os religiosos contestavam o regime e os seus governantes. Então, não havia motivo para que a comunidade de informações privilegiasse as manifestações do episcopado que estivessem de acordo com uma perspectiva moralmente conservadora. Essa característica dos religiosos começou a sobressair ao final dos anos 1970. Isso ocorreu, por exemplo, em 1978, quando foi aprovada a Lei do Divórcio. O episcopado surpreendia-se com os rumos liberalizantes que o Estado ia tomando. Nesse caso, os bispos e os órgãos de informações encontravam-se do mesmo lado.

Por isso é bastante questionável classificar os bispos em progressistas e conservadores. Se a ideia de um episcopado progressista surgiu com as novas perspectivas da Igreja com relação às questões sociais, que começaram a surgir ainda no século XIX com a encíclica *Rerum Novarum* e tiveram sua grande síntese no Concílio Vaticano II, não se pode esquecer que nem todos os bispos absorveram essas diretrizes da mesma maneira nas suas relações com os problemas da sociedade. Eles nunca tiveram um discurso unívoco sobre a defesa dos ideais democráticos e a proteção dos direitos dos mais pobres. No Brasil, a categoria "bispo progressista" ficou muito fortalecida no processo de redemocratização, quando, ao se construir a memória do período da ditadura, consolidou-se uma narrativa heroicizante sobre a CNBB e outras entidades.[172] Todas as modalidades de oposição ao regime, inclusive as da esquerda revolucionária, foram colocadas sob a mesma rubrica da "resistência democrática" e, além disso, uma perspectiva dicotômica reducionista — segundo a qual a sociedade, de um lado, foi vítima dos militares, que estavam em outro — passou a prevalecer. A despeito dessa ótica, deve-se reafirmar que, ao longo da ditadura, em nenhum momento a visão de democracia dos diferentes setores da sociedade brasileira foi homogênea.[173] Além disso, nem todos se opuseram às arbitrariedades e à política econômica dos militares. No processo histórico-social de construção da memória do regime, optou-se por esquecer o apoio, a colaboração e mesmo a indiferença de grande parte da sociedade em relação a ele.[174]

Como vimos, as atividades de oposição ao governo, que inicialmente eram casos isolados entre os bispos, com o passar do tempo passaram a ser chanceladas pela comissão central da CNBB. No entanto, é perceptível o esforço dos analistas de informações em separar aqueles bispos mais combativos, considerados "progressistas", dos demais. Tenderam a encarar a oposição ao regime por parte de determinados setores da Igreja como um foco isolado de "subversão", que por vezes parecia tomar conta da instituição como um todo. É nítido o empenho da comunidade de informações em tentar preservar a imagem da Igreja como a grande aliada dos militares.

Considerações finais

Enquanto os canais de contestação ao regime eram crescentemente reprimidos ou até mesmo eliminados, a Igreja continuou sendo um espaço em que a discussão política era possível. No entanto, é equivocada a ideia de que atuou de modo unívoco no combate aos militares. Se, em determinado momento, a voz dos bispos que se opunham ao governo pareceu soar mais alto, mesmo na década de 1970, quando as relações entre o Estado e a Igreja estiveram bastante estremecidas, não se pode falar que tenha havido uma ruptura total. As duas instituições sempre buscaram manter espaços de negociação, pois ambas entendiam a necessidade de conservar boas relações.

A imagem de uma Igreja combativa foi muito reforçada a partir da abertura política, quando certa memória do período tendeu a valorizar a resistência democrática, atribuindo essa característica a determinadas entidades. Estas, por sua vez, embora tenham sido opositoras do regime apenas em alguns momentos — em geral após 1968 —, são vistas de maneira uniforme como permanentemente oposicionistas. As relações da sociedade com o regime foram muito idealizadas, isto é, reconstruiu-se esse passado como se a sociedade brasileira em peso tivesse se oposto aos sucessivos governos militares durante todo o tempo em que vigorou a ditadura.

A Igreja e os bispos tiveram múltiplos posicionamentos ante o governo ditatorial ao longo de seus 21 anos de duração. Nunca houve propriamente um consenso sobre as questões políticas entre os membros do episcopado, embora nos últimos anos da década de 1970 a necessidade de se contrapor aos extremos da repressão tenha construído certa concordância entre os religiosos em torno da condenação moral da violência, equivalente, de resto, aos princípios católicos. As denúncias contra o regime que, no início, eram quase sempre iniciativas individuais ou das conferências episcopais regionais, passaram a ter um caráter coletivo, principalmente a partir da publicação do documento "Exigências cristãs de uma nova ordem política". Já com relação aos temas de cunho ético-moral, as divergências sempre foram quase inexistentes. Os bispos, de maneira geral, estavam de acordo sobre a necessidade de um tratamento conservador para temas como o aborto, o divórcio e a liberdade comportamental.

Ao chamarmos a atenção para a complexidade da atuação da Igreja e dos bispos durante o regime, não queremos menosprezar a sua importância na defesa dos direitos humanos naquele período. Assim como outros que tentaram resistir de alguma forma ao arbítrio imposto pelos militares, tais religiosos também foram vítimas da repressão. Certas particularidades, entretanto, afetavam a maneira pela qual os bispos eram atingidos. Os efeitos da produção de informações sobre o episcopado não foram iguais aos que atingiram os outros opositores da ditadura. Se, por um lado, os analistas de informações tinham liberdade para atacar os bispos ao investigar suas atividades, não podiam simplesmente ignorar as implicações políticas que a perseguição a esses religiosos poderia acarretar para a ditadura. Isso fica bastante claro, por exemplo, nas ocasiões em que os assessores jurídicos do Ministério da Justiça eram consultados e recomendavam cautela com relação a medidas contra os religiosos, já que a repercussão de atos de violência cometidos contra eles poderia ser extremamente prejudicial para a imagem do regime.

Os bispos estiveram no foco da comunidade de informações desde o golpe; no entanto apenas em meados da década de 1970 sua atuação como grupo se tornou um fato preocupante para os analistas. Para eles, os membros do clero não deveriam estar envolvidos em política. No decorrer daquele período, a comunidade de informações esteve atenta a tudo o que dissesse respeito à Igreja. As atividades dos bispos eram detidamente acompanhadas, e isso levava os analistas a concluir que não era todo o episcopado que estava envolvido em atividades de oposição. Por isso, passaram a se esforçar ao máximo para conter a expansão da suposta "contaminação" do clero por ideias comunistas. Mas sempre que procuravam intensificar a repressão sobre os bispos, fosse tentando impedir as viagens de dom Hélder Câmara ao exterior, articulando para expulsar dom Pedro Casaldáliga do território nacional, recomendando o fechamento de entidades católicas ou mesmo buscando enquadrar dom José Maria Pires na Lei de Segurança Nacional, esbarravam no peso simbólico daqueles religiosos como representantes da Igreja.

Contudo, os analistas nunca deixaram de produzir informações sobre os bispos. Entre os anos de 1977 e 1980, o número de registros sobre temas envolvendo os prelados cresceu consideravelmente. Sabe-se que houve um aumento de manifestações de oposição ao regime ao final da década de 1970, mas não há como ignorar que o fim iminente da ditadura e a possibilidade de extinção do serviço de informações preocupavam sobremodo os integrantes das comunidades de segurança e de informações. Então, é bastante evidente que a intensificação de suas atividades se relaciona também à necessidade de "mostrar serviço", justificando assim sua permanência.

O serviço de informações não seria desativado com o fim do regime militar. E, mesmo que a força de seu discurso radical tenha entrado em franca decadência, ele perdurou no regime democrático, mantendo várias características que marcaram sua atuação durante a ditadura. Continuou acompanhando, por exemplo, os assuntos internos e externos do país. Da mesma maneira, a ausência de mecanismos de controle externo do serviço permitia que tivesse grande autonomia em sua atuação, conservando inclusive a prática de ingerência em outros órgãos governamentais. E, por último, manteve a tradição de ser dirigido por militares. O *ethos* persecutório e a atitude contrária aos movimentos sociais que marcaram sua atuação durante o regime militar persistiriam na fase democrática. Portanto a definição das funções e dos limites do serviço de informações brasileiro é uma questão muito atual e que ainda merece ser bastante discutida.

Em termos gerais, o que se pode observar é que a ideia de um grupo de "bispos progressistas" foi construída por certa memória sobre o regime e até reforçada por uma literatura simpática às atividades de oposição de determinados membros da Igreja naquele período. O estereótipo do bispo-herói veio também da própria Igreja, na tentativa de esconder sua história de colaboração com o regime, em uma sociedade civil mobilizada que teria deposto o regime.

No início dos anos 1980, houve um claro afastamento da maior parte da Igreja com relação aos temas políticos, e também um fortalecimento do conservadorismo. O papado de João Paulo II, com sua orientação centralizadora, refreou muitas das inovações da Igreja no Brasil e incentivou a discussão de questões institucionais e de doutrina. A comunidade de informações recebeu com entusiasmo as modificações trazidas pelo novo papa. Os analistas acharam que, enfim, seus esforços para conter a oposição dos bispos seriam bem-sucedidos. Ainda assim, alguns bispos continuaram insistindo em criticar o regime.

Notas

Apresentação

1. Esse é o tema do livro de Kenneth Serbin (2001), *Diálogos na sombra*.
2. Carlos Fico (2001, p. 218).

Capítulo 1 Os bispos católicos e a ditadura militar

1. Scott Mainwaring (2004, p. 11).
2. Thomas Bruneau (1974), Ralph della Cava (1985; 1986) e Márcio Moreira Alves (1979).
3. Ralph della Cava (1986, p. 13).
4. Thomas Bruneau (1974).
5. Luiz Gonzaga de Souza Lima (1979) e Otto Maduro (1981).
6. Luiz Gonzaga de Souza Lima (1979, p. 31).
7. Scott Mainwaring (2004, p. 24).
8. *Idem*, p. 25-26.
9. Um exemplo de relato estritamente laudatório da Igreja dita progressista é o livro da jornalista Helena Salem (1981), *A Igreja dos oprimidos*.
10. Roberto Romano (1979).
11. *Idem*, p. 19.
12. Márcio Moreira Alves (1979, p. 81-82; 93).
13. Elizabeth Jelin (2001, p. 63).
14. Jessie Jane Vieira de Sousa (2002, p. 25).
15. Roberto Romano (1979, p. 12).
16. Francisco José da Silva Gomes (2000, p. 179).
17. Francisco José da Silva Gomes (1997, p. 38-40).
18. Jessie Jane Vieira de Sousa (2002, p. 46).
19. Sérgio Henrique da Costa Rodrigues (2006, p. 35).
20. Jessie Jane Vieira de Sousa (2002, p. 47-54).
21. Karl Manheim (1986) e Jessie Jane Vieira de Sousa (2002, p. 54).
22. Para uma discussão do conservadorismo católico, ver Jessie Jane Vieira de Sousa (2002, p. 54-57).
23. *Idem*, p. 114.

24. Francisco José da Silva Gomes (1998, v. 2, p. 324).
25. Roberto Romano (1979, p. 48).
26. Jessie Jane Vieira de Sousa (2002, p. 69).
27. *Idem*, p. 62 *et seq.* e Roberto Romano (1979, p. 50 *et seq.*).
28. Laura de Mello e Souza (1986).
29. Sobre a Carta Pastoral a Olinda e a importância de dom Sebastião Leme, ver Márcio Moreira Alves (1979, p. 36).
30. Scott Mainwaring (2004, p. 41-47).
31. *Idem*, p. 56-57.
32. Márcio Moreira Alves (1979, p. 67).
33. Kenneth Serbin (2001, p. 98).
34. Nelson Pileti e Walter Praxedes (1997, p. 82-83).
35. *Idem*, p. 140.
36. Thomas Bruneau (1974, p. 197-200).
37. Márcio Moreira Alves (1979, p. 65-66).
38. Luiz Gonzaga de Souza Lima (1979, p. 22).
39. Sobre o II Celam de Medellín, ver João Francisco de Morais (1982, p. 40).
40. A distinção entre reforma *na* Igreja e reforma *da* Igreja pode ser encontrada em Francisco José da Silva Gomes (1997, p. 48).
41. Rodrigo Patto Sá Motta (2002, p. 20).
42. Jessie Jane Vieira de Sousa (2002, p. 154).
43. Sobre o envolvimento da Igreja na implementação da Lei de Diretrizes e Bases da Educação, ver Thomas Bruneau (1974, cap. V, *passim*).
44. Sobre a memória como uma construção coletiva, ver Maurice Halbwachs (1990).
45. Angelina Cheibub Figueiredo (2004, p. 34).
46. Daniel Aarão Reis (2004, p. 120-121).
47. Daniel Aarão Reis (2005, p. 23-25).
48. Ver René Armand Dreifuss (1981). O autor trata do "complexo Ipes/Ibad", uma associação empresarial, patrocinada por organizações brasileiras e norte-americanas, que atuou favoravelmente ao golpe militar. Além disso, analisa as articulações entre lideranças civis, militares e religiosas na campanha de desestabilização do governo Goulart e o seu impacto sobre a sociedade brasileira. Sobre a diferença entre "campanha de desestabilização" e "conspiração", ver Carlos Fico (2008, p. 75-111).
49. Sobre as marchas, ver Aline Alves Presot (2004). Ver também Adriano Nervo Codato e Marcus Roberto de Oliveira (2004).
50. Gláucio Ary Dillon Soares e Maria Celina d'Araújo (1994, p. 27).
51. Esse é o caso de Jacob Gorender (2003).

52. Aline Alves Presot (2004, p. 8).
53. Daniel Aarão Reis (2004, p. 125).
54. Ver Zilda Márcia Grícoli Iokoi (1996, p. 121).
55. Declaração da CNBB ao golpe de 1964 (*apud* BRUNEAU, 1974, p. 214).
56. Kenneth Serbin (2001, p. 102-103).
57. Ver Conferência Nacional dos Bispos do Brasil (ABREU, 2001, p. 1.525-1.533).
58. Ver Célia Costa *et al.* (2001, p. 62).
59. Sobre as Campanhas da Fraternidade, ver Vanessa Zeca (2008).
60. Documento da II Assembleia do Celam. Disponível em: <http://www.arquidiocese-sp.org.br/download/documentos/doc_celam-Medellin.doc>.
61. Gustavo Gutiérrez (1985, p. 27).
62. Kenneth Serbin (2001, p. 98 *et seq.*).
63. Célia Costa *et al.* (2001, p. 97-100).
64. Scott Mainwaring (2004, p. 130).
65. Ver Frei Betto (2000).
66. Documento da XI Assembleia Geral da CNBB, *Sedoc*, 3 (1970-1971), p. 85-86 (*apud* MAINWARING, 2004, p. 130).
67. Documento da XI Assembleia Geral da CNBB, *Sedoc*, 3 (1970-1971), p. 85-86 (*apud* MAINWARING, 2004, p. 130).
68. Assembleia da Regional Norte II, 24-27 nov. 1970 (*apud* MAINWARING, 2004, p. 108).
69. Scott Mainwaring (2004, p. 120).
70. Sérgio Henrique da Costa Rodrigues (2006, p. 144-145).
71. Carta dos cardeais ao presidente Médici (*apud* Serbin, 2001, p. 193).
72. Kenneth Serbin (2001, p. 202).
73. *Idem*, cap. 5. Alguns exemplos de livros que defendem a ruptura entre Igreja e Estado na década de 1970 são Helena Salem (1981), Zilda Márcia Grícoli Iokoi (1996), Paulo José Krischke (1979) e João Francisco de Morais (1982).
74. As propostas anteriores de diálogo entre Igreja e Estado estão em Kenneth Serbin (2001, p. 204).
75. *Idem*, p. 205.
76. Informação n. 179-AC/SNI, de 12 de abril de 1971. Processo C. 53739/71. MC/P. Caixa 588.
77. *Idem*.
78. Kenneth Serbin (2001, p. 223).
79. Alzira Alves de Abreu *et al.* (2001, p. 3.289-3.293).
80. *Idem*, p. 3.293-3.326.

81. Kenneth Serbin (2001, p. 228-229).
82. Carlos Fico (1997, p. 45-52).
83. Ver James N. Green (2003; 2009). Esta última obra, *Apesar de vocês*, destaca a atuação oposicionista de membros de igrejas protestantes nos Estados Unidos. Nesse sentido, seria importante verificar se a comunidade de informações também acompanhou a militância dessas pessoas.
84. Kenneth Serbin (2001, p. 123-132).
85. Márcio Moreira Alves (1979, p. 253).
86. *Idem*, p. 53-54.
87. João Francisco de Morais (1982, p. 117).
88. João Batista Libânio (1978).
89. Os detalhes desse episódio podem ser encontrados em Célia Costa *et al.* (2001, p. 108-114).
90. Scott Mainwaring (2004, p. 124).
91. Evanize Sydow e Marilda Ferri (1999).
92. Pierre Bourdieu (2005b, p. 74-82).
93. Evanize Sydow e Marilda Ferri (1999, p. 125-126).
94. Scott Mainwaring (2004, p. 125).
95. Sérgio Henrique da Costa Rodrigues (2006, p. 146).
96. Kenneth Serbin (2001, p. 330-331).
97. *Idem*, p. 382.
98. Carlos Fico (1997, p. 126-127).
99. Um estudo detalhado sobre o Sesquicentenário da Independência pode ser encontrado em Adjovanes Thadeu Silva de Almeida (2013).
100. Sobre as idas e vindas dos bispos com relação à comemoração do Sesquicentenário da Independência, ver Kenneth Serbin (2001, p. 271-288).
101. Nelson Pileti e Walter Praxedes (1997, p. 382).
102. CI/DPF. Processo S. 24337/66. MC/P. Caixa 585.
103. *Idem*.
104. *Idem*.
105. Sérgio Henrique da Costa Rodrigues (2006, p. 150).
106. Documento da XIII Assembleia Geral da CNBB, *Sedoc*, 5 (1972-1973), p. 1383-1384 (*apud* MAINWARING, 2004, p. 131).
107. Documento da XIV Assembleia Geral da CNBB. Disponível em: <http://www.cnbb.org>. [Grifo no original.]
108. *Eu ouvi os clamores do meu povo*, Documento dos Bispos e Superiores do Nordeste. *Sedoc*, 6 (1973), p. 607-629 (*apud* ROMANO, 1979, p. 28).

109. *Idem* (*apud* MAINWARING, 2004, p. 122-123).
110. CI/DPF. Processo S. 24337/66. MC/P. Caixa 585.
111. *Apud* Scott Mainwaring (2004, p. 114).
112. Kenneth Serbin (2001, p. 408-411).
113. "Não oprimas teu irmão". Documento dos Bispos de São Paulo. *Sedoc*, 8 (1975-1976), p. 729 (*apud* MAINWARING, 2004, p. 175).
114. O atentado contra dom Adriano está descrito em Célia Costa *et al.* (2001, p. 138-140).
115. Francesc Escribano (2000, p. 99-108).
116. Informação 107-CISA, de 31 de janeiro de 1977. Processo C. 100065/77. MC/P. Caixa 607/05273.
117. Os cursilhos de cristandade são analisados com mais detalhe no livro de Márcio Moreira Alves (1979, p. 114-121).
118. Francesc Escribano (2000, p. 33).
119. Dom Pedro Casaldáliga (2005, p. 53).
120. *Boletim Pastoral da Terra*, ano II, n. IV (*apud* ROMANO, 1979, p. 225).
121. "Comunicação pastoral ao povo de Deus". Documento da Comissão Representativa da CNBB. Disponível em: <http://www.cnbb.org.br/ns/modules/mastop_publish/files/files_489c94c18c35d.pdf>.
122. "Exigências cristãs de uma ordem política". Documento da XV Assembleia Geral da CNBB. Disponível em: <http://www.cnbb.org.br/ns/modules/mastop_publish/files/files_489c94e0a5922.pdf>.
123. *Idem*.
124. Kenneth Serbin (2000, p. 11-12).
125. Dom Paulo Evaristo Arns (1978, p. 188-189).
126. João Francisco de Morais (1982, p. 31).
127. Dom Paulo Evaristo Arns (1978, p. 49).
128. Kenneth Serbin (2001, p. 290).
129. Prontuário n. 2.699-Cisa. Documento Avulso S. 93/70-73. MC/AV. Caixa 3594/00064.

Capítulo 2 Repressão: a comunidade de informações

1. Daniel Aarão Reis (2004, p. 129-131).
2. Outro trabalho que trata das esquerdas brasileiras e de sua relação com a ideia de revolução é o livro de Marcelo Ridenti (1993), *O fantasma da revolução brasileira*.

3. Sobre a OAB, ver Denise Rollemberg (2008).
4. Ver Frei Betto (2000).
5. Daniel Aarão Reis (2005, p. 52).
6. Um estudo detalhado sobre as organizações de luta armada pode ser encontrado no livro *Combate nas trevas* (GORENDER, 2003).
7. Maria Hermínia Tavares de Almeida e Luiz Weis (1997, p. 338).
8. Ver Carlos Fico (1997, cap. 2).
9. Um interessante relato sobre as manifestações do ano de 1968 pode ser encontrado em Zuenir Ventura (1988).
10. Priscila Carlos Brandão Antunes (2002, p. 78).
11. Ver Lira Neto (2004).
12. Carlos Fico (2004a, p. 33).
13. Ver *Torturas e torturados*, de Márcio Moreira Alves (1966), livro-denúncia que reúne uma série de casos de tortura, muitos dos quais são resultado de investigações do próprio autor em seu trabalho como jornalista do *Correio da Manhã*.
14. Maria Celina d'Araújo e Celso Castro (1997, p. 225).
15. João Roberto Martins Filho (1995, p. 190).
16. *Idem*, p. 114.
17. Maria Celina d'Araújo *et al.* (1994a, p. 11).
18. João Roberto Martins Filho (1995, p. 116-122).
19. *Idem*, p. 118.
20. Carlos Fico (2004a, p. 57).
21. Um trabalho que lida com a ideia de "doutrina de segurança nacional" como base do regime é o livro de Maria Helena Moreira Alves (1984, p. 33-51), *Estado e oposição no Brasil (1964-1984)*. Ver também Márcio Moreira Alves (1979, p. 184). Já Hélio Pereira Bicudo (1984) analisa o desenvolvimento histórico da ideologia de segurança nacional e conclui que ela foi uma criação dos Estados Unidos, ou melhor, uma arma política de dominação sobre a América Latina.
22. Ver René Armand Dreifuss (1981).
23. Carlos Fico (2001, p. 42).
24. Maria Celina d'Araújo *et al.* (1994a, p. 9). A noção de "utopia autoritária" foi trabalhada por Carlos Fico (2001).
25. Sobre propaganda na ditadura militar, ver Carlos Fico (1997).
26. Carlos Fico (2003, p. 197).
27. Sobre a censura, ver Anne-Marie Smith (2000) e Beatriz Kushnir (2004).
28. Beatriz Kushnir (2004).

29. Ver Carlos Fico (2002). Ver também Douglas Attila Marcelino (2011).

30. A CGI é o tema de investigação da pesquisa de mestrado de Diego Knack, *A Comissão Geral de Investigações (1968-1978)*, em desenvolvimento do Programa de Pós-graduação em História Social da UFRJ.

31. Decreto nº 17.999, de 29 de novembro de 1927. Disponível em: <http://www. planalto.gov.br/Infger_07/ministerios/Ministe.htm>.

32. Lucas Figueiredo (2005, p. 37).

33. Priscila Carlos Brandão Antunes (2002, p. 47).

34. Decreto nº 44.489/A, de 15 de setembro de 1958. Disponível em: <http:// www.gedm.ifcs.ufrj.br/legislacao>.

35. Lucas Figueiredo (2005, p. 129).

36. Samantha Viz Quadrat (2000, p. 62).

37. Maria Celina d'Araújo *et al.* (1994a, p. 163).

38. Lei nº 4.341, de 13 de junho de 1964. Disponível em: <http://www.planalto. gov.br/ccivil_03/Leis/L4341.htm>.

39. *Idem.*

40. A atuação do SNI fora do território nacional, por meio do Centro de Informações do Exterior (Ciex), e com a possível colaboração de governos estrangeiros, faz parte do tema da pesquisa de doutorado que desenvolvemos atualmente no Programa de Pós-graduação em História Social da UFRJ. O foco é analisar de que maneira a ditadura militar lidou com as atividades de oposição no exterior capitaneadas, sobretudo, por exilados brasileiros, no caso específico da França.

41. Martha K. Huggins (1998, p. 147).

42. Golbery do Couto Silva (1967).

43. Decreto nº 55.194, de 10 de dezembro de 1964.

44. Priscila Carlos Brandão Antunes (2002, p. 54).

45. Decreto nº 60.940, de 4 de julho de 1967.

46. Decreto nº 60.417, de 11 de março de 1967. Disponível em: <http://www6. senado.gov.br/legislacao/ListaPublicacoes.action?id=191832>.

47. Decreto nº 66.732, de 22 de maio de 1970.

48. Carlos Fico (2001, p. 80).

49. Entrevista do general Carlos Alberto da Fontoura (D'ARAÚJO *et al.*, 1994b, p. 94-95).

50. Decreto nº 68.448, de 31 de março de 1971.

51. Os cursos de informações ministrados pela Esni estão descritos com maior detalhamento em Lucas Figueiredo (2005, p. 221-235).

52. Pierre Bourdieu (2005b). Conceito também usado por Carlos Fico (2001, p. 21).

53. Ana Lagôa (1983, p. 66).
54. Maria Celina d'Araújo *et al.* (1994b, p. 12).
55. Celso Castro (2002, p. 43).
56. Elio Gaspari (2002a, p. 168).
57. Maria Celina d'Araújo (2002, p. 22).
58. Lucas Figueiredo (2005, p. 209).
59. Decreto nº 66.608, de 20 de maio de 1970.
60. Carlos Fico (2001, p. 112).
61. Análises como a de Ana Lagôa (1983, p. 35) e de Samantha Viz Quadrat (2000, p. 63) atribuem toda a ação repressiva à coordenação do Sisni.
62. Samantha Viz Quadrat (2000, p. 90).
63. Depoimento do general Otávio Costa (*apud* D'ARAÚJO *et al.*, 1995, p. 141).
64. Samantha Viz Quadrat (2000, p. 16).
65. Ver depoimento de Carlos Alberto da Fontoura publicado em Maria Celina d'Araújo *et al.* (1994b, p. 84).
66. Processo C. 55835/75. MC/P. Caixa 596/05262.
67. Ayrton Baffa (1989, p. 49).
68. Ver Priscila Carlos Brandão Antunes (2002, caps. 4 e 5).
69. Douglas Attila Marcelino (2011, p. 25).
70. Marionilde Dias Brepohl de Magalhães (1997).
71. Entrevista com Enio dos Santos Pinheiro (D'ARAÚJO *et al.*, 1994b, p. 137).
72. É fundamental considerar a dicotomia legal/"revolucionário" para a compreensão do período. Ver Carlos Fico (2004b, p. 82).
73. Douglas Attila Marcelino ([s/d], p. 12).
74. Sobre as relações entre a comunidade de informações e a censura, ver Douglas Attila Marcelino (2011, p. 213-239).
75. Ver Carla Reis Longhi (2005).
76. Informação nº 321-Cisa, de 14 de abril de 1977. Processo C. 100196/77. QF/P. Caixa 3437/08104.

Capítulo 3 Os bispos católicos e a comunidade de informações

1. CI/DPF. Processo S. 24337/66. MC/P. Caixa 585.
2. *Idem.*
3. Região Nordeste.
4. CI/DPF. Processo S. 24337/66. MC/P. Caixa 585.
5. *Idem.*
6. *Idem.*

7. Informação n° 1117 S/102-CIE, de 12 de maio de 1969. Processo S. 24337/66. MC/P. Caixa 585. As revistas equatorianas não estão identificadas no documento.

8. CI/DPF. Processo S. 24337/66. MC/P. Caixa 585.

9. O IPM de dom Fernando fora motivado por seu envolvimento com protestos estudantis em abril de 1968. Ver Prontuário n° 2.699-Cisa. Documento Avulso S. 93/70-73. MC/AV. Caixa 3594/00064.

10. Processo R. 58668/69. MC/P. Caixa 587/05253.

11. Kenneth Serbin (2001, p. 290).

12. Prontuário n° 2.699-CISA. Documento Avulso S. 93/70-73. MC/AV. Caixa 3594/00064.

13. Processo S. 24337/66. MC/P. Caixa 585.

14. Carlos Fico (1997, p. 45).

15. Prontuário n° 2.699-Cisa. Documento Avulso S. 93/70-73. MC/AV. Caixa 3594/00064.

16. Carlos Fico (1997, p. 47).

17. James N. Green (2009).

18. *Idem*, p. 32. O foco do trabalho de James Green é a oposição exercida por acadêmicos, exilados brasileiros e religiosos nos Estados Unidos. Apenas em algumas passagens o autor se refere a iniciativas semelhantes em países da Europa. Sobre o exílio, há o livro de Denise Rollemberg (1999), *Exílio: entre raízes e radares*.

19. CI/DPF. Processo S. 24337/66. MC/P. Caixa 585.

20. Informação s/n, de 16 de junho de 1970. Cenimar. Processo S. 24337/66. MC/P. Caixa 585.

21. *Idem*.

22. *Idem*.

23. *Idem*.

24. *Idem*.

25. *Idem*.

26. CI/DPF. Processo S. 24337/66. MC/P. Caixa 585. Sobre a indicação de dom Hélder ao Prêmio Nobel da Paz, ver Nelson Pileti e Walter Praxedes (1997, p. 12; p. 321-322).

27. Ver Samantha Viz Quadrat (2005). A autora discute a colaboração entre os órgãos de informações e repressão das ditaduras existentes nos países do Cone Sul na segunda metade do século XX. Um dos principais temas abordados é a Operação Condor, que representou o auge dessas alianças, isto é, uma tentativa de reprimir os opositores das ditaduras do Brasil, Argentina, Paraguai, Uruguai e Chile em âmbito internacional.

28. CI/DPF. Processo S. 24337/66. MC/P. Caixa 585.
29. *Idem.*
30. Informação nº 179-AC/SNI, de 12 de abril de 1971. Processo C. 53739/71. MC/P. Caixa 588.
31. *Idem.*
32. *Idem.*
33. Prontuário nº 2.699-Cisa. Documento Avulso S. 93/70-73. MC/AV. Caixa 3594/00064.
34. CI/DPF. Processo S. 24337/66. MC/P. Caixa 585.
35. AC/SNI. Processo C. 51396/74. MC/P. Caixa 593.
36. CI/DPF. Processo S. 24337/66. MC/P. Caixa 585.
37. CI/DPF. Processo S. 24337/66. MC/P. Caixa 585.
38. Informação s/n. Processo C. 56679/71. MC/P. Caixa 589/05255.
39. Informação s/n. Processo C. 52437/72. MC/P. Caixa 590.
40. *Idem.*
41. Informação s/n. CI/DPF. Processo C. 000517/72. MC/P. Caixa 590/05256.
42. *Le Monde*, edição 8.763, março de 1973. In: *Idem.*
43. Informação n. 1181/19-AC/SNI, de 22 de novembro de 1972. Processo C. 001061/72. MC/P. Caixa 590/05256.
44. Cenimar. Processo S. 24337/66. MC/P. Caixa 585.
45. *Idem.*
46. Douglas Attila Marcelino (2011, p. 93).
47. CI/DPF. Processo S. 24337/66. MC/P. Caixa 585.
48. *Idem.*
49. *Idem.*
50. *Idem.*
51. Informação 127-P-CIE, de 14 de maio de 1974. Processo C. 57851/74. MC/P. Caixa 590/05261.
52. Informação s/n-DSI/MJ, de 27 de março de 1974. Processo C. 000185/74. MC/P. Caixa 593.
53. Processo C. 60416/75. MC/P. Caixa 597/05263.
54. Processo C. 52745/75. MC/P. Caixa 596/05262 (grifo no original).
55. Processo R. 57674/75. MC/P. Caixa 596.
56. Processo C. 55835/75. MC/P. Caixa 596/05262.
57. Kenneth Serbin (2001, p. 201).
58. Processo C. 58671/75. MC/P. Caixa 567/05263.
59. *Idem.*
60. Informação s/n-CIE, de 24 de junho de 1976. Processo C. 61960/76. MC/P. Caixa 602/05268.

61. Informação s/n-DSI-MRE, de 29 de agosto de 1977. Processo C. 100620/77. MC/P. Caixa 613/05279.
62. Ver: <http://www.planalto.gov.br/ccivil_03/decreto/1970-1979/D77745.htm>. A condição a que se refere o Art. 1º é o recolhimento de determinada quantia de dinheiro.
63. A Constituição Federal de 1967, no artigo 150, § 1º, garantia a todos os brasileiros a igualdade perante a lei.
64. Processo C. 100620/77. MC/P. Caixa 613/05279.
65. Processo C. 100734/77. MC/P. Caixa 614/05280.
66. Informação 107-Cisa, de 31 de janeiro de 1977. Processo C. 100065/77. MC/P. Caixa 607/05273.
67. *Idem.*
68. Informação s/n-AC/SNI, de 11 de agosto de 1977. Processo C. 100712/77. MC/P. Caixa 614.
69. Informação s/n-Cenimar, de 28 de novembro de 1977. Processo C. 100879/77. MC/P. Caixa 616/05282.
70. Informação s/n-Cisa, de 28 de novembro de 1977. Processo C. 100879/77. MC/P. Caixa 616/05282 (grifo no original).
71. Informação 739-Cisa, de 16 de agosto de 1977. Processo C. 100580/77. MC/P. Caixa 613/05279.
72. *Idem.*
73. *Idem.*
74. *Idem.*
75. *Idem.*
76. Informação 739-Cisa, de 16 de agosto de 1977. Processo C. 100580/77. MC/P. Caixa 613/05279.
77. *Idem.*
78. *Idem.*
79. Processo C. 100118/77. MC/P. Caixa 607/05273. Não há indicação da data precisa de publicação do boletim.
80. Informação 865-AC/SNI, de 7 de novembro de 1978. Processo C. 100810/78. MC/P. Caixa 3415/08082. Não há indicação precisa da data de publicação do folheto.
81. Decreto-lei nº 477, de 1968. Disponível em: <http://www.planalto.gov.br/ccivil_03/decreto-lei/1965-1988/Del0477.htm>.
82. Informação 511-DSI/MJ, s/d. Processo C. 100452/78. Caixa 3411/08078.
83. Informação 690-DSI-MJ, 29 de agosto de 1978. Processo C. 100633/78. Caixa 3413/08080.
84. Eli Diniz (1985).

85. Informação s/n, de 27 de junho de 1978. Processo C. 100514/78. MC/P. Caixa 3412/08079.
86. Informação s/n, de 30 de junho de 1978. Processo C. 100517/78. MC/P. Caixa 3412/08079.
87. Carlos Fico (2001, p. 218).
88. Informação 56-DSI/MJ, de 18 de janeiro de 1978. Processo C. 100066/78. MC/P. Caixa 618/05284.
89. Informação 104-AC/SNI, de 10 de fevereiro de 1978. Processo C. 100100/78. MC/P. Caixa 618/05284.
90. Informação 139-Cenimar, de 29 de dezembro de 1977. Processo C. 100024/78. MC/P. Caixa 618/05284.
91. Processo C. 100160/78. MC/P. Caixa 3407/08074.
92. Informação s/n, de 13 de abril de 1978. Processo C. 100395/78. MC/P. Caixa 3410/08077.
93. Informação 44-SNI/AC, de 20 de junho de 1978. Processo C. 100455/78. MC/P. Caixa 3411/08078.
94. Informação s/n, de 20 de junho de 1978. Processo C. 100489/78. MC/P. Caixa 3411/08078.
95. Encaminhamento 225-AC/SNI, de 27 de julho de 1978. Processo C. 100550/78. MC/P. Caixa 3412/08079.
96. Processo C. 100540/78. MC/P. Caixa 3540/00010.
97. Informação s/n, de 21 de agosto de 1978. Processo C. 100667/78. MC/P. Caixa 3413/08080.
98. Não há dados precisos sobre quando a cartilha foi publicada. Informação 881, de 20 de novembro de 1978. Processo C. 100837/78. MC/P. Caixa 3415/08082.
99. *Idem.*
100. A partir desse documento, não é possível saber com exatidão a data em que foi publicada essa cartilha. Informação s/n, de 5 de dezembro de 1978. Processo C. 100883/78. MC/P. Caixa 3416/08083.
101. Informação s/n, de 5 de dezembro de 1978. Processo C. 100883/78. MC/P. Caixa 3416/08083.
102. *Idem.*
103. Informação 365-Cenimar, de 16 de novembro de 1978. Processo C. 100833/78. MC/P. Caixa 3415/08082.
104. *Idem.*
105. Informação s/n-DSI/MRE, de 19 de abril de 1978. Processo C. 100319/79. MC/P. Caixa 3409/08076.
106. *Idem.*
107. *Idem.*

108. Informação s/n-DSI/MRE, de 19 de abril de 1978. Processo C. 100319/79. MC/P. Caixa 3409/08076.

109. Informação 007-DSI/MJ, de 9 de janeiro de 1979. Processo S. 100009/79. MC/P. Caixa 3414/08084.

110. Informação s/n-CIE, de 24 de junho de 1976. Processo C. 61960/76. MC/P. Caixa 602/05268.

111. Informação s/n, de 7 de junho de 1979. Processo C. 100981/79. MC/P. Caixa 3419/08086.

112. *Idem.*

113. Informação 881-AC/SNI, de 20 de novembro de 1978. Processo C. 100837/78. MC/P. Caixa 3415/08082.

114. Informação 003-AC/SNI, de 8 de janeiro de 1979. Processo C. 100006/79. MC/P. Caixa 3417/08084.

115. Informação 024-AC/SNI, de 17 de janeiro de 1979. Processo C. 100031/79. MC/P. Caixa 3417/08084.

116. Informação s/n, de 20 de agosto de 1979. Processo C. 100995/79. MC/P. Caixa 3419/08086.

117. Informação s/n, de 9 de novembro de 1979. Processo C. 100988/79. MC/P. Caixa 3419/08086.

118. Informação s/n, de 13 de novembro de 1979. Processo C. 100989/79. MC/P. Caixa 3419/08086.

119. Informação s/n, de 20 de novembro de 1979. Processo C. 100055/80. MC/P. Caixa 3420/08087.

120. Informação s/n, de 4 de julho de 1980. Processo C. 100125/80. MC/P. Caixa 3421/08088.

121. Documento Avulso C. 100/80-82. MC/AV. Caixa 3595/00065.

122. Documento Avulso C. 86/80-83. MC/AV. Caixa 3592/00062.

123. Documento Avulso C. 101/80-82. MC/AV. Caixa 3595/00065.

124. Processo C. 100004/83. QF/P. Caixa 3595/00065.

125. Roberto Romano (1979, p. 240).

126. Decreto-lei nº 941/69, regulamentado pelo decreto nº 66.689/70.

127. Processo C. 100004/83. QF/P. Caixa 3595/00065.

128. Memorando nº 510, de 10 de dezembro de 1971. Processo C. 62739/71. QF/P. Caixa 3426/08093.

129. *Idem.*

130. *Idem.*

131. *Idem.*

132. *Idem.*
133. Informação 16-DSI/MJ, 28 de janeiro de 1972. Processo C. 62739/71. QF/P. Caixa 3426/08093.
134. Folha avulsa, sem data. Processo C. 62739/71. QF/P. Caixa 3426/08093.
135. Aviso nº 1.376-DSI/MJ, 20 de dezembro de 1971. Processo C. 62739/71. QF/P. Caixa 3426/08093.
136. *Idem.*
137. Encaminhamento nº 022- DSI/MC, 8 de março de 1972. Processo C. 62739/71. QF/P. Caixa 3426/08093.
138. Encaminhamento nº 18419-AC/SNI, 24 de fevereiro de 1972. Processo C. 62739/71. QF/P. Caixa 3426/08093.
139. *Idem.*
140. Encaminhamento nº 18419-AC/SNI, 24 de fevereiro de 1972. Processo C. 62739/71. QF/P. Caixa 3426/08093.
141. Processo C. 100004/83. QF/P. Caixa 3440/08107.
142. Encaminhamento nº 2165-DSI/MJ, de 17 de setembro de 1973. Documento Avulso C. 10/73-79. QF/DA. Caixa 3621/000091.
143. Informação nº 620-DSI/MJ, de 2 de dezembro de 1974. Processo C. 67553/74. QF/P. Caixa 3428/08095.
144. *Idem.*
145. Encaminhamento nº 2165-DSI/MJ, de 17 de setembro de 1973. Documento Avulso C. 10/73-79. QF/DA. Caixa 3621/00009.
146. *Idem.*
147. Processo C. 59881/76. QF/P. Caixa 3436/08104. O processo foi difundido para o Conselho de Segurança Nacional e para o ministro da Agricultura.
148. Informação nº 356-CIE, de 27 de abril de 1976. Processo C. 057109/76. QF/P. Caixa 3436/08103.
149. *Idem.*
150. Informação nº 511-Cenimar, de 23 de junho de 1976. Processo C. 62218/76. QF/P. Caixa 3437/08104.
151. Informação nº 106-CIE, de 28 de junho de 1976. Processo C. 62218/76. QF/P. Caixa 3437/08104.
152. Informação nº 321-Cisa, de 14 de abril de 1977. Processo C. 100196/77. QF/P Caixa 3437/08104.
153. *Idem.*
154. Informação nº 620-DSI/MJ, de 2 de dezembro de 74. Processo C. 67353/74. QF/P. Caixa 3428/08095.
155. AC/SNI. Processo C. 100219. QF/P. Caixa 3437/08104.
156. *Idem.*

157. Informação nº 321-Cisa, de 14 de abril de 1977. Processo C. 100196/77. QF/P. Caixa 3437/08104.
158. *Idem.*
159. Encaminhamento nº 086-DSI/MRE, de 10 de abril de 1978. Processo C. 100268/78. QF/P. Caixa 3438/08105.
160. *Idem.*
161. Um trecho da carta reproduzido no documento: "Quando amanhecerá o derradeiro dia de todas as cercas? Os homens sem terra marcharão sobre a terra sem homens, e do trabalho dos homens e da força da terra brotará o dia do pão repartido entre todos os homens." Informação n. 027-AC/SNI, de 18 de janeiro de 1979. Processo C. 100033/79. Caixa 3440/08107.
162. *Idem.*
163. *Idem.*
164. Processo C. 100986/79. QF/P. Caixa 3440/08107.
165. Processo C. 100004/83. QF/P. Caixa 3595/00065.
166. Informação s/n, de 9 de outubro de 1981. Documento Avulso C. 11/81. QF/AV. Caixa 3621/00091.
167. *Idem.*
168. *Idem.*
169. Foram, no total, cinco processos pedindo a expulsão de dom Pedro Casaldáliga do país. Ver Francesc Escribano (2000, p. 101).
170. Informação s/n, de 9 de outubro de 1981. Documento Avulso C. 11/81. QF/AV. Caixa 3621/00091.
171. Sobre as relações diplomáticas entre o regime militar e o Vaticano, ver Sérgio Henrique da Costa Rodrigues (2006, p. 166).
172. Ver, a propósito, Denise Rollemberg (2008).
173. Daniel Aarão Reis (2005, p. 69).
174. Andreas Huyssen (2000, p. 19).

Fontes e Bibliografia

Fontes primárias

Arquivo Nacional. Coordenação de Gestão de Documentos. Seção de Arquivos Intermediários. Fundo "Divisão de Segurança e Informações" do Ministério da Justiça. Série: Movimentos Contestatórios à Ordem Política e Social. Série: Questões Agrárias. Série: Diversos.

Referências bibliográficas

OBRAS GERAIS

1964-2004: 40 anos do golpe: ditadura militar e resistência no Brasil. Rio de Janeiro: 7 Letras, 2004.

ABREU, Alzira Alves de *et al.* (Orgs.). *Dicionário histórico-biográfico brasileiro*. Rio de Janeiro: FGV, 2001.

ABREU, Hugo. *O outro lado do poder*. Rio Janeiro: Nova Fronteira, 1979.

ALMEIDA, Adjovanes Thadeu Silva de. *O regime militar em festa*. Apicuri: Rio de Janeiro, 2013.

ALMEIDA, Maria Hermínia Tavares; WEIS, Luiz. Carro-zero e pau de arara: o cotidiano da oposição da classe média ao regime militar. In: SCHWARCZ, L. M. (Org.). *História da Vida Privada no Brasil: contrastes da intimidade contemporânea*. São Paulo: Companhia das Letras, 1997. p. 319-410.

ALVES, Maria Helena Moreira. *Estado e oposição no Brasil (1964-1984)*. Petrópolis: Vozes, 1984.

ARAÚJO, Maria Paula Nascimento. *A utopia fragmentada*. As novas esquerdas no Brasil e no mundo na década de 1970. Rio de Janeiro: FGV, 2002.

BANDEIRA, Luiz Alberto Moniz. *O governo João Goulart*: as lutas sociais no Brasil (1961-1964). Rio de Janeiro: Revan, 2001.

BICUDO, Hélio Pereira. *Segurança nacional ou submissão*. Rio de Janeiro: Paz e Terra, 1984.

BOBBIO, Norberto; MATTEUCCI, Nicola; PASQUINO, Gianfranco (Orgs.). *Dicionário de política*. 12 ed. Brasília: UnB, 1999.

BORGES, Vavy Pacheco. História e política: totalidade e imaginário. *Estudos Históricos*, Rio de Janeiro, v. 9, n. 17, p. 151-160, 1996.

BOURDIEU, Pierre. *A economia das trocas simbólicas*. São Paulo: Perspectiva, 1974.

_____. *O poder simbólico*. 8 ed. Rio de Janeiro: Bertrand Brasil, 2005a.

_____. *Razões práticas*. Sobre a teoria da ação. 7 ed. Campinas: Papirus, 2005b.

BRANCO, Carlos Castello. *Os militares no poder*: Castelo Branco. 3. ed. Rio de Janeiro: Nova Fronteira, 1977.

_____. *Os militares no poder*: o ato 5. Rio de Janeiro: Nova Fronteira, 1978.

_____. *Os militares no poder*: o baile das solteironas. Rio de Janeiro: Nova Fronteira, 1979.

CAPELATO, Maria Helena Rolim. História política. *Estudos Históricos*, Rio de Janeiro, v. 9, n. 17, p. 161-165, 1996.

CARDOSO, Ciro Flamarion; MALERBA, Jurandir (Orgs.). *Representações*: contribuições a um debate transdisciplinar. Campinas: Papirus, 2000.

CARVALHO, José Murilo de. *Forças Armadas e política no Brasil*. Rio de Janeiro: Jorge Zahar, 2005.

CERQUEIRA, Adriano S. Lopes da Gama. A validade do conceito de cultura política. *LPH — Revista de História*, Mariana, n. 6, p. 83-91, 1996.

CHAGAS, Carlos. *113 dias de angústia*: impedimento e morte de um presidente. 2. ed. Porto Alegre: L&PM, 1979.

CHARTIER, Roger. *A história cultural*: entre práticas e representações. Rio de Janeiro: Bertrand Brasil, 1990.

_____. A história hoje: dúvidas, desafios, propostas. *Estudos Históricos*, Rio de Janeiro, v. 7, n. 13, p. 97-113, 1994.

_____. *À beira da falésia*: a história entre incertezas e inquietudes. Porto Alegre: Editora da UFRS, 2002.

CHIRIO, Maud. *Une nouvelle écriture du destin national*. La commémoration de l'Indépendance du Brésil sous la dictature militaire (1964-1985). Dissertação (Mestrado) — Université Paris I, 2001.

COMBLIN, Joseph. *A ideologia da Segurança Nacional*: o poder militar na América Latina. Rio de Janeiro: Civilização Brasileira, 1997.

COUTO, Ronaldo Costa. *Memória viva do regime militar*. Rio de Janeiro: Record, 1998.

_____. *História indiscreta da ditadura e da abertura*. Brasil, 1964-1985. Rio de Janeiro: Record, 1998.

D'ARAUJO, Maria Celina; SOARES, Gláucio Ary Dilon; CASTRO, Celso (Orgs.). *Visões do golpe*: a memória militar sobre 1964. 2 ed. Rio de Janeiro: Relume-Dumará, 1994a.

_____. *Os anos de chumbo*: a memória militar sobre a repressão. Rio de Janeiro: Relume-Dumará, 1994b.

_____. *A volta aos quartéis*: a memória militar sobre a abertura. Rio de Janeiro: Relume-Dumará, 1995.

D'ARAUJO, Maria Celina; CASTRO, Celso (Orgs.). *Ernesto Geisel*. Rio de Janeiro: FGV, 1997.

_____. *Dossiê Geisel*. 3 ed. Rio de Janeiro: FGV, 2002.

DELGADO, Lucília de Almeida Neves; FERREIRA, Jorge (Orgs.). *O Brasil Republicano*. O tempo da ditadura: regime militar e movimentos sociais em fins do século XX. Rio de Janeiro: Civilização Brasileira, 2003.

DINIZ, Eli. A transição política no Brasil. Uma reavaliação da Abertura. *Dados*, Rio de Janeiro, v. 28, n. 3, p. 329-246, 1985.

DREIFUSS, René Armand. *1964*: A conquista do Estado. Ação política, poder e golpe de classe. Rio de Janeiro: Vozes, 1981.

ELIAS, Norbert. *A sociedade dos indivíduos*. Rio de Janeiro: Jorge Zahar, 1994.

FALCÃO, Armando. *Tudo a declarar*. Rio de Janeiro: Nova Fronteira, 1989.

FALCON, Francisco. História e poder. In: CARDOSO, C. F.; VAINFAS, R. (Orgs.). *Domínios da história*: ensaios de teoria e metodologia. Rio de Janeiro: Campus, 1997. p. 61-89.

FICO, Carlos. *Reinventando o otimismo*. Ditadura, propaganda e imaginário social no Brasil. Rio de Janeiro: FGV, 1997.

_____. O Brasil no contexto da Guerra Fria: democracia, subdesenvolvimento e ideologia do planejamento (1946-1964). In: MOTA, C. G. (Org.). *Viagem incompleta*: a experiência brasileira (1500-2000). São Paulo: Senac, 2000. p. 163-181.

_____. Algumas notas sobre historiografia e história da ditadura militar. *Estudos de História*, v. 8, n. 1, p. 69-90, 2001.

_____. Versões e controvérsias sobre 1964 e a ditadura militar. *Revista Brasileira de História*, São Paulo, v. 4, n. 47, p. 29-60, 2004a.

_____. *Além do golpe*. Versões e controvérsias sobre 1964 e a ditadura militar. Rio de Janeiro: Record, 2004b.

_____. *O grande irmão*. O governo dos Estados Unidos e a ditadura militar brasileira: da Operação Brother Sam aos anos de chumbo. Rio de Janeiro: Civilização Brasileira, 2008.

FREI BETTO. *Batismo de sangue*. A luta clandestina contra a ditadura militar. Dossiês Carlos Marighella e Frei Titto. São Paulo: Casa Amarela, 2000.

FROTA, Sylvio. *Ideais traídos*. Rio de Janeiro: Jorge Zahar, 2006.

GASPARI, Elio. *Ilusões armadas*: a ditadura envergonhada. Rio de Janeiro: Companhia das Letras, 2002a.

_____. *Ilusões armadas*: a ditadura escancarada. Rio de Janeiro: Companhia das Letras, 2002b.

———. *Ilusões armadas*: a ditadura derrotada. Rio de Janeiro: Companhia das Letras, 2003.

———. *Ilusões armadas*: a ditadura encurralada. Rio de Janeiro: Companhia das Letras, 2004.

GIRARDET, Raoul. *Mitos e mitologias políticas*. São Paulo: Companhia das Letras, 1987.

GOMES, Ângela de Castro. Política: história, ciência, cultura etc. *Estudos Históricos*, Rio de Janeiro, v. 9, n. 17, p. 59-84, 1996.

GORENDER, Jacob. *Combate nas trevas*. 2 ed. São Paulo: Ática, 2003.

GREEN, James N. *Apesar de vocês*: oposição à ditadura brasileira. São Paulo: Companhia das Letras, 2009.

GUINZBURG, Carlo. *Relações de força*. São Paulo: Companhia das Letras, 2002.

HALBWACHS, Maurice. *A memória coletiva*. São Paulo: Vértice, 1990.

HISTÓRIA Oral do Exército. 1964 — 31 de março: o movimento revolucionário e a sua história. Rio de Janeiro: Biblioteca do Exército Editora, 2003. 15 vols.

HUYSSEN, Andreas. *Seduzidos pela memória*. Rio de Janeiro: Aeroplano, 2000.

JELIN, Elizabeth. *Los trabajos de la memoria*. Buenos Aires: Siglo XXI, 2001.

JULLIARD, Jacques. A política. In: LE GOFF, J.; NORA, P. (Dirs.). *História*: novas abordagens. 3 ed. Rio de janeiro: Francisco Alves, 1976. p. 180-196.

KLEIN, Lucia; FIGUEIREDO, Marcus F. *Legitimidade e coação no Brasil pós-64*. Rio de Janeiro: Forense-Universitária, 1978.

KOSELLECK, Reinhart. *Futuro passado. Contribuição à semântica dos tempos históricos*. Rio de Janeiro: Contraponto, 2006.

LE GOFF, Jacques. A política será ainda a ossatura de história? In: ———. *O maravilhoso e o cotidiano no ocidente medieval*. Lisboa: Ed. 70, 1983. p. 215-229.

LIRA NETO. *Castello*: a marcha para a ditadura. São Paulo: Contexto, 2004.

MARCELINO, Douglas Attila. Introdução. In: *Repertório analítico da legislação brasileira produzida pelo regime militar (1964-1985)*. [s/d]. Disponível em: <http://www.gedm.ifcs.ufrj.br>.

MARTINS FILHO, João Roberto. *O Palácio e a caserna*. A dinâmica militar das crises políticas na ditadura (1964-1969). São Carlos: Edufscar, 1995.

MELLO, João Manuel Cardoso de; NOVAIS, Fernando A. Capitalismo tardio e sociabilidade moderna. In: SCHWARCZ, L. M. (Org.). *História da vida privada no Brasil: contrastes da intimidade contemporânea*. São Paulo: Companhia das Letras, 1997. p. 559-658.

MOTTA, Rodrigo Patto Sá. A história política e o conceito de cultura política. *LHP — Revista de História*, Mariana, n. 6, p. 83-91, 1996.

———. *Em guarda contra o "perigo vermelho"*: o anticomunismo no Brasil (1917-1964). São Paulo: Perspectiva, 2002.

OLIVEIRA, Eliézer Rizzo. *As forças armadas*: política e ideologia no Brasil (1964-1969). Petrópolis: Vozes, 1976.

PÉCORA, Alcir. *Máquina de gêneros*. São Paulo: Edusp, 2001.

POLLAK, Michel. Memória, esquecimento e silêncio. *Estudos Históricos*, Rio de Janeiro, v. 2, n. 3, p. 3-15, 1989.

REIS, Daniel Aarão. *A revolução faltou ao encontro*. São Paulo: Brasiliense, 1991.

_____. (Org.). *O golpe e a ditadura militar*: quarenta anos depois (1964-2004). Bauru: Edusc, 2004.

_____. *Ditadura militar*: esquerdas e sociedade. Rio de Janeiro: Jorge Zahar, 2005.

RÉMOND, René (Org.). *Por uma história política*. Rio de Janeiro: UFRJ, 1996.

RIDENTI, Marcelo. *O fantasma da revolução brasileira*. São Paulo: Unesp, 1993.

ROLLEMBERG, Denise. *Exílio*: entre raízes e radares. Record: Rio de Janeiro, 1999.

_____. Memórias, opinião e cultura política: a Ordem dos Advogados do Brasil sob a ditadura: 1964-1974. In: REIS, Daniel Aarão; Rolland, Denis (Orgs.). *Modernidades alternativas*. Rio de Janeiro: FGV, 2008.

SILVA, Francisco Carlos Teixeira da; MEDEIROS, Sabrina Evangelista; VIANA, Alexander Martins (Orgs.). *Dicionário crítico do pensamento da direita*. Rio de Janeiro: Faperj/Mauad, 2000.

SILVA, Golbery do Couto. *Geopolítica do Brasil*. Rio de Janeiro: José Olympio, 1967.

SKIDMORE, Thomas. *Brasil*: de Castelo a Tancredo. 7 ed. Rio de Janeiro: Paz e Terra, 1988.

STEPAN, Alfred C. *Os militares na política*. Rio de Janeiro: Artenova, 1975.

SOARES, Gláucio Ary Dillon; D'ARAUJO, Maria Celina. *21 anos de regime militar*: balanços e perspectivas. Rio de Janeiro: FGV, 1994.

SOUZA, Laura de Mello e. *O diabo e a Terra de Santa Cruz*: feitiçaria e religiosidade popular no Brasil colonial. São Paulo: Companhia das Letras, 1986.

VENTURA, Zuenir. *1968*: o ano que não terminou. Rio de Janeiro: Nova Fronteira, 1988.

REPRESSÃO: TORTURA, CENSURA E ESPIONAGEM

ALVES, Márcio Moreira Alves. *Torturas e torturados*. Rio de Janeiro: [s.n.], 1966.

ANTUNES, Priscila Carlos Brandão. *SNI e Abin*: uma leitura da atuação dos serviços secretos brasileiros ao longo do século XX. Rio de Janeiro: FGV, 2002.

ARQUIDIOCESE DE SÃO PAULO. *Brasil*: nunca mais. Petrópolis: Vozes, 1985.

_____. *Perfil dos atingidos*. Petrópolis: Vozes, 1988.

BAFFA, Ayrton. *Nos porões do SNI*. O retrato do monstro de cabeça oca. Rio de Janeiro: Objetiva, 1989.

CEPIK, Marco A. C. *Espionagem e democracia*. Rio de Janeiro: FGV, 2003.

FICO, Carlos. *Como eles agiam*. Os subterrâneos da ditadura militar: espionagem e polícia política. Rio de Janeiro: Record, 2001.

_____. "Prezada Censura": Cartas ao regime militar. *Topoi*, Rio de Janeiro, n. 5, p. 251-286, set. 2002.

_____. Espionagem, polícia política, censura e propaganda. In: DELGADO, L. A. N.; FERREIRA, J. (Orgs.). In: *O Brasil Republicano*. O tempo da ditadura: regime militar e movimentos sociais em fins do século XX. Rio de Janeiro: Civilização Brasileira, 2003. p. 169-205.

_____. Documentos secretos da ditadura. Disponível em: <http://www. ppghis. ifcs.ufrj.br/ media/Documentos%20secretos.pdf>. Acesso em: 10 jun. 2007.

FIGUEIREDO, Lucas. *Ministério do silêncio*. Rio de Janeiro: Record, 2005.

FON, Antônio Carlos. *Tortura*: a história da repressão política no Brasil. São Paulo: Global, 1986.

HUGGINS, Martha K. *Polícia e política*: relações Estados Unidos/América Latina. São Paulo: Cortez, 1998.

KUSHNIR, Beatriz. *Cães de guarda*: jornalistas e censores, do AI-5 à Constituição de 1988. São Paulo: Boitempo, 2004.

LAGÔA, Ana. *SNI*: como nasceu, como funciona. São Paulo: Brasiliense, 1983.

LONGHI, Carla Reis. *Ideias e práticas do aparato repressivo*: um olhar sobre o acervo do Deops/SP — a produção do SNI em comunicação com o Deops/SP. Tese (Doutorado) — Universidade de São Paulo, 2005.

MAGALHÃES, Marionilde Dias Brepohl de. A lógica da suspeição: sobre os aparelhos repressivos à época da ditadura militar. *Revista Brasileira de História*, São Paulo, v. 17, n. 34, p. 203-220, 1997.

MARCELINO, Douglas Attila. *Subversivos e pornográficos*: censura de livros e diversões públicas nos anos 1970. Rio de Janeiro: Arquivo Nacional, 2011.

QUADRAT, Samantha Viz. *Poder e informação*. O sistema de inteligência e o regime militar no Brasil. 145 p. Dissertação (Mestrado em História Social) — Programa de Pós-Graduação em História Social, Universidade Federal do Rio de Janeiro, 2000.

_____. *A repressão sem fronteiras*: perseguição política e colaboração entre as ditaduras do Cone Sul. 223 p. Tese (Doutorado em História) — Programa de Pós-Graduação em História, Universidade Federal Fluminense, 2005.

SMITH, Anne-Marie. *Um acordo forçado*: o consentimento da imprensa à censura no Brasil. Rio de Janeiro: FGV, 2000.

IGREJA CATÓLICA

ALMEIDA, Candido Antonio José Francisco Mendes. *Memento dos vivos*: a esquerda católica no Brasil. Rio de Janeiro: Tempo Brasileiro, 1966.

ALVES, Márcio Moreira. *A Igreja e a política no Brasil*. São Paulo: Brasiliense, 1979.

ANTOINE, Charles. *Les catholiques brésiliens sous le régime militaire*: 1964-1985. Paris: Éd. du Cerf, 1987.

ARNS, Paulo Evaristo (dom). *Em defesa dos direitos humanos*: encontro com o repórter. 2 ed. Rio de Janeiro: Civilização Brasileira, 1978.

ARQUIDIOCESE DE SÃO PAULO. *Fé e política*: povo de Deus e participação política. São Paulo: Comissão Arquidiocesana de Pastoral dos Direitos Humanos e Marginalizados de São Paulo, 1981.

AZZI, Riolando. *Presença da Igreja Católica na sociedade brasileira (1921-1979)*. Rio de Janeiro: Tempo e Presença, 1981.

BEOZZO, José Oscar. *A Igreja do Brasil*. De João XXIII a João Paulo II, de Medellín a Santo Domingo. Petrópolis: Vozes, 1994.

BERNAL, Sérgio. *CNBB* — da Igreja da cristandade à Igreja dos pobres. São Paulo: Loyola, 1989.

BRUNEAU, Thomas. *O catolicismo brasileiro em época de transição*. São Paulo: Loyola, 1974.

CÂMARA, Hélder *et al. Eu ouvi os clamores do meu povo*. Salvador: Ed. Beneditina, 1973.

CAMARGO, Cândido Procópio Ferreira; PIERUCCI, Antônio Flávio de Oliveira; SOUZA, Beatriz Muniz de. Igreja Católica: 1945-1970. In: FAUSTO, B. (Org.). *História Geral da Civilização Brasileira*. Tomo III, v. 4. São Paulo: Difel, 1984. p. 345-380.

CASALDÁLIGA, Pedro (dom). *Revista Nossa História*. Rio de Janeiro, ano 2, n. 18, p. 50-56, abr. 2005.

CASTRO, Marcos de. *64*: conflito Igreja x Estado. Petrópolis: Vozes, 1984.

CELAM. *A Igreja na atual transformação da América Latina à luz do Concílio*: conclusões de Medellín. Petrópolis: Vozes, 1985.

CODATO, Adriano Nervo; OLIVEIRA, Marcus Roberto de. A marcha, o terço e o livro: catolicismo conservador e ação política na conjuntura do golpe de 1964. *Revista Brasileira de História*, São Paulo, v. 24, n. 47, p. 271-302, 2004.

COSTA, Célia; PANDOLFI, Dulce Chaves; SERBIN, Kenneth (Orgs.). *O bispo de Volta Redonda*: memórias de dom Waldyr Calheiros. Rio de Janeiro: FGV, 2001.

DELGADO, Lucilia de Almeida Neves; PASSOS, Mauro. Catolicismo: direitos sociais e direitos humanos (1960-1970). In: DELGADO, L. A. N.; FERREIRA, J. (Orgs.). *O Brasil Republicano*. O tempo da ditadura: regime militar e movimentos sociais em fins do século XX. Rio de Janeiro: Civilização Brasileira, 2003. p. 93-132.

DELLA CAVA, Ralph. Política a curto prazo e religião a longo prazo. Uma visão da Igreja Católica no Brasil (em abril de 1978). *Encontros com a Civilização Brasileira*, São Paulo, n. 1, p. 242-258, 1978.

_____. *A Igreja em flagrante*. Catolicismo e sociedade na imprensa brasileira, 1964-1980. São Paulo: Marco Zero, 1985.

_____. A Igreja e a abertura, 1974-1985. In: MAINWARING, S.; KRISCHKE, P. J. *A Igreja nas bases em tempo de transição (1975-1985)*. São Paulo: L&PM, 1986.

DUARTE, Teresinha Maria. *Se as paredes da catedral falassem*. A Arquidiocese de Goiânia e o regime militar (1968-1985). Dissertação (Mestrado) — Programa de Pós-Graduação, Universidade de Goiás, 1996.

ESCRIBANO, Francesc. *Descalço sobre a terra vermelha*. São Paulo: Hucitec, 2000.

FERRARINI, Sebastião Antônio. *A imprensa e o arcebispo vermelho (1964-1984)*. São Paulo: Paulinas, 1992.

GOMES, Francisco José da Silva. A Igreja e o poder: representações e discursos. In: RIBEIRO, M. E. de B. (Org.). *A vida na Idade Média*. Brasília: UnB, 1997. p. 33-59.

_____. De súdito a cidadão: os católicos no Império e na República. In: MARTINS, I. de L.; IOKOI, M. G.; SÁ, R. P. de (Orgs.). *História e cidadania*. São Paulo: Humanitas/ANPUH, 1998, v. 2, p. 315-326.

_____. Cristandade e cristianismo antigo. *Phoînix*, n. 6, p. 178-186, 2000.

GREEN, James N. Clerics, exiles and academics: opposition to the Brazilian military dictatorship in the United States, 1969-1974. *Latin American Politics and Society*, v. 45, n. 1, p. 87-117, primavera 2003.

GUTIÉRREZ, Gustavo. *Teologia da libertação*. Petrópolis: Vozes, 1985.

IOKOI, Zilda Márcia Grícoli. *Igreja e camponeses*: teologia da libertação e movimentos sociais no campo, Brasil e Peru, 1964-85. São Paulo: Hucitec, 1996.

KONDER, Leandro. Marxismo e cristianismo. *Encontros com a Civilização Brasileira*, n. 6, p. 57-67, dez. 1978.

KRISCHKE, Paulo José. *A Igreja e as crises políticas no Brasil*. Petrópolis: Vozes, 1979.

LANZA, Fábio. Em defesa do homem: a Igreja contra a repressão militar. *Ensaios de História*, Franca, v. 4, n. 1/2, p. 125-131, 1999.

LIBÂNIO, João Batista. Conflito Igreja-Estado. *Encontros com a Civilização Brasileira*, Rio de Janeiro, n. 4, p. 29-40, 1978.

_____. *A Igreja latino-americana*. Balanço, tensões e perspectivas. Vida, clamor, e esperança. São Paulo: Loyola, 1992.

LIMA, Luiz Gonzaga de Souza. *Evolução política dos católicos e da Igreja no Brasil.* Hipóteses para uma interpretação. Petrópolis: Vozes, 1979.

MADURO, Otto. *Igreja Católica e luta de classes.* Quadro teórico para a análise de suas inter-relações na América Latina. Petrópolis: Vozes, 1981.

MAINWARING, Scott. *Igreja Católica e política no Brasil (1916-1985)*. São Paulo: Brasiliense, 2004.

_____; KRISCHKE, Paulo José (Org.). *A Igreja nas bases em tempo de transição (1975-1985)*. São Paulo: L&PM, 1986.

MICELI, Sérgio. *A elite eclesiástica brasileira.* Rio de Janeiro: Bertrand Brasil, 1988.

MORAIS, João Francisco de, *Os bispos e a política no Brasil*: pensamento social da CNBB. São Paulo: Cortez, 1982.

PILETI, Nelson; PRAXEDES, Walter. *Dom Hélder Câmara*: entre o poder e a profecia. Ática: São Paulo, 1997.

PRANDINI, Fernando; PETRUCCI, Victor A.; DALE, Romeu (Orgs.). *As relações Igreja-Estado no Brasil*. São Paulo: Loyola, 1986.

PRESOT, Aline Alves. *As Marchas da Família com Deus pela Liberdade e o Golpe de 64.* 151 p. Dissertação (Mestrado em História Social) — Programa de Pós-Graduação em História Social, Universidade Federal do Rio de Janeiro, 2004.

ROCHA, Zildo (Org.). *Hélder, o dom*: uma vida que marcou os rumos da Igreja no Brasil. Petrópolis: Vozes, 1999.

RODEGHERO, Carla Simone. Religião e patriotismo: o anticomunismo católico nos Estados Unidos e no Brasil nos anos da Guerra Fria. *Revista Brasileira de História*, São Paulo, v. 22, n. 44, p. 463-488, 2002.

RODRIGUES, Sérgio Henrique da Costa. *Entre a cruz e a espada*: relações diplomáticas entre a ditadura militar brasileira e o Vaticano (1964-1977). 176 p. Dissertação (Mestrado em História Social) — Programa de Pós-Graduação em História Social, Universidade Federal do Rio de Janeiro, 2006.

ROMANO, Roberto. *Brasil*: Igreja contra Estado. Crítica ao populismo católico. São Paulo: Kairós, 1979.

SALEM, Helena (Coord.). *A Igreja dos oprimidos*. São Paulo: Brasil Debates, 1981.

SERBIN, Kenneth P. The Catholic Church, religious pluralism, and democracy in Brazil. In: KINGSTONE, Peter R.; POWER, Timothy J. (Orgs.). *Democratic Brazil*: actors, institutions and processes. Pittsburgh: University of Pittsburgh Press, 2000.

———. *Diálogos na sombra*. Bispos e militares, tortura e justiça social na ditadura. São Paulo: Companhia das Letras, 2001.

———. *Needs of the heart*. A social and cultural history of Brazil's clergy and seminaries. Indiana: University of Notre Dame Press, 2006.

SOUSA, Jessie Jane Vieira de. *Círculos Operários*: a Igreja Católica e o mundo do trabalho no Brasil. Rio de Janeiro: Editora UFRJ, 2002.

SOUZA, Luis Alberto Gómez. *Classes populares e Igreja*. Nos caminhos da história. Petrópolis: Vozes, 1982.

———. Latin America and the Catholic Church: Points of Convergence and Divergence (encontros e desencontros) 1960-2005. Disponível em: <http://kellogg. nd.edu/ publications/workingpapers/index.shtml>. Acesso em: 10 jun. 2007.

SYDOW, Evanize; FERRI, Marilda. *Dom Paulo Evaristo Arns, um homem amado e perseguido*. Petrópolis: Vozes, 1999.

VALLIER, Ivan. *Catholicism and political development in Latin América*. Chapel Hill: University of North Carolina Press, 1971.

WANDERLEY, Luiz Eduardo. Igreja e sociedade no Brasil: 1950-1964/1964-1975. *Religião e Sociedade*, São Paulo, n. 3, p. 93-107, 1978.

ZECA, Vanessa. *A Fraternidade e o mundo do trabalho*: um estudo do discurso católico sobre a questão social através das Campanhas da Fraternidade (1964-1999). 160 p. Dissertação (Mestrado em História Social) — Programa de Pós-Graduação em História Social, Universidade Federal do Rio de Janeiro, 2008.

Este livro foi composto na tipologia Adobe
Garamond Pro, em corpo 12/16, e impresso em
papel off-white no Sistema Cameron da
Divisão Gráfica da Distribuidora Record.